Johannes Scherr

Studien

3. Band

Johannes Scherr

Studien
3. Band

ISBN/EAN: 9783744681483

Hergestellt in Europa, USA, Kanada, Australien, Japan

Cover: Foto ©ninafisch / pixelio.de

Weitere Bücher finden Sie auf **www.hansebooks.com**

Studien

von

Johannes Scherr.

Dritter Band.

Leipzig
Verlag von Otto Wigand.
1866.

Hypatia.

Scherr, Studien. III.

1.

Die Sophisten der „Umkehr" brauchten uns nicht erst so feierlich-ausdrücklich zu versichern, wie sie thaten, — wir wußten ja lange schon aus allen heidnischen, jüdischen, christlichen und islamischen Kirchengeschichten, daß Ausschließlichkeit, Unduldsamkeit und Verfolgungseifer Hauptmerkmale aller Religionen sind, sowie der Religion an und für sich. Das ist nicht etwa im Sinne des Vorwurfs oder der Bemakelung ausgesprochen. Die arme Religion kann Nichts dafür: so wenig der Löwe Etwas dafür kann, daß er auf Raub ausgehen und bei Befriedigung dieses seines Naturtriebes Blut vergießen muß. So folgt auch die Religion nur ihrer Natur, wenn sie verfolgt.

Religion ist das Tasten aus dem Zeitlichen

heraus und in das Ewige hinein, ein Pfadsuchen vom Endlichen zum Unendlichen, ein Brückenschlagen vom Sinnlichen ins Uebersinnliche. Geht man — ich spreche selbstverständlich hier nur von Menschen und für Menschen, welche das Zeug und den Muth haben, folgerichtig zu denken — diesem eiteln Mühen und Ringen bis zu seiner letzten Wurzelfaser nach, so findet man, daß dieselbe heißt: Angst vor dem Aufhörenmüssen, Horror Vacui, Todesfurcht. Der Mensch will über die seinem Dasein gesetzten Gränzen hinaus forteristiren: der Glückliche, um seines diesseits genossenen Behagens auch im Jenseits irgendwo weiter zu genießen; der Unglückliche, um „drüben" all das Glück zu finden, um welches er „hüben" geprellt war; der Idealgläubige, um endlich doch in die „heitern Regionen" zu gelangen, wo die „reinen Formen wohnen", die Urbilder des Wahren, Guten und Schönen. Nur ganze Männer — von Frauen kann hierbei überhaupt nicht die Rede sein — nur „Nummer-Eins-Männer", welche es nach des Lucretius schönem Ausdruck soweit gebracht, „pacata posse omnia mente tueri", vermögen dem Gedanken der Vernichtung des „Ich" und „Selbst" ins unerbittliche Antlitz zu sehen und, wann die letzte Stunde gekommen, stoisch-resignirt zu sagen wie Manfred: „Earth, take these atoms!" Die übrigen Millionen und Hunderte von Millionen sie wünschen alle, ihr „Seelenheil" zu retten, d. h. über Tod und Grab hinaus fortzuleben, und da es Menschenart, zu glauben und zu hoffen, was man wünscht, so glauben und hoffen sie, daß ihr liebes Ich „unsterblich" und bestimmt sei, nach ihrem leiblichen Tode in eine höhere Klasse der ewigen Vervollkommnungsschule versetzt zu werden oder, wie die Frommen im landläufigen Sinne es ausdrücken, „Gott zu schauen".

Und die Frommen haben recht. Denn thatsächlich fällt die Vorstellung einer persönlichen Unsterblichkeit untrennbar mit der Vorstellung eines persönlichen Gottes zusammen und diese identische Vorstellung macht das aus, was wir „Religion" nennen. Man kann also die Religion mit Fug und Recht eine Assekuranzanstalt für das Seelenheil heißen, eine Unsterblichkeitsversicherungsgesellschaft. Assekuranzanstalten setzen aber die Solidarität der Interessen ihrer Theilnehmer voraus und ihr Gedeihen beruht auf einer möglichst zahlreichen Betheiligung. Je größer die Anzahl der Gesellschaftsmitglieder, desto größer das Assekuranzkapital und desto größer mithin auch die Sicherheit der Assekurirten, — wenigstens in der Einbildung derselben; denn es untersteht ja keinem Zweifel, daß die Menschen stets bereit sind, Alles, was sie von Tausenden, Hunderttausenden und Millionen geglaubt sehen und hören, ohne Weiteres für wahr und richtig, für sicher und gewiß zu halten.

Hieraus ergibt sich, daß der Kredit und folglich auch die Heilswirkung eines religiösen Unternehmens um so bedeutender ist, je größer die Zahl Derer, welche ihre „Seelen" bei demselben versichert haben. Deßhalb muß es jedem Theilnehmer und vorab den Geschäftsführern, Verwaltungsräthen und Agenten ernstlich am Herzen liegen, immer mehr Mitglieder zu gewinnen und die Wirksamkeit der Anstalt immer weiter und weiter, wo möglich über die ganze Erde auszudehnen. Es ist also für die

Bekenner einer Religion heilige Pflicht und Schuldigkeit, für dieselbe Propaganda zu machen, und zwar mit allen Mitteln, welche ja der Zweck stets unbedingt heiligt. Die lieben Mitmenschen, sie mögen wollen oder nicht, müssen zu diesem oder jenem alleinseligmachenden Assekuranzglauben bekehrt werden. Sie müssen in unseren Schafstall herein, auf daß ihre Seelen gerettet werden. Sträuben sie sich, desto schlimmer für sie. Prügelt, foltert, erwürgt, kreuzigt, verbrennt die Ketzer! Thut Nichts, — „der Bien' muß!"

Es ist demnach nur eine der bekannten „Flachheiten" des Rationalismus, wenn er Fanatismus und Verfolgungssucht als Schattenseiten der Religion achselzuckend beklagt. Im Gegentheil, Ausschließlichkeit und Unduldsamkeit sind wesentlich religiöse Tugenden. Jede Religion, so lange sie in rechtem Safte steht, d. h. so lange sie an sich selber glaubt, ist fanatisch und verfolgungssüchtig. Sie muß es sein, sie kann gar nicht anders. Jeder rechte Gläubige ist ein Fanatiker, zu jeder Stunde bereit, seine Mitmenschen aus lauter Liebe zu fressen, d. h.

aus ungeheurer Angst für sein und ihr Seelenheil sie zu martern und zu morden. Mit dem Verfolgungsgeist und der Verfolgungsgewalt einer Religion sinkt auch ihre Kraft und ihr Kredit. Sowie eine Religion „aufgeklärt" und duldsam wird, tritt sie in das Stadium des Marasmus senilis. Religiöse Toleranz ist ein ganz untrügliches Merkmal, daß die noch zu Recht bestehende Glaubensform von der Civilisation überholt, von der Zeitbildung überflügelt worden sei und nur noch eine konventionelle Bedeutung habe. Der Bestand einer derartig abgelebten und ausgehöhlten Religion ist dann weiter Nichts mehr als eine organisirte Heuchelei, welcher sich auch die denkenden Menschen — zu ihrer Schmach sei es gesagt! — unterwerfen, indem sie mit vornehmem Achselzucken das religiöse Institut fortgelten lassen als eine geistliche Sukkursale der weltlichen Polizei, „gut genug für den Pöbel."

Freilich ist es — alle die Gekreuzigten und Verbrannten haben es schmerzlich erfahren — gefährlich, „sein Gefühl und Schauen dem Pöbel zu offenbaren;" allein wenn man nicht den Maßstab der

Konvenienz, sondern den der Sittlichkeit anlegt, so erscheint ein aufrichtiger Fanatiker und Verfolger unbedingt ehrenwerther als so ein heuchelnder Kühleborn, der nur mit Mühe das Hohngrinsen verhält, wenn er die Leute in die Kirche laufen und kommuniziren sieht, aber mitläuft und mitkommunizirt. Wer auf den mühsamen und gefährlichen Fels- und Gletscherpfaden der Selbstbefreiung die Aetherhöhe der Freiheit wirklich erklommen hat, der soll auch den Muth haben, von dem gedankenlosen Schwarm in der Tiefe sich fernzuhalten und das „Odi profanum volgus et arceo —" zu bekennen und zu befolgen. Jeder selbstständige Denker ist ja ein einsamer Mensch, ein Einsiedler mitten im Gewühle des Lebens, und er muß sich daran gewöhnen, „a phantom among men" zu sein, wie der arme Shelley . . .

Und was soll diese ganze Gedankenentwickelung? Oh, weiter Nichts als das „Thema" bilden für die nachstehende historische „Glosse".

2.

Vielleicht der genialste Mensch des gesammten Alterthums ist der makedonische Alexander gewesen. Man begreift beim Anblick dieses wunderbaren Jünglings, daß die Völker sich zuflüsterten, seine Mutter Olympias habe mit Jupiter sich vergangen und in der Umarmung des höchsten der Götter den göttlichen Sohn empfangen. Was jubelnde Mythen von den Eroberungszügen fabelten, welche ein anderer Jupitersproß, der Sohn Semele's, unternommen, das machte der Makedonier zur Wirklichkeit. Sein Heldenzug nach Asien hat etwas Bakchantisches: Etwas wie das Thyrsusschwingen jauchzender Mänaden, Etwas wie das Erzbeckenklingen lärmender Korybanten begleitet ihn und zuletzt, ach, endigt Alles in der tobenden Orgie des Allmachttaumels, des Weltherrschaftschwindels und des — Weinrausches. Ein Stück Romantik, phantastisch-kühn mitten in die Antike hineingestellt.

Aber Alexander war dennoch nicht etwa nur ein Heros im homerischen oder ein Ritter im ariostischen

Sinne, sondern unendlich viel mehr: — ein Kultur-
held. Ein durstiger Zecher, setzte er die mit dem
Nektarwein der hellenischen Bildung gefüllte Schale
an seine Lippen, um in vollen Zügen zu trinken.
Dann schwenkte er den göttlichen Pokal asienwärts
und afrikawärts, damit das befruchtende Naß bis
zu den Gestaden des Indus und des Nils hinspritze.
Ohne Bild: die Erträgnisse der griechischen Kulturarbeit wurden auf den Spitzen der makedonischen
Lanzen hinausgetragen in die Welt. Der Eroberer
Alexander vollzog zugleich die Mission eines Civili-
sators und hierin hat seine Genialität noch weit
glänzender sich erwiesen als in der Schlachtenlenkung
und Ländergewinnung. Die genialste seiner civilisa-
torischen Thaten war aber unstreitig die Gründung
der Stadt, welche seinen Namen erhielt und bald
auch seinen Leichnam, um denselben in dem Mau-
soleum zu bewahren, das im Mittelpunkte von
Alexandria da sich erhob, wo die beiden Haupt- und
Prachtstraßen — 1 Meile die eine, 3 Meilen die
andere lang — rechtwinkelig sich kreuzten.

Auf der Landzunge zwischen dem See Mareotis

im Süden und dem Mittelmeer im Norden wurde die Stadt Alexanders erbaut, bestimmt, das Emporium des Welthandels, die kosmopolitische Hochschule des Hellenismus, die Kulturvermittlerin zwischen drei Erdtheilen zu sein. Und das ward sie und blieb es etliche Jahrhunderte lang. Die Dynastie der Ptolemäer, welche mit bewundernswerther Geschicklichkeit das Griechenthum dem alten Aegypten aufzuimpfen verstanden, machte ihre Alexandria architektonisch zur ersten Stadt der letzten vorchristlichen Jahrhunderte und sie behauptete, den vielfachen Einbußen und Verwüstungen zum Trotz, welche sie in den Zeiten des Ueberganges Aegyptens in römische Botmäßigkeit erlitt, diesen Rang auch noch im ersten Seculum der christlichen Aera. Ja, bis zur Zeit Trajans konnte sie an Kolossalität, Mannigfaltigkeit und Pracht ihrer Bauten, an Bevölkerungsfülle, Belebtheit und Reichthum mit Rom wetteifern, während es noch zu Anfang des vierten christlichen Jahrhunderts scharfsichtigen Beobachtern und kompetenten Urtheilern zweifelhaft erschien, ob Konstantinopel oder Alexandria die prächtigere Stadt.

Von ihrer Gründung an hatte Alexandria den Charakter der Weltbürgerlichkeit gehabt und die Ptolemäer hatten denselben aus allen Kräften gestärkt und gesteigert, um daran einen Rückhalt zu gewinnen gegen die starre Abgeschlossenheit des Aegypterthums und dieses mittelst Rassen-, Religionen- und Bildungsmischung allmälig zu zermürben und zu brechen. Alexandria war die glänzende Verkörperung dieses politischen Gedankens und zugleich ein geräuschvoller Hohn der Weltgeschichte auf die pfäffisch-pharaonische Abmauerung des Nillandes von ehedem. In den beiden Häfen und auf dem riesenhaften, die Pharus-Insel mit dem Festlande verbindenden Hafendamm, auf dem Kanal, welcher die Hafenanlagen mit dem See Mareotis in Verbindung setzte, auf den Quais, auf den Plätzen und Straßen regte und bewegte sich die bunteste Völkermischung. Drei Erdtheile stellten ihr buntes Menschenkontingent. Die kaukasische, die malayische und die äthiopische Rasse waren da repräsentirt. Alle Hautfarben und alle Trachten Asiens, Afrika's und Europa's wimmelten durcheinander, die Töne unzähliger Sprachen und Mundarten durchkreuzten sich. Geschwader von Nilbarken brachten die Erzeugnisse Abyssiniens und Oberägyptens herab, Kameelkaravanen brachten von den Ufern des rothen Meeres die dort ausgeladenen Stoffe China's und die Gewürze Indiens, andere über die Landenge von Pelusium herüber den Ueberfluß Syriens und wieder andere die köstlichen Früchte der in die Wüsten Libyens gestreuten Oasen. Und was Asien und Afrika nach dem großen Stapelplatz lieferten, das ward aus den ungeheuren Waarenspeichern am mastenwimmelnden Hafen auf die Schiffe aller seefahrenden Nationen gebracht, um nach den Küsten Europa's verführt zu werden. Im Uebrigen hatte Alexandria wie der Vortheile der ersten Welthandelsstadt zu genießen, so auch die Nachtheile dieser Stellung zu tragen. Die Stadt war demzufolge der Hauptsammelplatz aller Schwindler und Gauner, Fälscher, Diebe und Mörder, und der alexandrinische Pöbel seiner Anzahl, seiner Frechheit und Unbändigkeit wegen so verrühmt, wie zu unserer Zeit der Mob von London oder New-York. Ueberhaupt war die buntgemischte Bevölkerung Alexandria's schwer zu bemeistern und schwierig zu beherrschen. In der Barrikadologie durften die Alexandriner dreist den Ehrenplatz ansprechen, welche in der modernen Welt den Parisern von Rechtswegen zukommt.

Aber die Stadt Alexanders war nicht nur die Lieblingsstätte des Völkerverkehrs, des Handels und der Emeuten, sondern auch der Wissenschaft. Welche Nachblüthe hier die griechische Literatur erlebte, weiß jeder leidlich unterrichtete Schuljunge. Man muß es den Königen der ptolemäischen Dynastie lassen, daß sie die Kulturmission des Heros, dem ihr Stifter als General gedient hatte, mit Eifer fortsetzten. Zwar die schöpferische Kraft des hellenischen Genius in allen höheren und höchsten Sphären der Poesie und Philosophie war im alexandrinischen Zeitalter schon unwiderbringlich dahin, und die erquicklichsten dichterischen Töne, welche dazumal noch laut wurden, kamen aus der idyllischen Rohrflöte des Theokrit. Dagegen entwickelte sich in Alexandrien zum ersten Mal in der antiken Welt eine vielseitige, methodische Gelehrsamkeit und eine eifrige, systematische

Pflege der exakten Wissenschaften. Die Stadt war auch geradezu die Bibliothek des Alterthums. Die von Ptolemäus Philadelphus zusammengebrachte unschätzbare Büchersammlung von 400,000 Bänden oder Rollen war freilich im alexandrinischen Kriege des Julius Cäsar in Flammen und Rauch aufgegangen. Allein Ptolemäus Physkon sammelte eine zweite kostbare Bücherei, die dann in den 200,000 Bänden der Bibliothek des Königs Eumenes von Pergamus, welche Markus Antonius seiner hochgeliebten Kleopatra zum Geschenke machte, einen stattlichen Zuwachs erhielt. Diese Büchersammlung, welche die geistigen Schätze, die Resultate der gesammten Kulturarbeit des Alterthums in sich faßte, war in einem Flügel des Serapeion untergebracht, in jenem Riesen- und Prachtgebäude also, welches die grandioseste Tempelbaute der alten Welt und der Stolz Alexandria's gewesen ist. Das Serapeion, an und in welchem sich alles Schöne, was griechische Ornamentik, Skulptur und Malerei hervorzubringen vermochten, mit dem Kolossalen der ägyptischen Architektur zu einem majestätischen Ganzen verband, war dem Dienste des Serapis (Sar-Api, zusammengezogen aus Osiri-Hapi, Osiris der Richter) geweiht und also einem durch den ersten Ptolemäer zusammengestoppelten Gotte gewidmet. Eine wunderliche mythologische Bildung! Denn der König hatte den hellenischen Zeus seinen ägyptischen Unterthanen dadurch annehmlich zu machen gesucht und gewußt, daß er den griechischen Gott mit einem ägyptischen, dem Osiris, zu e i n e m Idole verschmolz.

Das sinkende Heidenthum bemühte sich überhaupt, mittelst allerhand wunderlichen Kombinationen und Allianzen seine Existenz zu verlängern. Es war auch, bereits von dem Vorgefühle seines Unterganges angefröstelt, verträglich und duldsam. Besonders in Alexandria, wo schon die Handelsverhältnisse es gebieterisch forderten, daß die verschiedenen landwüchsigen und importirten Götter, d. h. ihre Anhänger in leiblichem Frieden miteinander oder wenigstens nebeneinander lebten. Die heidnischen Gottheiten hatten sich da schon frühzeitig die Nachbarschaft des grimmigen Judengottes Jahve gefallen lassen müssen; denn die Kinder Israel waren zu vielen Tausenden an einen Ort herbeigeströmt, welcher zum Geschäftemachen so geeignet war, hatten sich da niedergelassen und bildeten in Folge der Fruchtbarkeit ihrer Lenden und Schöße bald einen sehr zahlreichen und gewichtigen Theil der Stadtbevölkerung. Das Aufkommen des Christenthums brachte in diese ein neues, höchst wirksames Ferment. Auf dem heißen Boden Aegyptens, welcher ja die christliche Möncherei ausgebrütet hat, fanatisirte sich der neue Glaube zu einer aggressiven Wuth hinauf, welcher gegenüber Heidenthum und Judenthum nur mühsam ihre defensiven Stellungen behaupteten. Aus den ägyptischen Wüsteneien sind jene Scharen barfüßiger und schwarzkäppiger Mönche hervorgebrochen, welche im Namen des Gekreuzigten allem Schönen, was die heidnische Welt geschaffen hatte, einen Vertilgungskrieg ansagten und diesen Krieg unerbittlich führten.

Die antike Götterdämmerung hatte begonnen und war durch die Reaktion Julians nicht in ihrem Laufe aufgehalten worden. Die altersschwach gewordenen alten Götter wurden von den neuen Göt=

tern — denn schon hatte sich ja auch das Christenthum polytheistisch gestaltet — ihrer Altäre entsetzt und ins Exil getrieben, welches sie — merkwürdig zu sagen! — in der Brust der ganz Bildungslosen, der Bauern auf dem platten Lande, sowie der Höchstgebildeten fanden, denen die Anschauungen und Lehren der griechischen Philosophie mehr religiöse Befriedigung gewährten als die vom Koncil zu Nikäa festgestellten christlichen Dogmen. Aber die Philosophie war nur noch ein schwacher Schild für die armen schönen Göttergestalten des Olympos. Sie vermochte dieselbe gegen die Streitart in der derben Faust der christlichen Theologie nicht mehr lange zu decken. Es kam der Tag und die Stunde, wo der „Vater der Götter und Menschen", Jupiter Optimus Maximus förmlich und feierlich abgesetzt wurde.

Dieses Exempel ist an einem Gotte, zu welchem Millionen und wieder Millionen von Menschen fürchtend und hoffend, flehend und dankend, leidvoll und freudvoll gebetet hatten, statuirt worden auf Anordnung des Kaisers Theodosius, welcher, der

Sohn eines hispanischen Landsknechts, des römischen Gesammt-Imperiums Majestät zum letzten Mal in seiner Person vereinigte. Es war gewiß eine höchst eigenthümliche Szene, als der Kaiser in voller Senatssitzung die Frage: Soll der Dienst Jovis oder Christi die Religion der Römer sein? zur Verhandlung und Abstimmung bringen ließ. Todte also sollten da einen Todten begraben. Denn der römische Senat war ja seit etlichen Jahrhunderten schon nur noch eine klägliche Spukgestalt, ein Gespenst der Republik, welches der Cäsarismus wie zum Spaß hatte herumwanken lassen, und auch der alte Jupiter war schon vor langer Zeit gestorben. Dennoch — wunderbar zu melden! — vermochte der allerhöchste Wink und Befehl in der senatorischen Mumiensammlung keine Stimmeneinhelligkeit zu Ungunsten des Liebhabers der Danae, der Europa und Semele zuwegezubringen. Nur mit Stimmenmehrheit wurde dekretirt: Herrgott Jupiter ist anmit abgesetzt und seine Religion verworfen und abgethan. Einer jener Skribenten, welche allzeit und überall in Versen und in Prosa dem Erfolg räuchern, der Zeit-

genoffe Aurelius Prudentius, hat dann, über das
„infame Jovis pulvinar" losziehend, dem abge-
thanen Gotte noch einen herametrischen Eselstritt
gegeben. Der ganze Staatsaktus aber macht Einen
unwillkürlich an einen ähnlichen denken, welcher
gerade 13 Jahrhunderte später stattfand, an jenen
auf Betreiben Robespierre's gefaßten Konvents-
beschluß, kraft dessen der Herrgott — unbestimmt
freilich, ob der heidnische, jüdische oder christliche —
wieder eingesetzt worden ist. Was sich die armen
Götter unter Umständen nicht Alles gefallen lassen
müssen!

Die Zerstörungsarbeit, welche der christliche Fanatismus in der ganzen Kraft und Wildheit seiner
Flegeljahre gegen das altersschwache Heidenthum
begonnen hatte, war jedoch dem römischen Senats-
konsult weit vorausgeeilt, insbesondere in den Provinzen des Ostens, wo sich die Bekenner des neuen
Glaubens mit unbändiger Wuth auf die Oertlich-
keiten und Apparate des alten warfen, um alle die
„heidnischen Gräuel" vom Angesicht der Erde weg-
zutilgen. Vorragend an inbrünstigem Eifer in die-

sem Geschäfte war unter seinen Amtsbrüdern der Erzbischof von Alexandria, Theophilus, welchen uns die zeitgenössischen Quellenschriften in so schroff wechselnder Beleuchtung zeigen, daß man nicht recht weiß, ob er ein großer Heiliger oder ein vollendeter Schurke gewesen, — wie das ja auch mit anderen großen Kirchenlichtern damaliger und späterer Zeiten der Fall. Im Uebrigen muß man einräumen, diese alten Pfaffen waren in ihrer Art **ganze Kerle**. Keine „gebildeten" Philister, keine aufgeklärten Wendehälse, Zweiächsler und Simsenläufer, keine liberalen Eiertänzer und Balancirstängler, nein, wohl aber Durchgreifer, Durchfahrer und Drauflosgänger mit Hurrah und Hussah, will sagen mit Kyrie-eleison und Te-deum-laudamus, mit Hosianna und Halleluja.

Der streitbare Theophilus lebte selbstverständlich mit der heidnischen und jüdischen Bevölkerung Alexandria's in fortwährender Fehde, die er zuweilen mit viel List, aber häufiger mit noch mehr Gewalt führte, immer nur in der heiligen Absicht, seinen dreieinigen Gott über Zeus und Jahve trium-

phiren zu lassen. Juden und Heiden — die letzteren
unter Führung des Philosophen Olympios — zogen
mitunter, durch die gemeinsame Gefahr vereint —
an einem Strange gegen den Erzbischof; allein
dieser, dem der Pöbel der Stadt und in der nah=
gelegenen Wüstenei Nitria ein allzeit kampffertiges
Heer von Mönchen zu Diensten war, erwies sich in
der Regel als der Stärkere. So gelang ihm denn
auch sein Zerstörungsanschlag auf das Serapeion,
welches ihm als die Hauptburg des Heidenthums
in Alexandria verhaßt war. Freilich haben heid=
nische Autoren behauptet, der heilige Mann sei bei
seinem Anschlag auf den Tempel des Serapis von
der „auri sacra fames" getrieben worden, d. h. er
habe den ungeheuern Baarschatz von Gold und Sil=
ber, welcher in Form von Kultgeräthen und Weihe=
gefäßen dort vorhanden, an sich bringen wollen.
Wie dem sei, der Erzbischof gelangte an sein Ziel (389).
Er mußte ein Edikt des Theodosius zu erwirken,
welches ihn zur Zerstörung der „Götzen" in Alexan=
bria ermächtigte und welches die Heiden, die gar
wohl wußten, daß der Kaiser nicht mit sich spaßen

ließ, so entmuthigte, daß sie den bislang mit den Waffen in der Hand zum Schutze ihres großen Heiligthums geführten Kampf aufgaben. Theophilus, als der echte und rechte Christ, der er war, begann sein Zerstörungswerk mit der Vernichtung der heidnischen Kulturschätze, welche im Serapeion aufbewahrt wurden: — die große Bibliothek ward vernichtet oder durch Plünderung zerstreut. Diese heidnischen Dichter, Philosophen, Geschichtschreiber, Mathematiker, Physiker und Astronomen, welche so Vieles zu lehren wußten, sollten die heilige Unwissenheit und fromme Barbarei der Christen nicht länger belästigen und beeinträchtigen. Nachdem sodann der Erzbischof der goldenen und silbernen Tempelgefäße sich bemächtigt hatte, drang er mit seiner Bande bis ins innerste Heiligthum, bis zur Cella vor, wo die Kolossalstatue des Serapis stand. Auf des Prälaten Befehl thut ein Soldat die ersten Arthiebe auf das Bild des Gottes, dessen Haupt bald am Boden rollt. Wie der Rumpf zertrümmert wird, bricht eine Schar von Ratten aus dem hohlen Innern und macht sich mit grunzendem Protest gegen diesen Eingriff in wohlerworbene geistliche Rechte davon. Das umstehende Volk birst darob in schallendes Gelächter aus; aber nur getrost, o frommes Ungeziefer, die Menschen werden es nie und nirgends an Götzen fehlen lassen, in deren Bäuchen du wohlig dich bergen und betten kannst. Das Serapeion wurde mit Aufbietung aller Zerstörungsmittel mühselig in einen Trümmerhaufen verwandelt und auf der später theilweise abgeräumten Schuttstätte eine den christlichen Märtyrern gewidmete Kirche errichtet*). Die Ratten konnten wiederkommen.

---

*) Hauptquelle für das Vorstehende wie für das Nachfolgende ist des i. J. 390 zu Konstantinopel geborenen Sofrates Scholastikus Historia ecclesiae (welche die Zeit von 304 bis 439 in sieben Büchern umfaßt), lib. V, cap. 16; lib. VII, cap. 14, 15.

3.

Die Kühnheit des Theophilus hatte zwar dem Heidenthum und Judenthum in der Metropole Aegyptens schwere Niederlagen bereitet und das Christenthum zur herrschenden Religion daselbst gemacht. Man erkannte das schon an dem selbstbewußten und prunkvollen Auftreten der Christen und Christinnen in den Straßen der Stadt. Die neue Religion war nämlich jetzt schon nicht mehr bloß der Glaube der Armen und Unterdrückten, sondern vielfach auch der von vornehmen Herren und modischen Damen. Letztere stolzirten auf Straßen und Plätzen in kostbaren Gewändern, bestickt mit Bildern aus der christlichen Mythologie, ein Exemplar der „heiligen" Schrift an einer Goldkette am Halse hängend, während Sklaven Sonnenschirme über sie hielten und ihnen Betkissen und Fächer nachtrugen. Dennoch aber war das geschlagene Heidenthum noch lange nicht völlig besiegt, weil die Mehrzahl der Leute von gutem Ton und feiner Lebensart wenn

nicht den Glauben an die alten Götter, so doch den
Geschmack für die antike Philosophie bewahrte. Da
war es denn, dieser verdammlichen Ketzerei zu steuern
und die Insassenschaft des rechtgläubigen Schafstalls
zu mehren, sehr vonnöthen, daß die energische Ag-
gression des hochseligen Theophilus einen ebenbürtigen Fortsetzer fand in der Person seines Neffen
Kyrillos, der zugleich des Oheims Nachfolger auf
dem erzbischöflichen Thron von Alexandria war
(412 — 44).

Sankt Kyrill — denn die Kirche nahm ihren
trefflichen Kämpen mit Recht unter die Zahl ihrer
Heiligen auf — hat sich bekanntlich als Gegner des
Nestorius in der Dogmengeschichte einen bleibenden
Namen gemacht, und wer aus Neugier oder von
Berufswegen in jenen Regionen des tieferen Blödsinns, wo die „$συνάφεια$ $καὶ$ $ἐνοίκησις$" und die
„$φυσικὴ$ $ἕνωσις$" als wuthkreischende Fledermäuse
einander zausen, sich umgetrieben hat, kennt den
rüstigen Klopffechter, welcher kein sanftes „Lämmer-
schwänzchen", wohl aber ein kräftiger Ochsenziemer
der ecclesia militans gewesen ist. Hiezu hatte ein

mehrjähriger Aufenthalt unter den Mönchen von Nitria ihn herangeschult und er brachte auf den erzbischöflichen Stuhl den festen Entschluß mit, so oder so mit dem Juden- und Heidenthum in Alexandria ein Ende zu machen.

Der Erzbischof war der Mann, zu handeln, wie er dachte. Er versicherte sich der Macht über den fanatischen, stets zum Spektakeln und Tumultiren geneigten und bereiten Pöbel und schuf sich in den sogenannten „Parabolani", städtischen Missionären, welche eigentlich zur Armen- und Krankenpflege bestimmt waren, eine förmliche Leibwache. Dies gethan, richtete er seinen heiligen Eifer zunächst gegen die Juden, welche ihrer durch zahllose Neckereien von Seiten der Christen angeblasenen Wuth nachgebend zuletzt im Theater und auf den Straßen der Stadt mit blanken Waffen über ihre Gegner herfielen. Sofort gab unser Heiliger das Signal zum Vertilgungskampf, welchem die Juden sicherlich erlegen wären, falls sich der kaiserliche Präfekt Orestes nicht eingemischt hätte, um den die Stadt durchtobenden Aufruhr mit Waffengewalt niederzuschlagen. Das ging freilich nicht so leicht; denn die Mönche von Nitria, welche zu Hunderten auf einen Wink Kyrills hin in die Stadt geströmt waren, und die Parabolani besannen sich nicht, die Pöbelhorden selbst gegen den mit der kaiserlichen Autorität bekleideten Präfekten aufzustacheln. Orestes bändigte nur mühsam die Emeute, wobei ihn ein Mönch, Ammonius, mittelst eines Steinwurfes ziemlich schwer verwundete. Der Fanatiker ward ergriffen, prozessirt und hingerichtet; allein Sankt Kyrill ließ den Leichnam des „Märtyrers" im Cäsareion zur Erbauung der Gläubigen öffentlich ausstellen und dann pomphaft bestatten. Der Präfekt sollte es büßen, daß er in die widerjüdischen Absichten des kyrillischen Eifers hemmend eingegriffen. Orestes stand dem Erzbischof überhaupt äußerst hinderlich im Wege. Erstens deßhalb, weil der Stellvertreter des Kaisers seine Verachtung der christlichen Pfafferei und seine Hinneigung zur heidnisch=hellenischen Philosophie nur schlecht verbarg; zweitens, weil er, seiner Pflicht gemäß, den Frieden unter der bunten Bevölkerung Alexandria's aufrecht zu halten suchte; drittens, weil Kyrill schlechterdings in der Stadt keine andere Macht und Gewalt dulden wollte als seine eigene, — natürlich nicht etwa aus pfäffischer Herrschsucht, sondern einzig und allein „zur größeren Ehre Gottes".

Der Präfekt sollte dennoch getroffen werden, und da sich zunächst keine günstige Gelegenheit bot, den Mann in eigener Person zu treffen, so sollte er in einer ihm nahestehenden getroffen werden. Die Umstände fügten es auch so glücklich, daß Sankt Kyrill da zwei Fliegen mit einem Schlag erreichen konnte. Nämlich: die Person, in welcher Orestes verwundet werden sollte, war die demselben befreundete Philosophin Hypatia, dermalen anerkannt die Hauptstütze des Heidenthums in Alexandria, mit welcher unser vielgeplagter Heiliger auch persönlich ein Hühnchen zu pflücken hatte. Denn die jungfräuliche Philosophin, die Heidin und Ketzerin war so unverschämt, dem Erzbischof Konkurrenz zu machen, d. h. zur gleichen Zeit, wo er in der Kirche seine Predigten hielt, in ihrem Hause ihre philosophischen Vorträge zu halten, zu welchen — leidige

Thatsache! — die Elite der alexandrinischen Gesellschaft zu Wagen und auf Sänften strömte, während ein sehr gemischtes, mehr ruppiges als elegantes Publikum die Zuhörerschaft des heiligen Mannes bildete. Allerdings fehlte es den pastoralen Auslassungen desselben auf der Kanzel nicht an Händeklatsch und Beifallsrufen; allein die Freude über diese wohlverdienten Erfolge wurden dem Prälaten schnöder Weise durch heidnische Lästerzungen vergällt, welche behaupteten, die den erzbischöflichen Predigten gespendeten Beifallsrufe und Händeklatschlaute rührten von geschickt in der Versammlung vertheilten und für ihre Mühe bezahlten Leuten her. Den Ruf und Ruhm eines notorischen Heiligen zum Ergebniß der Claque herabwürdigen, schon dieser Frevel verdiente die härteste Ahndung.

Die arme Hypatia wird furchtbar erfahren, daß es nicht gutthut, gegen den Strom zu schwimmen und einer besiegten Sache zu dienen; wird furchtbar erfahren, daß die Pfaffen lange Zungen haben und das Volk lange Ohren hat und brutale Fäuste . . .

Sie war die Tochter des ausgezeichneten Mathematikers Theon, welcher den Euklid und Ptolemäus kommentirte und sein um das Jahr 380 — vielleicht etwas früher oder etwas später — geborenes, mit großen Gaben ausgestattetes Kind frühzeitig mit Mathematik und Astronomie vertraut machte. In der Geometrie wurde das junge Mädchen so fest und sicher, daß es den Ehrennamen „$\dot{\eta}$ $\gamma\varepsilon\omega\mu\varepsilon\tau\varrho\iota\varkappa\dot{\eta}$" erhielt. Durch die strenge Vorschule der Mathematik ging sie in die Halle der Philosophie ein und wurde eine eifrige Adeptin des Neu-Platonismus, für welchen gegen den Ausgang des 4. Jahrhunderts der christlichen Aera hin die alte Lieblingsstätte der hellenischen Philosophie, Athen, die letzte Hochschule geworden war. Diese Hochschule bezog auch Hypatia und hörte insbesondere den neuplatonischen Mystiker Plutarch den Jüngeren, in dessen Akademie seine Tochter Asklepigeneia die Honneurs machte. Frauen spielten überhaupt in damaliger Zeit vortretende Rollen; nicht allein in Museen und Ateliers, sondern auch in Feldlagern, in Rathssälen und auf Thronen. Man denke nur der Zenobien,

Amalasunthen, Placidien, Honorien, Pulcherien und Eudoxien.

Nach wohlbenützten Lehr- und Wanderjahren kehrte Hypatia nach Alexandria heim und trat daselbst als Lehrerin der Philosophie auf. Sie blieb Heidin und Jungfrau, so zu sagen eine Spätlingsverkörperung des Begriffes der Pallas Athene. Schön von Antlitz und Gestalt, anmuthigen Gebarens, geistvoll, hochgebildet, beredt, wie sie war, konnte es ihr an Bewerbern nicht fehlen; allein sie gab keinem derselben Gehör. Falls dem Lexikographen Suidas, welcher, obzwar ein Konfusionsrath, uns eine Fülle interessanter Notizen aus dem Alterthum herüberrettete, Glauben zu schenken ist, hat Hypatia in der herben Sprödigkeit ihrer Jungferschaft sogar keinen Anstand genommen, in sie Verliebte durch Anwendung sehr drastischer, nach unserem Gefühle mit mädchenhafter Schamhaftigkeit freilich schwer zu reimender Mittel zu kuriren*).

---

*) Als sich einer ihrer Zuhörer heftig in sie verliebt hatte, ..pannos mensibus foedatos illi ostendisse dicitur et

Wenn aber der Liebe unzugänglich, war die schöne und keusche Philosophin für Freundschaft um so empfänglicher, auch hiedurch erweisend, daß sie nicht eine romantische, sondern eine antike Natur. Unter ihren Freunden ragen zwei hervor: der kaiserliche Präfekt Orestes, welcher fortwährend alle Hände voll zu thun hatte, die energischen Eingriffe des heiligen Kyrill in seine statthalterlichen Rechte und Machtvollkommenheiten nothdürftig zurückzuweisen, und — merkwürdiger Weise — ein christlicher Prälat, Synesios von Kyrene, Bischof von Ptolemais, welcher ein Schüler Hypatia's war. Der künftige Bischof als Zuhörer zu den Füßen der jungen Heidin sitzend, das ist auch so ein kontrastvolles Bild, wie sie eben nur in großen Uebergangsepochen vorkommen. Synesios bildet bekanntlich mit Klemens von Alexandria, Gregor von Nazianz und Methodios von Patara eine Gruppe der ältesten christlichen Poeten. Die zum Preise der Götter

---

dixisse: Hoc quidem adamas, o adolescens! et sic animum ejus sanasse." Suidas, art. Hypatia.

und der Mysterien des neuen Glaubens gesungenen
Lieder und Hymnen dieser Griechen haben freilich
einen sehr starken Beisatz von Heidenthum und
schöpfen ihre Inspiration mehr aus dem Platonis-
mus und Neuplatonismus, denn aus den Evangelien. Als Musterstück dieser Dichterei kann recht
wohl der berühmte Hymnus des Klemens auf den
Erlöser Christus gelten, allwo die Christen als
„Säuglinge" erscheinen, welche „aus den süßen
Brüsten der anmuthigen Nymphe Weisheit himmlische Milch schlürfen"*).

Auch der gute Bischof von Ptolemais war im
Grunde mehr Neuplatoniker als Christ und daraus
erklärt sich die Innigkeit und Dauer seines freund-
schaftlichen Verhältnisses zur Hypatia. Zugleich
aber sind die uns überlieferten Urkunden dieses Verhältnisses, d. h. sieben Briefe des Synesios an die

---

*) γάλα οὐράνιον
μαστῶν γλυκερῶν
νύμφης χαρίτων
σοφίας τῆς σῆς ἐκθλιβόμενον,
οἱ νηπίαχοι, cet.

Philosophin, ein wahres und unvergängliches Ehrenmal für diese. Der Bischof übersendet ihr seine Schriften zur Beurtheilung und macht das Erscheinen oder Nichterscheinen derselben von ihrer zustimmenden oder mißbilligenden Kritik abhängig. Er schreibt der Freundin: „Meine Kinder, meine Freunde mangeln meinem Herzen, aber mehr noch mangelt ihm deine göttliche Seele, die mehr als alles Andere die Herbigkeit meines Schicksals zu versüßen vermöchte." Ein ander Mal entschüttet er seine Trauer also gegen Hypatia: „Oh, meine Mutter, meine Schwester, meine Lehrerin, meine Wohlthäterin, meine Seele ist sehr betrübt! Die Erinnerung an meine Kinder, die ich verloren habe, tödtet mich." Ein drittes Mal äußert er: „Wenn ich Nachrichten von dir erhalte, wenn ich vernehme, daß es dir, wie ich hoffe, besser ergeht als mir, so bin ich nur noch halb unglücklich." Vom Christenthum ist in den Briefen des Bischofs nicht mit einem einzigen Worte die Rede.

Und doch war das Christenthum ein unhemmbar-siegend vorschreitendes Prinzip, das Heidenthum nur noch ein abgünstig geduldetes. Jenes ein frohlockend um sich greifendes Feuer, dieses ein ängstlich zuckendes Flämmchen, durch die pietätvollen Hände von wenigen Auserwählten mühsam vor dem Erlöschen bewahrt. Man kann wohl sagen, daß die beiden Prinzipien zu Alexandria in den Personen des heiligen Kyrill und der keuschen Hypatia verkörpert einander gegenüberstanden. Ein Zusammenstoß konnte nicht ausbleiben und wir dürfen, ohne der Philosophin Unrecht anzuthun, wohl annehmen, daß sie immerhin noch Weib genug gewesen sei, um den Gegner mehr zu reizen und herauszufordern als zu begütigen und zu entwaffnen. Weibliche Eitelkeit, Rechthaberei und Streitsucht pflegen auch in Philosophinnen ein Plätzchen, mitunter sogar einen großen Platz zu finden und Sankt Kyrill mochte richtig rathen, wenn er die Akademie der schönen Jungfrau nicht nur als die letzte Burg des Heidenthums in Alexandria ansah, sondern auch als den Ort, wo sein Widersacher Orestes wirksame Anregungen empfing und von wo die witzigen antikyrillischen Epigramme ausgingen, welche die alexandrinische Gesellschaft auf Kosten eines Heiligen mehr lachen machten, als einem Heiligen anständig scheinen konnte.

Derweil man also im heidnischen Prätorium viel Geist verausgabte und Witz verbrauchte, philosophirte und satirisirte, bereitete man im christlichen Tabernakel einen Schlag vor. Schöne Heidin Hypatia, hüte dich! Unter den mönchischen Horden Nitria's draußen, wie unter den Pöbelbanden drinnen geht ein Gemunkel und Gezischel um und birst auch wohl in wüste Schimpf- und Drohrufe aus, unsere liebenswürdige Philosophin sei eine verruchte Zauberin und ihre Akademie nur der Schauplatz teuflischer Mysterien und Orgien. Wußte Sankt Kyrill, was für Dämonen er heraufbeschwor, als er der heiligen Dummheit die arme Hypatia als Hexe signalisirte? Ohne Zweifel; aber er beschwor ja diese Dämone nur „zur größeren Ehre Gottes" und außerdem wollen wir in geziemender christlicher Liebe glauben, daß im entscheidenden Augenblicke dem Beschwörer seine Macht über die Beschworenen versagte. Denn von einem notorischen Heiligen ist doch wohl nicht anzunehmen, er habe mit der Bosheit Belials die Grausamkeit Molochs verbunden.

Das Zerwürfniß des Erzbischofs mit dem Präfekten war seit dem Judentumult immer klaffender geworden. Beide bestürmten den kaiserlichen Hof mit gegenseitigen Anklagen; allein es war kein erster Theodosius mehr da, um entscheidend einzugreifen, sondern nur ein zweiter, ein kläglicher Kaiserschemen und Weiberknecht, welcher die Dinge im Reiche lottern und schlottern ließ, wie sie konnten und mochten. Die beiden rivalisirenden Gewalthaber in Alexandria blieben daher sich selber überlassen und das „geistliche Schwert" durfte sich sagen, daß es die öffentliche Meinung, welche ja mit dem Stärkeren zu gehen liebt, für sich haben würde, so es ihm gelänge, das „weltliche" unterzukriegen. Aber es steht geschrieben: „Seid klug wie die Schlangen!" und unser Heiliger war in der heiligen Schrift zu beschlagen, um das nicht zu wissen. Demuth und Milde ziemt dem christlichen Priester und: „Liebet eure Feinde!" spricht der Herr. Aus diesen Gründen und nicht etwa, wie heidnische Lästerzungen behaupten wollten, aus Motiven einer Politik, welche sich den Anschein geben wollte, herausgefordert worden zu sein, begab sich Sankt Kyrill eines Tages unter Vortragung eines Exemplars der Evangelien zum Präfekten, um den schwebenden Zwist in Minne zu schlichten und den Friedensschluß sofort auf das heilige Buch zu beschwören.

Da hatte nun aber der Teufel ganz offenbarlich sein Spiel. Denn, siehe, Orestes wies den Friedensantrag des heiligen Mannes zurück, ohne allen Zweifel auf die Einflüsterung der Here Hypatia hin. Sofort fiel der lange und wohlvorbereitete Schlag. Denn eilends ward in die Trompete des Zorns gestoßen und eifrigst das Horn des Zeters geblasen, um die heilige Dummheit und die fromme Wuth auf den Plan zu rufen. Sie kam. Eine Bande von Mönchen schwärmte von Nitria herein, die Matrosenkneipen am Hafen, die Gaunerherbergen der Rhakotis, die Bordelle am kanopischen Kanal spieen ihre Insassen auf die Straßen, damit sie „zur größeren Ehre Gottes" arbeiteten, und zwar unter Anleitung eines würdigen Führers, eines angehen-

den Priesters, welcher Peter hieß und den Berufs-
beinamen der „Lektor" trug. Nachdem der Tumult
im Gange, fand Sankt Kyrill als kluger Puppen-
spieler nicht gerathen, seine Hände weiter dabei zu
zeigen, sondern wusch vielmehr dieselben in Unschuld.
Mit- und Nachwelt sind aber so profan gewesen, an
die Wirksamkeit dieser Wäsche nicht recht zu glauben, und selbst der frommgläubige Sokrates Scholastikus konnte sich nicht enthalten, in seiner Kirchen-
historie mit dürren Worten zu sagen, der an Hypatia
verübte Mord und die Art seiner Verübung habe
„den heiligen Kyrill und die ganze Kirche von
Alexandria mit Schmach bedeckt."

Das Unheil war im Zug und der Gräuel geschah. Eines Tages im März des Jahres 415
durchtobte eine Pfaffen- und Pöbelhorde tumulti-
rend die Straßen der Stadt, deren Bewohner aber
derartiger Auftritte zu sehr gewohnt waren, als daß
sie sich viel daraus gemacht hätten. In der Straße,
wo unweit der „cäsarischen" Kirche Hypatia's
Haus gelegen war, staute sich der wüste Menschenkehricht. Der Wagen der schönen Philosophin

wartete an der Hauspforte, denn, unwissend, daß
der Pöbelauflauf ihr gelte, war sie im Begriffe, aus-
zufahren.

Sie kam herab, bestieg den Wagen und hat,
indem sie sich zurechtsetzte, wohl einen Blick philo-
sophischer Verachtung auf die spektakelnde Rotte
geworfen.

Da aber, wie die Pferde anziehen wollen, stößt
Peter der Vorleser einen Signalschrei aus und wüthend werfen sich die Mönche und wirft sich
die ganze „heilige Canaille" auf die Equipage.
Hypatia wird vom Wagen gerissen und im Nu und
Hui werden ihr erbarmungslos-roh sämmtliche Ge-
wänder vom Leibe gezerrt. Das freche Tageslicht
sieht die jungfräuliche Nacktheit der vor Ueber-
raschung und Entsetzen Versteinerten. Die also
Geschändete wird unter wüsten Mißhandlungen in
die nahe Kirche geschleppt und dort von den rasenden Satanassen buchstäblich in Stücke zerrissen.
Die noch zuckenden Glieder der erlauchten Blut-
zeugin der Denkfreiheit werden unter kanibalischem
Jubel durch die Straßen geschleift und schließlich

auf dem Kinaron verbrannt . . . Das Christenthum hatte gesiegt.

Die Scheußlichkeit gemahnt in ihren Einzelnheiten höchst auffallend an die gräßliche Ermordung der armen Prinzessin Lamballe im Gefängnisse La Force am schrecklichen 3. September von 1792. Ja, der Fanatismus, ob so oder so gefärbt, bleibt immer und überall derselbe und mächtig ist im Menschen die Bestie.

Cromwell.

Im Anfang war die That.
Faust, 1. Theil.

Nicht Regel ist es, sondern Ausnahme, seltene, seltenste, daß die Offenbarung des Göttlichen in der Menschheit auf den sogenannten „Höhen" der Gesellschaft vor sich geht. Wirkliche Helden, Helfer und Heilande unseres Geschlechtes werden nur aus dem Volke geboren. In einem Viehstall läßt die Mythologie des Christenthums ihren Propheten zur Welt kommen. Noth heißt die Amme, Arbeit die Lehrerin der wahrhaft großen und guten Menschen. Solche unter ihnen, welchen es gegönnt ist, in von der Sorge um's tägliche Brot unbedrängten Vaterhäusern eine sorglose Kindheit zu verleben, müssen schon zu den vom Glücke besonders Begünstigten gezählt werden. So der Wolfgang Göthe, welchen aber das genossene Jugendglück der deutsche Jammer grausam büßen ließ, indem dieser den größten Genius seines Landes mit der Lächerlichkeit einer deutsch-liliputischen Ministerschaft behängte und den Schöpfer des Faust, den Vater der Iphigenia und Dorothea vor deutsch-bettelhaften Fürstlichkeiten im unterthänigst-ersterbenden Kurialstyl geheimräthlich kratzfußen machte. Auch eine Erscheinungsform des weltberühmten deutschen „Idealismus"!

Scheherezade Poesie, rastlos sinnend, das alte Kind, den brummigen Sultan Publikum bei guter Laune zu erhalten, hat es zu einem Lieblingskapitel ihres Fabulirens gemacht, Zeugung, Geburt und Kindheit der Halb- und Ganzgötter mit mehr oder weniger sinnreichen oder auch blödsinnigen Mirakeln auszustaffiren. Das gibt dann der gewissenhaften Arbeiterin Geschichte, welche sich die riesige und undankbare Aufgabe stellte, den Welt-Augiasstall des Köhlerglaubens mit dem eisernen Kehrbesen der Wahrheit reinzufegen, vollauf zu thun. Die Gute müht sich ab — zumeist vergeblich, versteht sich — der lügenhungrigen und mythendurstigen Menge zu zeigen, daß die Gestalten der wirklichen und wahrhaften Helden, Helfer und Heilande durch Legendenarabesken und Pfaffenschnörkel nicht vergrößert und verschönert, sondern nur verkleinert, verunziert und verzerrt werden. Sie sagt: — Du schleuderst auf einem Waldgange die reif vom Baume gefallene Eichel als ein unscheinbar Ding mit deiner Fußspitze achtlos aus dem Wege. Komm' nach etlichen Jahrhunderten wieder und du wirst das unscheinbare Ding wiederfinden, in Gestalt einer Rieseneiche . . . Nein, nicht unter Trompeten- und Paukenschall, nicht unter dem Gebröhne von 101 Kanonenschuß, nicht unter dem Hallelujahen von Engeln und anderen Fabelthieren, sondern still und schlicht, in scheinloser Form, ärmlich sogar oft und unschön tritt das Gute, das Große, das Menschen- und Völkergeschicke bestimmende Gewaltige in die Welt.

An einem Montag war es, am 9. November von 1640, sechs Tage nach der Eröffnung des „Langen" Parlaments, als ein junger Gentleman, Sir Philipp Warwick, Mitglied für Radnor, zu Westminster in den Sitzungssal der Gemeinen trat und einen Mann erblickte, welcher sich so eben zum Sprechen erhoben hatte und der ihm gänzlich unbekannt war. Sir Philipp, „a courtly young gentleman", wie er sich selber nennt, ist von der Erscheinung des unbekannten Redners wenig erbaut gewesen und als der Modeherr, welcher er war, hätte er nach kurzem verwunderten Anstarren der grobschlächtigen Gestalt den Augenkneifer achselzuckend fallen lassen, so Augenkneifer damals schon erfunden gewesen wären.

„Zum Henker, wie ordinär ist der Mensch angezogen (very ordinarily apparelled)!" denkt und schreibt unser Danby. „Sicherlich hat dieses Ding von einem Rock ein Dorfschneider zusammengeplätzt. Grobe Leibwäsche, hm, und nicht eben sehr sauber (not very clean)! Und das soll eine Halskrause vorstellen? Nicht einmal ein Hutband um den Hut! Die Gestalt nicht übel proportionirt, aber wer wird sein Schwert so fest auf die Hüfte sitzend tragen! (His sword stuck close to his side.) Das Gesicht gedunsen und geröthet, die Augen funkelnd, und woher nimmt so ein Mensch diesen gebieterisch=gestrengen

Blick? Die Stimme schneidend und unangenehm, der Vortrag voll Heftigkeit (full of fervour)*). Summa: Ein handfester bäuerischer Kerl!... Wie heißt der Mann, Sir Soundso?" — „Oliver Cromwell, Sir." — „Cromwell? Habe den Namen nie gehört. Woher?" — „Aus Huntingdon, dermalen wohnhaft in Ely." — „Mitglied für?" — „Cambridge." — „Was? die Universitätsstadt am Cam schickt einen Bauer ins Unterhaus?" — „Was wollt Ihr? Master Cromwell ist ein Vetter von Master Hampden, der ihn den Wählern von Cambridge empfahl." — „Ah so!" sagt Sir Philipp spottlächelnd, seinen sproßenden Henry-Quatre mit der Linken streichelnd und die zärtlich gepflegte, lange Buhllocke („lovelock"), welche ihm hinter dem rechten Ohr auf den breiten Spitzenkragen herabfällt, zierlich um den Zeigefinger der Rechten wickelnd.

„Ein Vetter von Master Hampden." Dies vor-

---

*) Sir Philip Warwick, Memoirs (London 1701), p. 274.

erst der einzige Nachhall des Namens Oliver Cromwell. Aber die unscheinbare Eichel wird zu einem Eichenkoloß werden, der mit seinen Zweigen rauscht, daß der Widerhall durch die Jahrhunderte und Jahrtausende der Weltgeschichte hinabdonnert.

Laßt uns sehen, wie die Eiche wächst, und laßt uns hören, wie sie rauscht. Es ist augenerfrischend und herzstärkend, in unseren Tagen der Schwatzweiber in Hosen einen Thatmann zu betrachten, welcher dem Pfaffenthum den Fuß stramm auf den Nacken setzt, das Junkerthum an der übermüthig-herausfordernden „Buhllocke" packt und zu Boden schmettert, dem meineidigen Königsthum Angesichts des Himmels und der Erde den Kopf abschlägt, die Schwätzer und Klätscher mit Fußtritten davonjagt und sein Land zur gebietenden Vormacht Europa's erhebt.*)

---

*) Es sei aber gestattet, daran zu erinnern, daß das aufzustellende Charakterbild Cromwells eben nur als eine „Studie" sich gibt, sowie an das dante'sche Wort:
Ma chi pensasse il ponderoso tema
E l'omero mortal, che se na carca,
Nel biasmerebbe, se sott' esso trema.

Cromwell.

1.

Hätte Schiller die Laufbahn der Maria Stuart genauer gekannt, der Dichter des sittlichen Idealismus würde sicherlich Anstand genommen haben, durch tragische Glorifizirung dieser Metze und Mörderin die Majestät der Geschichte zu beleidigen. Die königliche Sünderin unterlag in dem langen Kampfe mit ihrer Todfeindin Elisabeth, deren vielgepriesene „Jungfräulichkeit" auch nur eine Fabel. Aber mochte die tyrannische Tochter Heinrichs des Achten das Recht haben, Maria zu tödten, oder nicht, soviel ist gewiß, daß, als die Buhlin Bothwells am 8. Februar von 1587 in der Burghalle von Fotheringay ihr Haupt auf den Richtblock legte, nur ein gerechter Sühnakt für schwere Verschuldung geschah. Der Schicksalszwang übrigens ließ auch die „jungfräuliche" Königin Beß nicht leer ausgehen, indem er sie mit jener Ironie, womit er sein herbes: „Du mußt!" den Menschen so häufig einpfeffert, nöthigte, den Sohn der von ihr getödteten Maria zu ihrem Nachfolger zu bestellen.

Dieser Jakob Stuart, als König von Großbritannien und Irland genannt der Erste, kam im April von 1603 aus seinem bettelhaften Königreich Schottland nach England herüber und zeigte den erstaunten Engländern leibhaftig, wie eine Fratze von Monarchen aussähe. Mit höchster Bestimmtheit ist zu vermuthen, daß, als William der Einzige in demselben Jahre 1603 die letzte Hand an seinen Hamlet legte, Jakob der Erste, diese Karikatur auf das Königthum, dieser gelehrte Simpel von Sodomiter, mit ekelhaftem Geifermund stammelnd und stotternd, auf dünnen Beinen kläglich watschelnd, furchtsam wie ein Kaninchen, feig wie ein Mops, grausam wie ein Pfaffe, — dem großen Dichter die hamlet'schen Ausrufe: „A vice of king!" und „A king of shreds and patches!" eingegeben habe.*)

Damals stand am nördlichen Ende von Huntingdon inmitten eines stattlichen Obstgartens ein behäbiges Haus, aus dessen Fenstern man den

---

*) Mit welchem gramschwerem Blicke Shakspeare später auf die elende Mißregierung Jakobs hinsah, bezeugt eindringlich sein 66. Sonett („Tir'd with all these" u. s. w.).

wohlangebauten, am Ufer des Flüßche=Ouse sich hindehnenden Grundbesitz überblickte, welcher dazu gehörte. In diesem Hause wurde dem Besitzer, Robert Cromwell, von seiner Frau, Elisabeth Stuart, am 25. April von 1599 ein Knabe geboren, welcher in der Taufe den Namen Oliver erhielt und eines Tages heißen wird „Lord Protector of the Commonwealth of England". Wunderlich genug stammte, falls den Heraldikern zu trauen ist, der glorreiche Feind des Stuartismus mütterlicherseits aus einer Seitenlinie des schottischen Königshauses. Die väterliche Familie dagegen ist altsächsischen Stammes gewesen. Der berühmte Minister Heinrichs des Achten, Cromwell, gesegnet und verflucht als „Zermalmer der Mönche (malleus monachorum)", hatte dem Familiennamen geschichtlichen Glanz verliehen. Sein Neffe, Sir Richard Cromwell, hatte einen Sohn, Sir Heinrich, welcher seines Reichthums und seiner Prachtliebe wegen der „goldene Ritter" (the golden knight) zubenams't war. Der älteste Sohn des goldenen Ritters, Sir Oliver, haus'te auf seinem schönen, eine Viertelstunde von

Huntingdon entfernten, am linken Ufer des Ouse gelegenen Herrensitz Hinchinbrook. Der jüngste Bruder Sir Olivers, Robert Cromwell, besaß, wie schon gesagt, zu Huntingdon Haus und Grundbesitz, welcher letztere dem „Squire" einen Jahresertrag von 300 Pfund abwarf, ein ganz behagliches Auskommen also, weil mit 300 Pfund jährlich ein englischer Landgentleman zu jener Zeit sorgloser und anständiger leben konnte als es in unseren Tagen einer mit 1200 zu thun vermag.

Am 27. April von 1603 waren die sonst so stillen Ufer des langsam fließenden Ouse ganz ungewöhnlich belebt und war das Herrenhaus von Hinchinbrook voll Regung und Bewegung. Dem Sir Oliver, welcher Prunk und Pracht ebenso liebte wie sein Vater, war großes und größtes Heil widerfahren. König Jakob der Erste hatte, von Belvoir-Castle gen London fahrend, das Haus des Ritters der Einkehr gewürdigt und verbrachte mit zahlreichem Gefolge zwei Tage und zwei Nächte unter dem gastlichen Dach. Daß der kleine Oliver bei dieser Gelegenheit über die Wiesen von Huntingdon herüber-

kam, um sich die höfische Herrlichkeit im Hause seines
Oheims anzusehen, ist gewiß. Schade nur, daß wir
nicht wissen, welchen Eindruck der Vierjährige
empfangen, als er mit weit aufgerissenen Augen die
"geflickte Lumpenmajestät" angaffte. Das alte
Waschweib Fabulirsucht, welches ja stets auf den
Fußtapfen großer Männer klatschend einherhinkt,
will wissen, der kleine Oliver sei an jenem 27. oder
28. Apriltag zu Hinchenbrook in eine knäbische
Balgerei gerathen mit dem kleinen Karl Stuart,
Herzog von York, welcher seinem Vater Jakob im
Jahre 1600 geboren worden und im Jahre 1612,
in Folge des Todes seines älteren Bruders Heinrich,
Prinz von Wales, sodann 13 Jahre später König
von England wurde. Vorbildlicher Weise habe
damals zu Hinchenbrook der kleine Oliver den kleinen
Prinzen ebenso entschieden als respektswidrig nieder-
gebort und untergekriegt, wie später der große Oliver
den nichtgroßen König. Meisterin Historia lächelt
vornehm-kritisch und sagt: Dummer Schwatz ex
post! Dasselbe wird sie wohl auch von einem
zweiten mythologischen Schnörkel sagen, welchen

man der Jugendgeschichte unseres Helden angeklebt hat. Nämlich, Knabe Oliver sei Anwandlungen krankhafter Schwermuth unterworfen gewesen und in einer Stunde solchen Angefaßtseins habe er am Ufer des Ouse eine Riesengestalt erblickt, welche ihm weissagte, daß er bestimmt sei, der mächtigste Mann in England zu werden. Die Zeitgenossen des Protektors, darunter selbst Männer von unzweifelhafter Urtheilskraft, haben fest an diese Legende geglaubt und im Uebrigen ist es ja gar nicht unmöglich, daß die Ahnung seiner künftigen Größe dem jungen Oliver in der Erscheinungsform einer optischen Täuschung sich vergegenständlichte. War doch ein starker Zug religiöser An- und Aufspannung in sein Jugendleben eingegangen, da sein elterlich Haus eine Stätte jener strengprotestantisch-gläubigen Anschauung und Richtung gewesen ist, die sich gerade zu jener Zeit immer bestimmter zum religiös-politischen Puritanismus entwickelte, der dann im Independentismus seine stahlscharfe Spitze fand.

An demselben Tage, am 23. April von 1616, wo der größte Literaturmann seines Landes,

Shakespeare, zu Stratford starb, wurde der größte Geschichtemann Englands zu Cambridge im Kollegium Sidney-Susser als Student inskribirt: — „Oliverius Cromwell Huntingdoniensis admissus ad commeatum sociorum, Aprilis vicesimo tertio." Olivers akademische Laufbahn war aber nur eine kurze und er hatte nicht das Zeug zu einem Gelehrten. Daß übrigens, von Fachgelehrsamkeit abgesehen, später seine Bildung mit der seiner gebildetsten Zeitgenossen auf gleicher Höhe stand, untersteht keinem Zweifel. Er sprach und schrieb, wenn er wollte, ein sehr verständliches Englisch, der energische Ausdruck des in ihm arbeitenden energischen Gedankens; er fand Schlagworte voll Blitzfeuer und Donnermacht; er vermochte zur Noth mit einem fremden Gesandten über Staatssachen auch lateinisch zu verhandeln; er hatte mit Nutzen und Genuß das Buch der Geschichte gelesen und später empfahl er seinem leichtfertigen Sohn Richard zu wiederholten Malen geschichtliche Studien als ein Mittel sittlicher Läuterung und edler Herzerfrischung. „Recreate yourself with Sir Walter Raleigh's History!"

schrieb er im April von 1650 aus dem Feldlager von Carrick in Irland an Richard und ein ander Mal führt er brieflich aus, das Studium der Geschichte sei schon deßhalb zu empfehlen, weil „es uns geschickt macht, dem Volke zu dienen, und dazu ist ja der Mensch geboren."

Cromwell hat überhaupt, sei das gleich hier gesagt, den hohen Werth der Geisteskultur niemals unterschätzt, sondern immer sehr hoch angeschlagen. Seine Frömmigkeit — und er war ein frommer Mann im Hochsinn des Wortes — ist nicht der gewöhnlichen Quelle entflossen. („Unwissenheit ist die Mutter der Frömmigkeit.") Aus dem Granitfels seiner religiösen Ueberzeugung, die ihrerseits ein Produkt heftigen und schmerzlichen geistigen Ringens gewesen ist, sprang sie klar und mächtig hervor, die Besudelung durch das Schwarzwasser bornirten Fanatismus zurückweisend. Denn, fürwahr, soweit ein Puritaner über den Puritanismus sich erheben konnte, hat es der Lord-Protektor gethan, indem er als einer der tolerantesten Menschen seines Zeitalters handelte, wobei daran erinnert werden mag, daß der edle Grundsatz allgemeiner und unbedingter Duldsamkeit in religiösen Dingen eine ruhmreiche Errungenschaft erst des 18. Jahrhunderts gewesen und noch heute, im letzten Drittel des neunzehnten, von allen Bonzen in Meßgewändern und Predigerkutten, von allen Despoten und Dunklern verworfen und verfolgt ist, ja, von diesem Menschenspülicht voraussichtlich noch im 20. und 30. Jahrhundert verworfen und verfolgt sein wird. Denn das Dumme ist und bleibt das Frumme und das Niederträchtige das Ewig-Mächtige *).

Durch Olivers eiserne Gestalt läuft eine Ader von Güte und Milde, deren Quillen und Pulsiren man insbesondere in seiner Privatkorrespondenz deutlich verfolgen kann. Der adleräugige Feldherr, der heldische Krieger, der unbeugsame Staatsmann ist all sein Lebenlang die schlichtbürgerliche Natur ge-

---

*) Ueber's Niederträchtige
Niemand sich beklage;
Denn es ist das Mächtige,
Was man auch sage.
      Göthe.

blieben, die er von Anfang an gewesen. Nur Schwachköpfe oder mit Absicht alberne Verleumder haben den Mann einen Heuchler nennen können, an welchem so ganz und gar Nichts gemacht und gekünstelt war. Wie er eines Tages in einem vertraulichen Briefe äußerte: „Ich liebe eine Ausdrucksweise, welche schlicht aus dem Herzen kommt und nichts Gezwungenes und Affektirtes hat — (I like expressions when they come plainly from the heart, and are not strained nor affected*)" — so ist er selber gewesen.

Aber, wohlverstanden, er war bei Alledem ein Puritaner des 17. Jahrhunderts und er war das Haupt des Puritanismus. Herrschende Häupter von Parteien müssen aber, um das zu sein und zu

---

*) Oliver Cromwell's Letters and Speeches. Ed. by Th. Carlyle. Leipz. Tauchnitz 1861. Vol. II, p 284. Ich brauche kaum zu sagen, daß dieses kostbare Sammelwerk, durch dessen Herausgabe Carlyle dem Protektor ein weit edleres Denkmal errichtete, als das von der englischen Scheinheiligkeit und Servilität demselben verweigerte jemals hätte sein können, mir bei Niederschreibung des vorliegenden Aufsatzes als Hauptquelle diente.

bleiben, sehr häufig die gehorsamen Diener derselben machen. Und nicht nur das! Die Strenge historischer Charakteristik gebietet, daß offen gesagt werde: Allerdings läßt sich das Wort: „Unwissenheit ist die Mutter der Frömmigkeit —" auch auf Cromwell beziehen. Denn sein Glaube war jener puritanische, welcher durch die vieljährigen und grausamen Verfolgungen, die er von Seiten des Throns und Altars, von Seiten Elisabeths, Jakobs und der anglikanischen Pfaffheit erlitten, zur Vollhöhe seiner rachedurstigen Energie emporgesteigert worden. Der Gott, an welchem Olivers Heldenseele mit allen ihren Fibern hing, der Gott, als dessen erwähltes Rüst- und Werkzeug er sich betrachtete, mit felsenfestem Glauben betrachtete, war der alttestamentliche Adonai-Schabbai, der Gott des Eifers, des Zorns und der Rache, von den späteren jüdischen Propheten mühsam zum einigermaßen erträglichen Kultur-Gott Jahve verdünnt und humanisirt, hinter dessen aufgezwungener Jahve-Maske jedoch die grimmigen Züge des alten großen Semiten-Gottes Baal-Moloch immer wieder schrecklich-deutlich hervortraten. Hieraus erklärt es sich, daß die Frömmigkeit Olivers nicht selten eine breite Spur von Blut und Feuer hinter sich herzog, gerade wie in den alttestamentlichen Schriften Adonai-Schaddai im Blute seiner Feinde schwelgt und Leichenhaufen, Trümmer und Verödung hinter sich zurückläßt.

2.

Schon im Jahre 1617 wurde der junge Oliver nach zu Cambridge wohl oder übel gepflogenem Musendienst nach Hause zurückgerufen durch den Tod seines Vaters. Er übernahm die Verwaltung, beziehungsweise Bebauung des väterlichen Besitzthums zu Huntingdon und zugleich die Sorge für seine Mutter und sechs Schwestern. Ab und zu, wie es seine landwirthlichen Geschäfte gestatteten, hielt er sich wochen- und monatelang in London auf, in der Absicht, Rechtskunde und Gesetzekenntniß sich anzueignen, und die Hauptstadt Englands, schon damals, wie noch heute, eine der verpestetsten Stätten europäischer Sittenverderbniß, soll den kraftstrotzenden jungen Mann in den Wirbel der modischen Ausschweifung hineingerissen haben. Für dieses „Soll" gibt es aber nur ein bestimmtes Zeugniß, eine herbe Selbstanklage, welche Oliver viele Jahre später gegen sich erhoben hat, indem er in einem an seine Base Mistreß St. John am 13. Oktober von 1638 geschriebenen Briefe erklärte, er sei in der Finsterniß gewandelt, er habe diese geliebt, das Licht aber und die Gottseligkeit gehaßt; er sei ein Sünder, ja ein Oberster der Sünder gewesen — („Oh, I lived in and loved darkness, I hated light and hated godliness; I was a chief, the chief of sinners").

Nun sieht freilich diese Selbstanklage einem aus puritanischer Zerknirschung hervorgegangenen Ueberschwang des Schuldbewußtseins sehr ähnlich; allein man wird unserem Helden doch kaum unrecht thun, wenn man als thatsächlich wenigstens soviel annimmt, daß er die Verderbtheit der Welt aus eigener Erfahrung gekannt habe, d. h. daß er in dem wilden Strome londoner Lasterlebens eine Weile lustig mitgeschwommen sei. Später jedoch, nach seinem Eintritt ins Mannesalter, hat selbst die giftigste Bosheit der Verleumdung an der sittlichen Haltung und ehrenhaften Lebensführung Olivers Nichts auszusetzen vermocht und die royalistische Skandalsucht brachte es in dieser Richtung nie weiter als zu armseligen Spähen über „Nolls" Kupfernase, welche vom häufigen Genuß seines eigenhändig gebrauten Bieres herrühre. In Wahrheit ist der Protektor mäßig in allen Genüssen gewesen, unter guten Freunden einem harmlosen Scherze nicht abgeneigt, wohl aber dem lästerlichen Fluchen und garstigen Zotenreißen, wie es damals selbst in den „feinsten" Kreisen in England durchweg Mode war. Und ferner: auch auf der Höhe seiner Machtstellung ein sparsamer, schlichtbürgerlicher Haushalter, ein treuer Gatte, ein zärtlicher Vater, ein anhänglicher und hülfreicher Freund, ein braver Mensch durch und durch, um und um. Daß er der größte Patriot war, welchen sein Land hervorgebracht, können nur Mastschweine der verächtlichsten aller Kirchen, der englischen High-Church, bestreiten, oder auch deutsche Hofprofessoren.

Mit Grund ist zu vermuthen, daß Olivers Heirat mit Elisabeth, einer Tochter des Sir James Bourcher, welche Heirat am 22. Oktober von 1620 zu London stattgatte, einen bedeutsamen Wendepunkt im Leben unseres Mannes markirt habe. Er führte sein junges Weib unter das Dach des väterlichen Hauses in Huntingdon, welchen Wohnsitz er 9 Jahre später mit St. Ives und dann mit Ely vertauschte. Sein Dasein war das eines echten und rechten Landsquire's, der allerdings wohl auch den Bedarf seines Haushalts an Bier mit eigenen Händen gebraut hat. Uebrigens gedieh der Haushalt des tüchtigen Bauers und Brauers, dessen Ehrbarkeit, aufrichtige Religiosität und mannhaftes Wesen ihm unter seinen Nachbarn und Kirchspielsgenossen Achtung und Ansehen verschafften. Unverkennbar wirksam war zu dieser Zeit weiblicher Einfluß auf das spröde Metall von Olivers Naturell. Dieser Einfluß wurde geübt durch seine treffliche Gattin Elisabeth und in noch höherem Maße durch seine Mutter, an welcher der Sohn mit liebevoller Ehrfurcht hing und hielt. Auch hier begegnen wir also der oft wiederkehrenden Thatsache, daß bedeutende und große Menschen so zu sagen mehr die Söhne ihrer Mütter als die ihrer Väter sind.

Sie verliefen äußerlich recht still, diese huntingdoner Jahre Cromwells. Aber in seinem Inneren hat es gerade während dieser Zeit häufig genug recht gewaltsam gestürmt und getobt. Denn unter heftigen Seelenkämpfen, welche den starken Mann mitunter so krampfhaft schüttelten, daß er stöhnend und händeringend an den Ufern seines Heimatflusses umherlief, kam während dieser Jahre der Puritanismus in Oliver zum Durchbruch, — ein psychologischer Prozeß, welcher vorderhand nur erst eine von Wenigen beachtete persönliche Bedeutung hatte, bald aber eine weltgeschichtliche gewinnen sollte. Denn mit Cromwell an der Spitze wurden die Puritaner aus einer verfolgten Sekte zu einer siegreichen, Prälatenthum, Junkerthum, Königthum zu Boden tretenden Partei.

Was aber war der Puritanismus? In seinen Ursprüngen und Anfängen nur der schüchterne Protest von etlichen wenigen aufrichtigen und tiefen Gemüthern gegen das elende Halb- und Scheinding der englischen Reformation, welche ihren schmutzigen Ursprung niemals verleugnen konnte. Hervorgegangen aus einer ehebrecherischen Laune des achten Heinrichs, des wüsten Tyrannen und Weibermörders, ist das anglikanische Kirchenthum durch Elisabeth ganz im despotisch-pfäffischen Sinne festgestellt und zugleich zu einem üppigen Spittel für die jüngeren Söhne des Adels gemacht worden. Kaum in dieser Weise großgewachsen, hat dann der hochkirchliche Wechselbalg mit dem scharlachenen Weib auf den sieben Hügeln in Verübung aller Verfolgungsgräuel gewetteifert. Da aber der Hauptgegenstand der Verfolgung, der Puritanismus, das will sagen der bestimmt gefaßte, folgerichtig entwickelte, ehrlich aus- und durchgeführte Gedanke der Reformation, die enge Verbindung, ja die Dieselbigkeit geistlicher und weltlicher Tyrannei schwer zu fühlen hatte, da er erkannte, daß Kirche und Krone zu seinem Untergange mitsammen sich verschworen hätten, da er in dem König von England nur noch einen schlechten Abklatsch des römischen Papstes sehen mußte, so geschah es mit Nothwendigkeit, daß die Puritaner wie in der Hochkirche so auch im Königthum nur noch Veranstaltungen Satans erblickten, daß sie wie in Sachen der Religion so auch in Sachen des Staates Radikale und Demokraten wurden, daß sie sich entschieden dem Republikanismus zuwandten und die furchtbare, gegen das Königthum geschleuderte Verwerfungsrede des grimmigen Propheten Samuel — (1. Buch) Samuels, Kap. 8) — zu i h r e m politischen Glaubensbekenntniß machten.

Freilich, bei aller seiner Größe — nur Thoren können sie ihm bestreiten — haften dem Puritanismus tiefe Makel an, und sein Hauptmakel ist gewesen, daß er im Grunde doch auch nur eine theologische Borniertheit war. Allein das kann ihm, historisch angesehen, unmöglich als Verschuldung angerechnet werden; denn das 17. Jahrhundert kannte eben noch nicht den philosophischen Weg zur Freiheit, welchen das 18. oder den natur- und geschichtswissenschaftlichen, welchen das 19. aufthat, und mußte daher wohl oder übel den theologischen

einschlagen. Was sodann den oft wiederholten
Vorwurf angeht, der Puritanismus habe mit der
Kirche und dem Thron zugleich auch das lustige
Leben von Alt-England zerstört und sei ein blinder
Verächter und Hasser von Poesie, Kunst und Wissenschaft gewesen, so ist zuvörderst allerdings wahr,
daß der also Angeklagte ein sehr sauertöpfischer, steif-
leinener Geselle, dessen Sucht, das ganze Dasein
möglichst alttestamentlich zuzuschneiden, unendliche
Lächerlichkeiten zu Tage förderte. Allein man darf
doch auch nicht übersehen, daß das vielgerühmte
„lustige Leben von Alt-England", welches Rund-
kopf Zu-Deinen-Zelten-Israel-Puritanismus mit
dem grimmigen Lächeln befriedigter Rache zertrat,
ein sehr lüderliches gewesen und von dem schonungs-
los Verfolgten seit vielen Leidensjahren als ein
Gräuel Moabs und Amaleks verabscheut worden
war. Denn diesem düsteren Fanatiker war es Ernst,
furchtbarer Ernst mit den sittlichen Forderungen seiner Religion an ihn selbst, wie an Andere, und
deßhalb auch blickte er mit Verachtung und Ingrimm
auf die zeitgenössische Literatur seines Landes, welche

unleugbar nur allzu sehr die Anschauungen des
lustigen Alt-Englands widerspiegelte. Man vergesse
nicht, daß selbst die Dramen Shakspeare's von
Schmutzereien wimmelten. Die Aufführung derartiger Stücke mußten dem Puritanismus ein heid-
nischer Gräuel sein und deßhalb zerstörte er das
Theater. Und sollten sich endlich Puritaner vom
reinsten Wasser nicht zur Verachtung der Wissenschaft getrieben fühlen, wenn sie im Hinblick auf den
gefeiertsten Repräsentanten derselben in ihrem Lande
und zu ihrer Zeit, im Hinblick auf Bacon of
Verulam bedachten, daß dieser angeblich große und
größte Gelehrte in Wahrheit einer der verächtlichsten
Schurken war, welche jemals mittelst Beugung und
Fälschung des Rechtes die Gunst der Mächtigen sich
erbuhlt haben? Ach, es ist eine traurige Thatsache,
daß die Historie der Wissenschaften voll von Baconen.
Denn wie es keinem glücklichen Verbrechen in der
Weltgeschichte an einem Tedeum brüllenden Pfaffen,
so hat es auch keiner gelungenen Schändlichkeit an
einem gelehrten Anwalt gefehlt. In den Akademieen
älterer und neuerer Zeiten müßte ein Diogenes

Männerstolz, Freimuth und Charakterwürde mit der Laterne, mit der Lupe suchen und er würde sie selten genug finden. Im Uebrigen kann, auf unser Thema zurückzukommen, der Puritanismus mit gerechtfertigtem Stolz zu seinen Feinden und Anklägern sagen: Wenn ich so ganz, wie ihr behauptet, ein Barbar gewesen, wie kam es denn, daß ich den edelsten Gelehrten, einen reinsten Träger des Genius aus mir zu erzeugen vermochte? Den wissenschaftlichen Begründer des Preßfreiheitsrechtes, den wunderbar beredten Verfasser der Vertheidigung des Volkes von England, den herrlichen Schöpfer des Verlorenen Paradieses!

Einleuchtend ist demnach für Augen, welche sehen und sehen wollen, daß der Puritanismus auf der Entwickelungsbahn der europäischen Civilisation ein Riesenvorschritt war. Er hat die reformatorische Idee aus dem lutherischen Nebelheim einer servilen Theologie in die staatliche Wirklichkeit herübergerückt; er hat der Sklaverei die Freiheit, dem despotischen Prinzip der Bevormundung das der demokratischen Selbstbestimmung entgegengestellt; er hat mit seiner Eisenfaust das pfäffische Lügenmärchen vom Gottesgnadenthum der Könige zermalmt, hat mittelst Gründung seiner Volksstaaten jenseits des atlantischen Ozeans das glorreichste Blatt im Weltgeschichtebuch aufgeschlagen und hat in dasselbe als furchtbare Mahnung und Warnung das Datum des 30. Januar 1649 für alle Ewigkeit eingegraben.

Unschwer begreiflich auch, daß ein ernstangelegtes, tiefes und energisches Cromwellgemüth mehr und mehr mit den Anschauungen des Puritanerthums sich füllte. Die klägliche Mißregierung Jakobs des Ersten, England nach Außen erniedrigend und nach Innen der bübischen Willkür einer despotischen Günstlingsherrschaft preisgebend, konnte den ruhelosen Stachel in der Seele des werdenden Helden nur schärfen. Ob er zu dieser Zeit irgend eine Ahnung hatte, was ihm die nächste Zukunft bringen würde? Wir wissen es nicht. Wohl aber wissen wir, daß, als die Weltgeschichtebühne ihm sich aufthat, er dieselbe als ein ganzer, in sich fertiger Mann beschritt, als ein echter Nummer-Eins-Mann, als

ein rechter Thatmann, welcher geduldig die Wort-
männer eine geraume Weile gestikuliren, debattiren,
resolutioniren und haseliren ließ, dann aber vortrat,
das Schwert zog, die Scheide wegwarf und sagte: „Ich
werde es th un!" Denn zum höchsten Wagen, zum
gewaltigsten Handeln, zur thatkräftigsten Erfassung
und Erfüllung der Zeitforderungen hatte sich, wie sein
kompetentester Beurtheiler, Milton, schön bezeugt,
unser Mann in der Zurückgezogenheit seines Hauses
vorbereitet. In der Stille war er gewachsen, un-
entweglich im Vertrauen auf seinen Gott und in
schweigsamer Brust die große Seele nährend*).

3.

Im März von 1625 starb Jakob der Erste und
mit der Throngelangung seines Sohnes, Karls des

---

*) „Domi in occulto creverat et ad summa quaeque
tempora fiduciam dei fretam et ingentem animum tacito
pectore aluerat." Defensio pro populo Anglicano secunda
(1654), p. 106.

Ersten, begann der große Waffengang zwischen Despotismus und Freiheit in England, welcher von beiden Seiten her schon lange sich vorbereitet hatte. Daß dieser Kampf nicht allein eine britisch-insulare, sondern eine europäische, eine menschheitliche Bedeutung hatte, weiß Jedermann.

Der neue König war ein sogenannter „ritterlicher Herr", d. h. ein leiblich guter Reiter, Fechter, Schütze und Jäger. Seine mittelmäßigen Geistesgaben waren nicht ohne Sorgfalt entwickelt worden. Er machte eine gute Figur, hatte einen künstlerischen Zug in sich, konnte für einen Kunstkenner gelten und hätte ohne Frage einen recht wackeren Gemäldehändler abgegeben. Auch ein ehrbarer Mann ist er gewesen, ein treuer Gatte und zärtlicher Familienvater. Zu seinem und seines Landes Unglück war er jedoch ein König und hatte sich unter seiner nicht eben sehr weitgewölbten Schädeldecke die fixe Idee festgeklebt, ein König nach festländischem Muster sein zu wollen und sein zu müssen. Was das heißen wollte, ist klar, falls man erwägt, daß gerade damals auf dem europäischen Kontinent, vorab in Frankreich, das modern absolutistische Königthum zu fester Begründung und vollendeter Gestaltung gedieh.

Karl und seine Rathgeber waren freilich zu beschränkt, um einzusehen, daß der Hauptbildner des französischen Absolutismus, der Kardinal Richelieu, das schrankenlose Königthum als einen Hebel des sozialen Vorschritts handhabte. Der Stuart wollte den Despotismus um des Despotismus willen und legte bei seinen ungeschickten und brutalen Versuchen, denselben zu begründen, gar kein Gewicht auf die Grundverschiedenheit der historischen Entwickelung Englands und Frankreichs. Von Haus aus ein falscher Patron, doppelzüngig und wortbrüchig, hat er sich aus feierlichsten Versicherungen, Bürgschaften und Eiden gar Nichts gemacht, wie das eben derartige „ritterliche Herren" so zu halten pflegen. Steif und fest an die Narrethei glaubend, er sei das Ebenbild und der unverantwortliche Statthalter Gottes auf Erden, log er sich die Bestimmung vor, in Großbritannien mit Hülfe pfäffischer Volksverdummung die unumschränkte Despotie aufzurichten, und in diesem Vorhaben, wie in allem Verkehrten und Strafbaren, wurde er energisch gestärkt und gesteift von seiner Frau Henriette, welche ihn tüchtig unter ihrem Pantoffel hielt. Die Königin, eine Tochter Heinrichs des Vierten von Frankreich, hatte von ihrem Vater Nichts, dagegen von ihrer Mutter, der verrufenen Mediceierin, Alles: — die köhlergläubische Römelei, die gedankenlose Verschwendungslust, die frivol dareintappende Ehr- und Herrschsucht. Sie wollte ihren Mann zum Despoten von Großbritannien machen, sicher, daß sie die Oberdespotin sein würde. Zur Charakteristik Karls gehört auch noch, daß er, nicht obgleich, sondern weil er ein Pantoffelheld, nach Art von Pantoffelhelden seine Schwäche mitunter zu hartnäckigstem Eigensinn verknöchern ließ, besonders, wann es galt, etwas recht Thörichtes zu beginnen oder durchzuführen. Natürlich sprang dann die alberne Hartnäckigkeit sehr bald wieder in jammerseligen Kleinmuth um. Summa: der König hatte durchaus nicht das Zeug, seinen verkehrten Gedanken, die Verfassung Englands zu vernichten und sich zum absoluten König von Großbritannien zu machen, zur Verwirklichung zu bringen.

Schon der Erfolg, d. h. Nichterfolg der ersten in der angegebenen Richtung unternommenen Versuche hätte einen Mann von Verstand — vom Rechtsgefühl ganz zu schweigen — stutzig machen und dem Könige den eindrucksvollen Beweis liefern müssen, daß die Nation, d. h. die herrschenden Klassen, Nobility und Gentry, ihre Verfassung keineswegs gutwillig und widerstandslos sich entreißen lassen würden. Das dritte Parlament, welches Karl seit seinem Regierungsantritt zu berufen sich genöthigt sah, vereinbarte mit dem König jenen Vertrag zwischen Krone und Volk, welcher unter dem Namen der „Petition of right" berühmt ist und die große Urkunde der englischen Verfassung darstellt. Am 7. Juni von 1628 gab der König, im Sale der Lords auf dem Throne sitzend, während die Commons sich an der Schranke drängten, diesem Vertrage förmlich und feierlich seine Sanktion, die altgebräuchliche Formel aussprechend: „Es geschehe

Recht, wie (vom Parlament) begehrt ist"*). In diesem Parlament von 1628, nicht in dem von 1625, wie man lange irrthümlich angenommen hat, ist Oliver Cromwell zum ersten Mal erschienen, von seiner Heimatgemeinde Huntingdon ins Unterhaus abgeordnet. In der Sitzung vom folgenden Jahre, und zwar am 11. Februar, hat er zum ersten Mal das Wort genommen und in einer Debatte über religiöse Angelegenheiten einen so harschen Ausfall auf die Papisterei gethan, daß aus dem bäuerischen Redner schon Etwas vom späteren Cromwell hervorsah und achtsame Beobachter und Hörer unschwer ahnen konnten, er werde bereinst einer der Wurzel- und Zweigmänner („root and branch man") sein, wie man später die Puritaner im Allgemeinen und die Independenten im Besonderen nannte.

Das Parlament ward jedoch vom Könige bald entlassen und aufgelös't. Denn der treulose Mann hatte mit der Rechtspetition nur ein Spiel getrieben,

---

*) „Soit droit fait come est desire" — lautet die Unterfertigung der Rechtspetitionsurkunde.

während der Sanktion derselben schon gewillt, sich nicht an ihre Bestimmungen zu halten, und entschlossen, keine verfassungsmäßigen Beschränkungen seiner Machtvollkommenheit anzuerkennen; ohne Bewilligung des Parlaments Steuern auszuschreiben und zu erheben; wenn immer möglich, ein stehendes Heer zu errichten und überhaupt den Rechten und Gesetzen des Landes zum Trotz zu regieren. Es folgten nun jene traurigen elf Jahre, während welcher es ganz den Anschein hatte, als würden sich auch die Engländer die Aufrichtung geistlicher und weltlicher Tyrannei ruhig gefallen lassen, wie dies die knechtischen Völker des Festlandes thaten. Mit brutaler Hintansetzung von Verfassung und Recht wirthschaftete der „ritterliche" König ganz im Styl des gleichzeitigen kontinentalen Despotismus. Kein Parlament ward berufen, schwere Steuern wurden widergesetzlich ausgeschrieben und erpreßt, die Bürger mit soldatischer Einquartirung geplagt, alle Versuche, auch die schüchternsten und wohlgemeintesten, den Hof zu warnen, mit grausamen Strafen geahndet und die Engländer, Mann und Weib und bis zu den Kindern herab, in Glaubenssachen einer verdummenden Tyrannei unterworfen, deren Formen sehr stark nach denen der römischen und spanischen Inquisition schmeckten. Bei diesem ebenso thörichten als gewissenlosen und verbrecherischen Schalten und Walten hatte Karl zwei Haupthelfershelfer, einen geistlichen und einen weltlichen. Jener, der Erzbischof-Primas von Kanterbury, Laud, ist ein halbblödsinniger Zelot gewesen; dieser, der unter dem Namen Strafford gegrafte Thomas Wentworth war ein feiler Ueberläufer von der parlamentarischen Opposition zum König und nach Renegatenart ein wüthender Verfolger der früher bekannten oder erheuchelten Grundsätze. Der Mann, wähnend, Uebermuth sei Thatkraft, Gewissenlosigkeit Weisheit und Brutalität Staatsmannheit, bildete sich ein, einen englischen Richelieu vorstellen zu können, während er, näher angesehen, nur ein ganz ordinärer Junker und Säbelrasseler gewesen ist. Er that sich nicht wenig darauf zu gute, das politisch-religiöse System „Durch" (through) erfunden zu haben, d. h. das System gedanken- und skrupelloser Gewaltsamkeit, welches dann, sowie sich ernster Widerstand dagegen erhob, ebenso rasch als schmählich zusammenbrach.....

Derweil Henriette und Karl, Strafford und Laud also ritterlich und gottselig regierten, baute Oliver, scheinbar ganz in die Dunkelheit des Privatlebens zurückgesunken, auf seiner Farm zu St. Ives, dann zu Ely das Feld und gedieh dabei mehr und mehr zu einem wohlhabenden Squire, auf welchen der Puritanismus in der Stille hoffnungsvoll das Auge gerichtet hielt, — der Puritanismus, welcher nur noch des Stichworts harrte, um in der Gestalt von Cromwells „Eisenseiten" (ironsides) auf die Bühne zu treten und, in ganz anderer Weise als Strafford, sein Durch! aufzuführen. Das Haus unseres Squire hatte sich mälig auch mit reichem Kindersegen angefüllt: im Dezember von 1638 wurde ihm sein letztes Kind geboren, das neunte. Sieben waren am Leben, drei Söhne und vier Töchter; unter den Söhnen der älteste Oliver, welcher in dem großen Krieg zwischen Parlament und König umkam; der zweitälteste Richard, ein leichtsinniggutmüthiger Schwächling und Genüßling und leider seines Vaters Nachfolger im Protektorate. Wäre Richards jüngerer Bruder Henry — „a brave man and true" — als Kriegs- und Staatsmann hochbegabt und tüchtig bewährt, dem Vater auf dem Herrscherstuhl nachgefolgt, leicht hätte der Gang der Geschichte Englands ein ganz anderer werden können als er geworden ist. Denn wenn auch mit Entschiedenheit betont werden muß, daß im Ganzen und Großen der Verlauf des weltgeschichtlichen Prozesses nach Gesetzen sich vollzieht, die so ewig und unabänderlich wie die, welche den Verlauf des Naturlebens regeln, so wird doch kein denkender Mann bestreiten wollen, daß im Besonderen und Einzelnen viel, sehr viel davon abhängt, mit was für Werkzeugen die Geschichte arbeitet, was für Menschen sie mit dem Vollzug ihrer Gesetze betraut. Unwiderstehlich, schweigend, mit majestätischer Ruhe trägt der Weltgeschickestrom die Völker, mögen sie darin schwimmen und ringen, wie sie wollen, mit sich fort in den Ozean der Ewigkeit. Ja wohl! Aber es ist denn doch ein Unterschied, zu ringen und zu schwimmen wie Athener oder wie Skythen. Menschen sind keine Holzklötze, so hölzern und klotzig sie auch oft sich anstellen mögen, und die Prediger eines unbedingten Fatalismus sollten bedenken, daß die volle Hingebung an denselben die Zoologie mit Nothwendigkeit bald um die Species Mensch ärmer machen müßte.

―――

4.

Harmlose Bücherwürmer, wie sie in dem Heimatlande der Abstraktoren, in Micheliens Gauen massenhaft gedeihen, wohlmeinende Gelehrte, welche ihr Lebenlang eifrigst studiren ohne jemals Etwas zu lernen, sie pflegen in tugendhafte Entrüstung zu gerathen, wenn da und dort ein rücksichtsloser Mann das öffentliche Geheimniß verlautbart, in dieser unserer nicht ganz vollkommenen Welt sei das Recht — abgesehen natürlich von der Pflege des Privat- und Strafrechts in NB. gewöhnlichen Zeiten — nur eine liebenswürdige Idee, die Gewalt aber eine brutale Thatsache, und selbstverständlich müsse jenes gläserne Ideeding bei jedem Zusammenstoß mit diesem eisernen Thatding kläglich in Stücke und Splitter zerbrechen. Zwar haben es die Herren Abstraktoren in der Regel sehr eilig, vor der siegreichen Gewalt ihre wissenschaftlich-unterthänigen Kniebeugungen zu machen; aber dafür halten sie sich schadlos, indem sie innerhalb der verschwiegenen Wände ihrer Stubirzimmer des Horatius „Justum ac tenacem propositi virum" — mannhaft citiren und darauf den Trumpf setzen: „Recht muß doch Recht bleiben!"

Leider ist dieses bis zur äußersten Fadenscheinigkeit abgegriffene Sprüchwort gerade so leer und verlogen wie hundert andere Sprüchwörter, welche Jedermann im Munde führt und an die Niemand glaubt. So oft und wo immer die Gewalt eine recht gewaltthätige, sank das Recht vor ihr in den Staub. Die ganze Weltgeschichte ist nur eine fortgesetzte Durchlöcherung und Zertretung des papierenen Rechtsbodens. Der Sieg schrieb allzeit das Gesetz und wird es allzeit schreiben. Vae victis! ist das furchtbare Schicksalsverdikt, gegen welches schon unzählige Appellationen eingelegt wurden, aber noch keine gefruchtet hat. Denn was will es bedeuten, wenn gegenüber den vor den Altären des Götzen Erfolg knieenden Millionen dann und wann ein einsamer Mann und Denker in seiner Dachstube oder im Kerker oder auf dem Schaffot oder im Exil gegen diesen Götzendienst protestirt?

Karl Stuart handelte gewissenlos, verkehrt und verbrecherisch, als er, entgegen seinen beschworenen Königspflichten, auf die Vernichtung der Verfassung und Gesetze Englands ausging. Aber falls er der Mann gewesen wäre, sein Vorhaben durchzuführen, falls er Erfolg gehabt und über die Verfassungspartei den Sieg erlangt hätte, wie dann? Er würde ein Held, ein großer Mann, ein Gesellschaftsretter heißen. Hatte Friedrich der Zweite das Recht für sich, als er seinen ersten Raubzug nach Schlesien unternahm? Nein, aber die Gewalt und zwar die erfolgreiche Gewalt. Waren, als das Verbrechen der ersten Theilung von Polen geplant und vollbracht wurde, die polnischen Patrioten, die Konföderirten von Bar, nicht im Besitze des Rechtes, des himmelschreienden Rechtes? Ganz gewiß; aber Friedrich von Preußen und Katharina von Rußland waren im Besitze der Gewalt. Hatte Bonaparte einen Schatten von Recht, den 18. Brumaire zu machen? Nein, aber er hatte die Gewalt. War der 2. Dezember von 1851 mit seinen Raub- und Mordthaten ein Rechtsakt oder aber ein Gewaltakt? Arme Rechts-Ideologen mit euren Protesten! Der Siegeslorbeer verhüllt alle Brandmarkungsmale auf den Stirnen gekrönter Räuberhauptleute. So war es immer und so wird es immer sein.

Und ist denn das „lange" Parlament seinerseits auf dem Rechtsboden stehen geblieben? Mit nichten! Diese Versammlung, das Vorbild des französischen Konvents, begnügte sich keineswegs, seine verfassungsmäßigen Befugnisse zurückzuerobern und festzuhalten, sondern griff sofort in die Befugnisse der Krone hinüber. Die Umstände waren so, daß dies für das Parlament allerdings eine zwingende Nothwendigkeit: — es mußte siegen oder untergehen, da mit dem bis ins Mark treulosen Stuart schlechterdings kein verläßliches Abkommen zu treffen war. Aber auch das Parlament setzte also an die Stelle des Rechtes die Gewalt, obgleich es die Rechtsfiktion mit der ganzen Gravität parlamentarischer Taschenspielerei festhielt, mit einer Pedanterie, welche dem Oliver Cromwell ein verachtungsvolles Lächeln entlockte. Die bekannte konstitutionelle Erzlüge von der genauen Abgränzung und dem heilsamen Gleichgewichte der Rechte und Gewalten zwischen Krone und Volksvertretung kam bei dieser Gelegenheit in der ganzen Blöße ihrer Infamie zum Vorschein, wie das bei jeder wirklichen Erprobung des Konstitutionalismus stets der Fall war und stets der Fall sein wird und muß.

Sehr begreiflich, daß Thatmann Oliver, dessen Augen so wunderfam scharf organisirt gewesen sind, daß er durch die ganze Dicke des theologischen Brettes hindurch, welches er, seiner Zeit gemäß, vor der Stirne trug, Menschen und Dinge sah, wie sie wirklich waren, an dem konstitutionellen und parlamentarischen Wesen frühzeitig sich verekeln mußte und daß er, als die Zeit seines Rechts, d. h. seiner

Gewalt gekommen, den ganzen Plunder behandelte, wie derselbe es verdiente. Allein er sollte dabei die leidige Erfahrung machen, daß die Völker, gerade wie die Individuen, von gewohnten und liebgewonnenen Fiktionen und Illusionen schlechterdings nicht lassen wollen und viel lieber zehn Wahrheiten preisgeben als eine Lüge. Männer jedoch, welche den Willen und den Muth haben, der Wahrheit ins strenge Angesicht zu sehen, sollten nachgerade zur Erkenntniß und zum Bekenntniß gekommen sein, daß die künstliche Schaukelei der konstitutionellen Monarchie im besten Falle nur eine mehr oder weniger anständige Gaukelei. Es gibt nur zwei wahrhaftige und ehrliche Staatsformen: die demokratische Republik und die absolute Monarchie. Alles dazwischen und daneben Liegende ist Lug und Trug.

Gegen diese Thatsache pflegen die gedankenlosorthodoxen wie die schlau-rechnenden Verehrer des betrogenen Betrügers Montesquieu, pflegen die aufrichtigen wie die heuchlerischen Bekenner des konstitutionellen Krebs's mit dem Hinweis auf die Entwickelung des englischen Staatswesens zu argumentiren, welches die Verwirklichung der Theorie des Konstitutionalismus sei. Ja, wohl die Verwirklichung! Die humbugische Inscenesetzung eines Humbugs! Denn im Vorschritt der englischen Verfassung zu ihrer heutigen Gestaltung ist das angebliche Gleichgewicht zwischen Krone und Volksvertretung — d. h. Vertretung der bevorrechteten Klassen, denn eine Volksvertretung gab und gibt es in England nicht — immer mehr Schaum und Traum geworden. So sehr, daß der König oder beziehungsweise die Königin von England gar Nichts mehr ist und vorstellt als eine kostspielig logirte, gekleidete und genährte Staatspuppe, unbedingt gelenkt von dem Marionettendraht der englischen Oligarchie. Denn diese, zusammengesetzt aus Nobility und Gentry, also die Repräsentanz des Adels und des Kapitals, regiert England und die konstitutionelle Monarchie ist daselbst, wie noch so vieles Andere, nur eine freche Heuchelei.

Im Uebrigen kann das „lange" Parlament, welchem wir uns auf Umwegen genähert haben, denkenden Politikern — es gibt auch Politiker und

zwar hinlänglich viele, deren Politik das Nichtdenken
— noch eine weitere große Lehre geben. Die näm=
lich, daß der sogenannte gesetzliche Widerstand gegen
Tyrannei mit seinem ganzen Apparat von Parlamen=
tiren, Debattiren und Protestiren Eitelkeit der Eitel=
keiten sei. Thörichte, steifnackige, wortbrüchige und
gewaltthätige Könige brachte und bringt der Parla=
mentarismus niemals zur Vernunft. Alle das Ge=
rede in Westminster fleckte nicht und König Karl
hätte sich mit seinen Kavalieren noch jahrelang dar=
über lustig machen können. Aber die Sachen nahmen
eine ganz andere Gestalt an, als die Herren zu
Westminster vom passiven Widerstand zum aktiven
Angriff übergingen, als sie der königlichen Armee
ein Parlamentsheer entgegenstellten, als selbst John
Hampden, der Haupthahn des Parlamentarismus
und so zu sagen der Oberheilige aller Parlamenta=
risten auch in unseren Tagen, es gerathen fand, statt
länger im Unterhause zu rednern, den Degen umzu=
schnallen und als Oberst an der Spitze seines Re=
giments auf die Königlichen einzuhauen. Mit an=
dern Worten, nicht die schwatzende Reform, sondern

die handelnde Revolution hat den Ausschlag gegeben. Das mögen sich alle die politikasternden Dahl= und Duselmänner, die konstitutionellen Schwätzer und Klätscher, die parlamentarischen Humbuger und Hanswurste merken . . . .

Im Frühjahr 1640 sah König Karl sich genöthigt, in den sauren Apfel einer Wiederberufung des Parlaments zu beißen. Der übelberathene Monarch und sein verblendeter Rathgeber Laud hatten sich nämlich in „strafbarer Unkenntniß und in reiner Wollust der Tyrannei," wie sich ein sehr gemäßigter englischer Historiker ausdrückt, zu dem verhängnißvollen Schritte hinreißen lassen, das anglikanische Kirchenwesen, die bischöfliche Despotie, den laud'schen Ceremoniendienst auch den Schotten aufzwingen zu wollen. Da stieß aber ein Fanatismus auf einen anderen, daß es heiße Funken gab. Das presbyterianische und puritanische Schottland brach in offene Rebellion aus. Diese sollte mit Waffengewalt niedergeschlagen werden; aber es fehlte dem Könige der Nerv des Kriegführens, das Geld. Sein Kredit war gänzlich erschöpft und es stellte sich als reine Unmöglichkeit heraus, ohne Mitwirkung des Parlaments die Mittel zur Kriegsrüstung zu beschaffen. So ergingen denn die Wahlausschreiben und im April von 1640 traten die beiden Häuser zusammen. Der König wollte nur Geld haben und verlangte die rasche und bedingungslose Bewilligung von Steuern und Subsidien. Das Parlament, vorab das Unterhaus, sprach von den großen Beschwerden der Nation, obzwar in maßvollem und sogar ehrerbietigem Tone. Besaß Karl einen Funken von gesundem Menschenverstande, so mußte er sich mit dieser Volksvertretung vertragen und vereinbaren und er konnte das mittelst sehr geringfügiger Koncessionen, weil die royalistische Stimmung in beiden Häusern ganz entschieden obenauf war. Aber der König, im Despotismus schon verhärtet und angeeifert von seiner Frau und dem stupiden Laud, sah in dem Vorhaben der Gemeinen, die Beschwernisse der Nation und deren Abstellung zur Sprache zu bringen, bevor von Geldbewilligungen die Rede sein könne, ein Verbrechen, eine persönliche Kränkung und so beging er die leichtfertige Dummheit, schon nach drei Wochen das Parlament wieder aufzulösen. Beim Weggehen der Mitglieder aus Westminster ging Edward Hyde, später unter dem Titel eines Earl of Clarendon als Staatsmann und Geschichtschreiber berühmt geworden, eine Strecke weit mit seinem Bekannten, St. John, einem der Führer der parlamentarischen Opposition, und bemerkte, daß auf den sonst immer düstern Zügen des ernsten Mannes zur Stunde ein Schimmer von Heiterkeit lag. „Ihr seid fröhlich gestimmt, Sir?" fragte Hyde verwundert. — „Freilich, und Ihr?" — „Traurig genug." — „Wie so? Was bekümmert Euch?" — „Was, wie ich denke, noch viele ehrliche Leute bekümmert, diese thörichte Auflösung eines so gemäßigt gesinnten Parlaments." — „Bah, bevor es besser werden kann in England, muß es zuvor noch weit schlechter werden. Ich sag' Euch, dieses Parlament da hätte ja doch nie gethan, was gethan werden muß."

Die leichtsinnig-tyrannische Wirthschaft hatte dann noch eine Weile ihren Fortgang. Zwangsanleihen wurden gemacht, unverwilligte Steuern gewaltsam erhoben, widerspenstige, d. h. auf Recht und Gesetz bestehende Magistratspersonen verfolgt und eingekerkert, Soldaten „gepreßt" und mit also gewonnenen Mitteln ward der Krieg gegen die Schotten angehoben, welche, von den Führern der englischen Opposition heimlich ermuthigt, über den Tweed gegangen und bis Yorkshire vorgedrungen waren. Aber der Krieg konnte nicht fortgeführt werden. Vergeblich polterte der starrköpfige Strafford noch immerfort sein brutales „Durch!" heraus. Ihn selbst, den König, die Königin und den Erzbischof-Primas ausgenommen, glaubte kein Mensch mehr daran. Alles lahmte und lotterte, Alles ging aus Rand und Band: der Durch-Karren blieb total im zähen Lehm des passiven Widerstandes stecken. Unter diesen Umständen mußte abermals ein Parlament berufen werden und die Wahlen ins Unterhaus lieferten den Beweis, daß die unterthänige Geduld der Gentry und der Freisassen ein großes Loch bekommen. Ja, sogar im Hause der Lords zeigte die Opposition eine beträchtliche Stärke.

Also kam im November 1640 das „lange" Parlament zusammen, in der damaligen Mehrheit seiner beiden Häuser vollständig geneigt, das konstitutionelle Dogma von der Unverantwortlichkeit und Unverletzbarkeit der Könige aufrecht zu erhalten; aber auch entschlossen, die konstitutionelle Theorie von der Verantwortlichkeit der Minister und Rathgeber des Monarchen praktisch zu illustriren. Wie Jedermann weiß, ging das Unterhaus zu diesem Zwecke alsbald entschlossen gegen Strafford und Laud vor. Beide wurden um ihrer gegen die Verfassung, die Gesetze und das Volk von England begangenen Verbrechen willen peinlich angeklagt und eingetowert. Um die Möglichkeit, den Minister durch ein Verdikt seiner Peers freigesprochen zu sehen, abzuschneiden, ging das Unterhaus von der gewöhnlichen Form englischer Staatsprozeduren (Anklage durch das Unterhaus vor dem Oberhaus) ab und verdammte Strafford mittelst einer sogenannten Bill of Attainder zum Tode. König Karl that, was eben Könige in solchen Fällen zu thun pflegen: er opferte seinen Günstling, indem er die Bill sanktionirte. Als der Graf diese königliche Treue erfuhr, hob er die Hände zum Himmel auf und sprach: „Vertraut nicht auf Fürsten, denn es ist kein Heil bei ihnen (nolite confidere principibus, quia non est salus in illis")! Das hätte er und hätten unzählige Werkzeuge der Tyrannei vor und nach ihm früher bedenken sollen. Am 12. Mai 1641 fiel Straffords Kopf unter dem Richtbeil und später wurde der Erzbischof Laud seinem Freunde auf's Schaffot nachgeschickt. Dieses ganze Verfahren gegen den Minister und den Primas zeigte klärlich, daß die Gemeinen die oberste Leitung des Staatswesens an sich genommen hätten und entschlossen seien, dieselbe weiterzuführen. Das Unterhaus war fest, einig und energisch in Abstellung der Mißbräuche und Verfassungswidrigkeiten und nach zehnmonatlicher angestrengter Arbeit hatte es damit ziemlich reinen Tisch gemacht. Von besonderer Wichtigkeit ist gewesen, daß an demselben Tage, an welchem die Verdammungsbill über Lord Strafford erging, der König einem vom Parlamente beschlossenen Gesetze feierlich seine Sanktion gab, dem Gesetze, welches ihn, den König, verpflichtete, das gegenwärtige Parlament nicht ohne dessen Zustimmung aufzulösen oder auch nur zu vertagen. Damit war die parlamentarische Oberherrlichkeit über die Krone ausgesprochen.

Karl, nicht einen Augenblick gewillt, Wort und Treue zu halten, und von der Wiederaufnahme des so schmählich zu Boden gefallenen strafford'schen Durch-Systems fortwährend träumend, ging im September von 1641 nach Schottland, um seinen Frieden mit diesem Lande zu machen und in demselben eine Stütze und einen Anhaltspunkt gegen England zu gewinnen. Aber die Schotten waren zu schlau, ihm zu trauen, und statt sich von dem Könige benützen zu lassen benützten sie ihn. Sie schrieben ihm die Friedensbedingungen vor; er mußte ausdrücklich seinem Plan, die schottische Kirche zu anglikanisiren, absagen und man kann sich leicht denken, daß Karls Miene eine nicht sehr süße gewesen, als ihm die Schotten eine Urkunde abpreßten, kraft welcher die bischöfliche Kirchenverfassung als dem Worte Gottes zuwider erklärt wurde. Während dieses Fehlgangs des Königs über den Tweed hatten die Parlamentshäuser sich vertagt. Im Oktober kamen sie wieder zusammen und innerhalb wie außerhalb Westminsters war die Aufregung groß. Die Machenschaften Karls in Schottland hatten das Mißtrauen gegen ihn beträchtlich gesteigert und bald wurde überdies eine Neuigkeit ruchbar, welche den Brand der Erbitterung zu hellen Flammen anblies. Ueber den St. Georgskanal herüber kam die Nachricht, daß die katholischen Iren im Namen des Keltenthums und der Religion gegen die englische Bejochung in Waffen sich erhoben und, unter Begehung von allerlei Gräueln gegen die angelsächsisch-protestantischen Kolonisten der Smaragdinsel, einen Vernichtungskrieg begonnen hatten.

Diese Thatsache that in England um so größere Wirkung, als sich damit die Angabe verband, die Iren behaupteten, daß sie im Einverständniß mit König Karl und Königin Henriette, ja im ausdrücklichen Auftrage der Majestäten handelten. Ein Schrei der Wuth und Rache ging über England hin. Karl beeilte sich, die irischen Rebellen zu verleugnen, jedes Einverständniß mit denselben als eine Verleumdung abzuweisen und zu erklären, daß er bereit sei, in Gemeinschaft mit dem Parlament die nach-

druckſamſten Maßregeln gegen den Aufſtand zu er‑
greifen. Trotzdem ſchien die Flut der öffentlichen
Stimmung gegen das Königthum ſo hoch zu gehen,
daß erwartet werden konnte, die oppoſitionelle Mehr‑
heit im Unterhauſe, deren Hauptführer Hampden,
Hazlerigh, Pym und Hollis, würde zu einſchneiden‑
den Maßnahmen im widermonarchiſchen oder wenig‑
ſtens im widerkarl'ſchen Sinne verſchreiten. Allein
gerade dieſe Ausſicht machte den ganzen Royalismus
im Lande ſtutzig, rief die ſogenannten konſervativen
Intereſſen d. h. die Vorurtheile und die Vortheile
des Adels und der Geiſtlichkeit in Harniſch, trieb in
die bisherige Einigkeit des Unterhauſes einen
trennenden Keil und ſchuf binnen wenigen Wochen
eine ſo entſchiedene und kräftige königliche Partei,
wie es ſeit dem Tode der Königin Beß in England
keine mehr gegeben hatte. Das wurde ſofort offenbar,
als am 22. November die von Pym und ſeinen Mit‑
leitern beantragte „große Remonſtranz" — (a re‑
monstrance of the state of the kingdom) — d. h.
die umſtändliche Namhaftmachung und Erörterung
aller Beſchwerden und Klagen, zu welchen die Re‑

gierung Karls seit seiner Thronbesteigung Veranlassung gegeben, zur Debatte kam. Es ging hart her und mit nur 159 Stimmen gegen 148 wurde die Remonstranz durchgesetzt. „Wäre sie verworfen worden — sagte Cromwell beim Herausgehen aus der Halle zum Lord Falkland — so hätte ich morgen Alles, was ich besitze, verkauft und England für immer verlassen. Auch kenn' ich viele redliche Leute, welche das Gleiche gethan haben würden."

Ohne Zweifel wußte Oliver sehr gut, daß die „große Beschwerdeschrift" ein der kirchlichen und königlichen Tyrannei derb hingeworfener Fehdehandschuh sei, und zweifelsohne hat er zur Fertigung dieses Fehdehandschuhes energisch mitgewirkt. Denn es ist nur das gedankenlose Nachbeten eines gäng und gäben Irrthums, wenn man glaubt, Cromwells Bedeutung im Parlament sei gleich Null gewesen. Es ist wahr, er machte da keine „Figur". Er war weder ein glänzender Redner, noch ein gewandter Debatter. Fashionable Mitglieder des Hauses blickten mit Verachtung auf den schlechtangezogenen „Bauer", dem sie auch wohl noch herbere Benennungen gaben.

Als er eines Tages in seiner nachdrucksam-rauhen Weise an der Debatte sich betheiligte, neigte sich Lord Digby zu seinem Nachbar Hampden und fragte: „Wer ist der Schmutzhammel (sloven)?" Worauf der Gefragte lächelnd: „Mylord, dieser Schmutzhammel ist kein Redner; aber so, wie Ihr ihn vor Euch seht, würde er, so uns das Unglück zustieße, mit dem König brechen zu müssen, der größte Mann in England werden." Aber obgleich Cromwells parlamentarische Gaben von nur untergeordneter Bedeutung waren und er in keiner Weise mit den Hampden und Pym sich messen konnte, so ist seine Thätigkeit im langen Parlament doch eine sehr bemerkbare gewesen. Er und vielleicht e r allein hat von Anfang an mit vollem Bewußtsein auf einen vollständigen Bruch mit der Krone hingearbeitet, und während alle die Anderen innerhalb der Schranken einer mehr oder weniger durchgreifenden Reform sich bewegten, war er bereits ein entschiedener Revolutionsmann. Die radikalsten Anträge sind von ihm ausgegangen. In Gemeinschaft mit Hazlerigh brachte er die Motion ein, welche eine gänzliche Beseitigung des Episkopalsystems forderte. Er stellte den Antrag, daß Lord Bristol aus dem Rathe des Königs entfernt werden möge, und am 6. November von 1641 verschritt er dazu, dem Königthum eine seiner Hauptstützen wegzuschlagen, indem er beantragte, daß die Bestellung eines Oberbefehlshabers der Streitkräfte des Landes fürder nicht mehr dem König, sondern dem Parlament zukommen sollte. Im Vergleich mit Olivers späteren Thaten waren das freilich nur harmlose Plänkeleien. Seine Zeit kam erst, als das Schwert gezogen wurde und aus dem „Sloven" von Bauer mit wundersamer Raschheit der große Schlachtenmeister sich entpuppte.

Und schon stand diese Zeit, die der Revolution und des Bürgerkrieges, vor der Thür. Wie bekannt, machte die konservative Partei, welche dem Könige dienen, aber zugleich die althergebrachten verfassungsmäßigen Rechte des Landes wahren wollte, den wohlgemeinten Versuch, den Zwiespalt zwischen Krone und Parlament auszugleichen, indem sie, Edward Hyde's als ihres beredten Organs sich bedienend, bei Karl die Bildung eines Ministeriums durchsetzte, welches im Einklang mit Verfassung und Gesetz regieren sollte und dessen vorragende Mitglieder Lord Falkland und Sir John Colepepper waren. Allein Karl wollte kein konstitutioneller König sein: — der Taumelwein des Despotismus hatte sein armes kleines Gehirn vollständig benebelt und die verfassungsgetreuen Royalisten waren ihm daher nicht weniger zuwider als die Oppositionsmänner, welche dem Parlamente ein entschiedenes und bleibendes Uebergewicht über die Krone verschaffen wollten. Willens, an die Gewalt zu appelliren, führte er seine Absicht in bezeichnend treuloser Manier aus. Wenige Tage, nachdem er seinen neuen Ministern und den übrigen Führern der konstitutionellen Royalisten sein Wort verpfändet hatte, daß Nichts von irgendwelchem Belang ohne ihr Vorwissen gethan werden sollte, beging er einen schmachvollen Wortbruch und zugleich die dümmste seiner Dummheiten, eine Brutalität, die seinen Feinden das Oberwasser der öffentlichen Stimmung, welches ihnen die Bildung des Ministeriums Falkland für einen Augenblick entzogen hatte, wieder zurückbrachte. Mit kecker Verhöhnung der Privilegien des Parlaments machte sich Karl am 4. Januar 1642 mit etlichen Hunderten bewaffneter Kavaliere und Gardesoldaten von Whitehall nach Westminster auf, um die fünf Unterhausmitglieder Hampden, Pym, Hollis, Hazlerigh und Strode gewaltsam zu greifen. Diese Dummheit mißlang vollständig; denn die fünf Bedrohten hatten sich auf einen Beschluß des Hauses hin vor dem königlichen Einbruch aus der St. Stephanskapelle entfernt und in die City geflüchtet. Karl aber hatte sich schmählich blamirt und als Der gezeigt, welcher er war. Ein weiterer Versuch des verblendeten Despoten, die fünf Unterhausmitglieder aus der City zu holen, schlug ebenfalls fehl, und als er aus der Guildhall nach Whitehall zurückkehrte, wurde ihm ein puritanisches Pamphlet, betitelt „Zu deinen Zelten, Israel!" in den Wagen geworfen. Ja, die „Rundköpfe" rührten sich und hatten kein Hehl, daß sie sich gegen Karl zu erheben gesonnen seien, wie sich vor Zeiten Israel gegen Rehabeam erhoben.

Am 11. Januar war ganz London auf den Beinen, um die Fünfe im Triumphzug aus der City nach Westminster zurückzuführen, jubelnd-demonstrativ an Whitehall vorbei. „Wo ist jetzt der König und wo sind seine Kavaliere?" scholl es spottend und drohend zu den Fenstern des Palastes empor. Karl aber war nicht mehr dort. Tags zuvor hatte er, getrieben von der Königin, welche abwechselnd „zitterte und wüthete", mit seiner Familie London verlassen und war über Hamptoncourt nach Windsor gegangen. Alsda wurde beschlossen, daß die Königin sich nach Holland begeben, mittelst der mitgenommenen Kronjuwelen daselbst Waffen und Munition ankaufen und die festländischen Potentaten um Hülfe für ihren Herrn Bruder von England angehen sollte. Sie reis'te ab und es folgten nun Unterhandlungen zwischen König und Parlament, die, von keiner Seite ernst gemeint, sich bis in den Sommer hineinspannen. Der Krieg war thatsächlich schon erklärt und auf beiden Seiten rüstete man. Das Parlament oder, genauer gesprochen, das Unterhaus — denn das Oberhaus verschrumpfte rasch zu einem Schatten — verfügte unbedingt über London und die der Hauptstadt zunächstgelegenen Grafschaften, weiterhin über die Mehrzahl der größeren Städte und Hafenplätze. Mittelst der Flotte, welche ebenfalls zu ihm hielt, beherrschte es die Seeküsten und die Themse. Die Hauptstärke, der zäheste Rückhalt der parlamentarischen Partei beruhte auf der Anhänglichkeit des Städtebürgerthums und der puritanischen Freisassenschaft auf dem Lande. Jedoch hielt auch eine starke Minorität des Adels, und zwar sowohl der Nobility als der Gentry zu ihr, und ihre meisten Führer waren von Haus aus so vermögliche Leute, daß sie im Stande, auf eigene Kosten Reiterschwadronen und Infanterieregimenter zu errichten. Die Finanzquellen des Parlaments flossen weit reichlicher, regelmäßiger und dauernder als die des Königs, der im Grunde hinsichtlich der Geldmittel auf die Freigebigkeit und Opferwilligkeit seiner reicheren Anhänger sich angewiesen sah und nur vorübergehend da und dort einen Bezirk zu besteuern oder vielmehr zu brandschatzen vermochte. Darum ist die königliche Armee in Betreff des

Geschützes und alles Feldgeräthes der parlamentarischen allzeit nachgestanden. Dagegen überwog zu Anfang des Krieges das Menschenmaterial des königlichen Heeres physisch und moralisch das des parlamentarischen weit; denn unter dem Banner des Königs, für welchen die Mehrzahl des hohen und niederen Adels, sowie selbstverständlich die ganze Sippschaft der anglikanischen Pfaffheit enthusiastisch Partei genommen, fochten Gentlemen, unter der Fahne des Parlaments kämpfte oder kämpfte auch nicht zunächst nur ein auf den Werbeplätzen zusammengeraffter Menschenkehricht von Miethlingen.

In der sechsten Abendstunde des 22. Augusttags von 1642 pflanzte König Karl seine Standarte unter Trompetenschall auf der Thurmzinne des Schlosses zu Nottingham auf, um also auf gut mittelalterlich-feudale Manier seine Vasallen zu den Waffen zu rufen. Während der Nacht warf der Wind die Fahne vom Thurme herab in den Staub, welches Omen unter den älteren Kavalieren in der Umgebung des Königs ein bedenkliches Kopfschütteln verursachte. Nur wenige Stunden von Nottingham entfernt, zu Northampton, sammelte sich in denselben Tagen die Streitmacht des Parlaments, zu deren General die Leiter in Westminster den Earl von Effer bestellten. Eine sehr unglückliche Wahl; denn Mylord war ein methodischer Esel, ganz und gar von der Sorte jener Generale, welche auf dem Festlande gleichzeitig und später unter dem Titel „östreichische Heerverderber" bekannt gewesen sind. Ueberhaupt war es mit den Offizieren der Parlamentsarmee im Anfang des Krieges durchschnittlich gerade so schlecht bestellt wie mit den Soldaten. Unter den königlichen Kriegsobersten ragte des Königs Schwestersohn hervor, Prinz Rupert von der Pfalz, ein brutaler Huffar, bildungslos, roh und rauh, ohne alles höhere militärische Talent, aber ein unverzagter Waghals und ungestümer Drauflosreiter. In einer bescheidenen Ecke der Musterrolle des Parlamentsheeres stand geschrieben: Oliver Cromwell, Captain. In der That, als Hauptmann einer Reiterschwadron eröffnete er seine kriegerische Laufbahn.

Und in sehr charakteristischer Weise that er es. Der gewohnten Zweizüngigkeit und Verlogenheit des Konstitutionalismus gemäß hatten es nämlich die Herren in Westminster für passend erachtet, in ihren auf den ausbrechenden Bürgerkrieg bezüglichen Debatten, Beschlüssen und Manifesten die kolossale Heuchelei auszutrumpfen, das Parlament führe eigentlich den Krieg nicht gegen, sondern für den König, welcher nur durch eine übelgesinnte Faktion zeitweilig aus seiner verfassungsmäßigen Stellung gerückt sei, und demzufolge war in den Bestallungen und Instruktionen der Offiziere des Parlamentsheeres ausdrücklich gesagt, dieselben seien berufen und beauftragt, „für König und Parlament" zu fechten. Gegen diese diplomatisch-parlamentarische Lüge empörte sich, wie Clarendon, also ein Todfeind Cromwells, in seinem Geschichtsbuch bezeugt hat, das Wahrheitsgefühl in Olivers Seele. Als er seine Reiter, welche unter dem Ehrennamen „Cromwell's dragoons" bald zum Kern der widerköniglichen Streitmacht wurden, zum ersten Male musterte, sprach er sie also an: „Soldaten, ich will euch nicht überlisten noch durch die zweideutigen Ausdrücke meiner Instruktion betrügen, die mir befiehlt, für König und Parlament zu fechten. Ich sag' euch, wenn es sich fügen sollte, daß der König bei einer Schar sich befände, welche anzugreifen ich befehligt würde, so werde ich mein Pistol auf ihn losschießen gerade wie auf jeden Anderen. Wem von euch sein Gewissen nicht erlauben sollte, dasselbe zu thun, den kann ich in meiner Schwadron nicht brauchen"*).

---

*) The history of the rebellion and civil wars in England by Edward Earl of Clarendon, b. II, ch. 2. Anzumerken ist freilich, daß der Royalist Clarendon, welchem es als etwas Ungeheuerliches erschien, das Pistol auf den König loszubrennen, diesen Charakterzug von Cromwell in entschieden feindseliger Absicht erzählte. Darum hat man in demselben nur eine Parteilüge erkennen wollen. Aber ich meine, man hat Clarendon damit ein Unrecht angethan. Der Zug ist ja echt-cromwellisch, durch und durch.

5.

Der Verlauf des englischen Bürgerkrieges ist Männiglich allzu bekannt, als daß die Schlachten desselben auf vorliegendem Papiere abermals geschlagen werden müßten. Außerdem gibt es unter den denkenden Menschen nachgerade nicht wenige, welche der Ansicht sind, die ganze Kriegshistorik, sowie das Interesse und die Freude daran, seien ganz entschieden den vielen Barbareien beizuzählen, welche inmitten unserer Kultur sich breitmachen. Also möglichst wenig Getrommel und Getrompete, Gehaue, Gesteche und Geschieße hier!

„Ich war ein Mann, der von seiner ersten Bestallung als Hauptmann einer Reiterschwadron an mit einmal hervorgezogen wurde und dem man immer größeres Vertrauen schenkte (was suddenly preferred and lifted up from lesser trusts to greater), und ich arbeitete nach Kräften, meine Schuldigkeit zu thun, und Gott hat mich gesegnet nach seinem Wohlgefallen." So Cromwell am 13. April von 1657 in einer Staats- und Standrede an sein sogenanntes zweites Parlament. Diese Rede ist besonders merkwürdig deßhalb, weil der Protektor darin auf die ersten Zeiten des Bürgerkriegs einen Rückblick thut und in seiner Weise der hochwichtigen, durch ihn bewerkstelligten Um- und Neubildung des Parlamentsheeres erwähnt, wodurch die Niederlage des Königthums eingeleitet und entschieden und Cromwell selbst, erst unter dem Titel eines Obersts, dann eines Generalmajors und Generallieutenants, die Seele der im puritanisch-independentischen Geiste organisirten Armee und damit der Gebieter seines Landes wurde. „Als ich angefangen, mich an den kriegerischen Unternehmungen zu betheiligen — erzählt er — sah ich, daß unsere Leute überall von den Königlichen geschlagen wurden. Da forderte ich meinen Freund John Hampden auf, er möchte zu Mylords Esser Armee etliche neue Regimenter hinzufügen, und sagte ihm, ich wollte ihm behülflich sein, Männer anzuwerben, welche, wie ich dächte, einen Geist hätten, der Einiges wirken könnte in dem Werk (men in as I tought had a spirit that would do something in the work)." Nachdem dann der Redner den Menschenkehricht, aus welchem, wie schon erwähnt, das Parlamentsheer anfänglich vorwiegend bestand, gekennzeichnet hat („old decayed serving-men, and tapters, and such kind of fellows"), zeigt er, daß mit solchen Truppen gegen die Kavaliere des Königs nicht aufzukommen sei, und erklärt, es sei nothwendig, die Reihen der widerköniglichen Armee mit Männern zu füllen, welche ebenfalls „Spirit" besäßen, d. h. Ueberzeugung, Hingebung und Begeisterung, und „ich ging hin, Männer aufzusuchen, die in der Furcht Gottes wandelten und mit Ueberzeugung thaten, was sie thaten, und fortan wurden wir nimmermehr geschlagen, und wo immer sie" — (Cromwells Eisenseiten) — „auf den Feind trafen, da schlugen sie ihn."

So war's. Oliver organisirte in demselben Styl, in welchem er sein eigenes Dragonerregiment eingerichtet hatte, die ganze Volksarmee und stellte so jenes „Heer der Heiligen" ins Feld, wie ein solches die Welt nie und nirgends wieder gesehen hat. Walter Scott hat in seinem „Woodstock" diese puritanisch-republikanischen Kriegsleute, geworben in dem Kernvolk der englischen Freisassen- und Farmerschaft, diese finsterblickenden Psalmensänger und Predigthorcher, diese Jebediahs, Obadiahs und Zorobabels mit seiner ganzen Meisterhaftigkeit gezeichnet, aber freilich auch, als der Stocktory, der er war, mehr ins Dunkle als ins Helle gemalt. Sie hingen und hielten an Cromwell wie das Eisen am Magnet. Er war in ihren Augen das auserwählte Rüst- und Werkzeug Gottes, und was er wollte und that, war gut und wohlgethan: es konnte anders gar nicht sein. Er hinwieder betete und psalmodirte mit ihnen und sorgte für sie wie ein echter und rechter Bruder. Seine Frömmigkeit war Nichts weniger als pietistisch-quietistische Gefühlsschwelgerei, sondern Thatfreudigkeit höchster Potenz. Sein Lapidarwort: „Vertraut auf Gott und haltet euer Pulver trocken!" ist nur eine cromwellische Vorwegnahme des „Hilf dir selbst und der Himmel wird dir helfen!" gewesen.

Leicht begreiflich, daß Cromwells Name gar bald zu einem Schrecklaut für die Ohren der Königlichen wurde. Mochte der Oberbefehlshaber der Parlamentsstreitkräfte so oder so heißen, Esser, Manchester oder Fairfax, Freund oder Feind wußte, daß der Oliver es war. „Ist Cromwell da?" fragte der sonst so unverzagte Prinz Rupert sorgenvoll, als am 2. Juli von 1644 die beiden Heere auf dem Marstonmoor zum Kampf antraten. Und Cromwell war wirklich da und entschied mit seinen Eisenreitern den Sieg, den ersten großen Sieg der Parlamentsarmee über die königliche. „Gott machte sie zu Stoppeln unter unseren Schwertern (Gode made them as stubble to our swords)", schrieb er am 5. Juli aus dem Lager vor York an den Oberst Walton. Im Feldzug des folgenden Jahres fiel bei Naseby die Entscheidung, am 14. Juni von 1645. Wiederum gab Cromwell, welcher die Reserve der Parlamentsarmee befehligte, den Ausschlag. Es war ein heißer Tag und von beiden Seiten wurde fast nur mit blanker Waffe und mit grimmiger Erbitterung gefochten. Die Wagschalen von Triumph und Niederlage schwankten lange und heftig und es kam ein Augenblick, wo der ungestüme

Anprall der königlichen Reiterei unter Rupert das ganze Parlamentsheer niederzustürmen drohte: —

„They are here! they rush on! we are brocken! we are gone!
Our left is borne before them like stubble on the blast;
Oh Lord put forth thy might! Oh Lord defend the right.
Stand back to back in God's name, and fight it to the last."

„Stout Skippon hath a wound, the centre hath given ground —
Hark! hark! what means the trampling of horsemen on our rear?
Whose banner do I see, boys? 'tis he, thank God, 'tis he, boys!
Bear up another movement, — brave Oliver is here!"

Ja, Held Oliver war da, das Schicksal des Tages zu wenden und die Schlacht von Naseby zur letzten Karls zu machen. Der fliehende König ließ auf der verlorenen Walstatt auch seine Brieftasche zurück, deren Untersuchung durch das Parlament die unwiderleglichen Beweise lieferte, daß Karl bei auswärtigen Potentaten um Beistand gegen das englische Volk betteln gegangen war. Er hielt sich noch kümmerlich in Oxford bis zum Frühjahr von 1646. Dann entwich er heimlich von dort und begab sich nach mitleidswerthem Umherirren in das Lager der Schotten bei Newark. Die Schotten aber — Schmach über sie! — begingen die Niederträchtigkeit, den hülflosen Flüchtling, der sich ihnen anvertraut hatte, dem englischen Parlament auszuliefern oder, wahrhaftiger gesprochen, um Geld, um den Judaspreis von 400,000 Pfund zu verkaufen.

Das Parlament hatte also vollständig gesiegt und ganz England unterstand scheinbar der parlamentarischen Macht und Gewalt. Scheinbar! Denn die wirkliche Macht und Gewalt hatte, wer das Heer hatte, und das Heer hatte Cromwell. Das große Schisma im Lager der Sieger brach alsbald aus. Hier der Presbyterianismus und das Parlament, dort der independentisch potenzirte Puritanismus und die Armee; hier republikanisch-utopisches Träumen, dort energisches Handeln; hier das Wort, dort die That; hier die Vane und Ludlow, dort Cromwell. Wem der Sieg zufallen mußte, konnte nicht zweifelhaft sein. Die presbyterianische Mehrheit des Unterhauses wollte das Königthum nicht abschaffen, sondern dasselbe nur dem Willen des Parlaments unterworfen wissen. Auf dieser Grundlage unterhandelte es mit dem gefangenen und thatsächlich entthronten Monarchen und bei etlicher Nachgiebigkeit von beiden Seiten schien eine Vereinbarung möglich, wahrscheinlich, nahe bevorstehend. Allein das Heer, von einem alttestamentlich-samuelisch gefärbten Republikanismus durchgohren, wollte von einem derartigen Uebereinkommen Nichts hören. Die independentischen Agitatoren in den Reihen der Armee verlangten, daß Karl Stuart um seiner an der Nation verübten Missethaten willen gerichtet und die Monarchie abgethan werde. Die Armee zerhieb dann den Knoten ihres Streites mit dem Parlament, indem sie sich der Person des gefangenen Königs bemächtigte, nach London marschirte und am 6. Dezember von 1648 „Pride's Purganz", wie es der Wachtstubenwitz nannte, dem Unterhause verordnete, d. h. die royalistisch-presbyterianischen Mitglieder durch Soldaten unter Obersts Pride Befehlen aus der

Stephanskapelle austreiben ließ. „Kraft welchen Rechtes thut Ihr, was Ihr thut?" fragte eines der durch Pride's „Purge" aus der St. Stephanskapelle wegpurgirten Mitglieder. „Kraft des Rechtes der Nothwendigkeit — lautete die Antwort — und, fürwahr, kraft der Gewalt des Schwertes (by the law of necessity; truly, by the power of the sword)!" Der in Westminster zurückgebliebene independentische „Rumpf" war nur ein Dekretirwerkzeug in der Hand des Heeres und dieses ein Werkzeug in der Hand Cromwells. Aber freilich ein zweischneidiges Werkzeug, welches sehr behutsam gehandhabt sein wollte.

Häufig nun hat man die Frage aufgeworfen, aber, wie Wissenden wohlbekannt, nie mit überzeugender Sicherheit beantwortet, ob Cromwell zu dieser Zeit und früher schon mit Bewußtsein und Bedacht darauf ausgegangen sei, sich zum höchsten Machthaber oder wohl gar zum König Oliver dem Ersten zu machen. Zur Klärung dieses Problems ist vor Allem zu beachten, was so eben über die Zweischneidigkeit des Werkzeugs gesagt worden, wo=

mit Cromwell hauptsächlich arbeitete. Er war der Abgott des Heeres, keine Frage. Allein derartige Abgötter vermögen viel öfter, als man glaubt, nur dienend zu herrschen. Die Häuptlinge von Parteien sind überhaupt gar häufig in der Lage der Fetische im Lande Kongo, allwo der Gott heute kniend verehrt und mit Menschenopfern beschmeichelt, morgen aber unter Umständen von seinen Verehrern vom Altar geworfen und durchgeprügelt wird. Thatsache ist, daß Oliver in der Armee und durch die Armee zur Macht gelangt war: er konnte demnach sein Geschick von dem des Heeres nicht trennen. Er fühlte, er wußte, daß er die in der Armee gäng und gäben Anschauungen nicht souverain ändern, sondern im günstigsten Falle vorsichtig leiten könnte. Die religiöse Stimmung der „Heiligen in Waffen" theilte er ohnehin aufrichtig und entschieden. Schon darum war ihm Papismus, Prälatismus und monarchischer Despotismus zuwider wie Gift und Galle.

Ferner steht fest, daß Cromwell kein abstrakter Republikaner war wie die Ludlow und Vane, welche im Tacitus und Plutarch Politik studirten, und kein utopistischer Träumer wie James Harrington, welcher in seiner „Oceana" den Kommunismus predigte. Allerdings, auch er ist ein Prinzipmann gewesen, aber zugleich auch ein Thatmann, d. h. ein praktischer Politiker, welcher Menschen und Dinge sah, wie sie waren. Seine staunenswerthen Erfolge mußten ihm das Gefühl seiner Kraft, mußten ihm die Ueberzeugung gegeben haben, daß er und er allein berufen sei, sein Vaterland zu retten, die revolutionäre Krisis zu einem gedeihlichen Abschlusse zu bringen und England im Innern und nach Außen auf die Bahn neuer Entwickelungen seiner Wohlfahrt und Machtentfaltung zu führen. Mit einem so durchaus gerechtfertigten Gefühle, mit einer so wohlbegründeten Ueberzeugung in der Brust will und kann man nicht der Zweite, sondern muß der Erste sein wollen. Und das wollte er sein, von dem Siege bei Naseby an sicherlich.

Es handelte sich also nur noch um die Form seiner künftigen Machtstellung. Aber gerade hiebei mußten sich dem Manne von praktischem Genie,

welcher er war, gar mannigfache Bedenken und Erwägungen aufdrängen. Er wußte gar wohl, daß
weder der altteſtamentliche Republikanismus der
Obadiah, Jedediah und Zorobabel, noch der angeblich griechiſch-römiſche der Hutchinſon, Sidney,
Vane und Ludlow für England tauge. Er wußte
ebenſo, daß für die Mehrzahl der Bevölkerung
Staat und Königthum völlig identiſch ſeien. In
erſter Linie mußte ihm demnach die Erhaltung der
Monarchie als das Wünſchenswertheſte erſcheinen.
Aber wie ſollte das erreicht werden? Die Schwie-
rigkeiten von Cromwells Stellung waren ſo er-
drückend groß und ſchwer, daß eben nur ſeine
Schultern ſie zu tragen vermochten. Von der einen
Seite her drohten die Kavaliere mit einer racheburſti-
gen Reaktion, von der andern her die „Gleichmacher
(leveller)" mit dem ganzen Unſinn ihrer anarchi-
ſchen Träume vom „tauſendjährigen Reiche". Die
Iren befanden ſich in offener Rebellion und das Gebaren der Schotten war ſo zweideutig, daß man nie
recht wußte, ob man ſich mit ihnen im Krieg oder
im Frieden befände. Religiös-militäriſche Fana-

tifer, wie Harrison und andere Offiziere, schlugen schon damals, wie auch später, die gewaltsamste Lösung der gespannten Situation vor: — die allgemeine Niedermetzelung der königlichen Partei. Cromwell, von Haus aus kein Blutmann, verwarf jetzt und später diesen Vorschlag mit Abscheu. Sein Todfeind Clarendon hat dies bezeugt und das in Feindes Mund doppelt gewichtige Lob ausgesprochen, daß ohne Cromwells Umsicht, Feuer und Thatkraft England durch das revolutionäre Parteitreiben in Stücke gerissen und in vollständige Anarchie geworfen worden wäre*).

Bevor die Dinge zum Aeußersten gekommen waren, d. h. bevor das Parlament in der erwähnten Weise unter die Faust des Heeres gebeugt worden, hatte Cromwell einen ehrlichen Versuch gemacht, die Forderungen der Zeit und des Landes, sowie seine eigenen Ansprüche mit den monarchischen Traditionen, den Gefühlen und Sitten der Mehrzahl seiner Landsleute zu vermitteln. Während Karl Stuart

---

*) Hist. of the rebellion, III, 87, 88.

zu Hamptoncourt gefangen gehalten wurde, waren Cromwell und sein Schwiegersohn Ireton in persönliche Beziehungen zu ihm getreten, was in den Reihen der Armee ein solches Mißtrauen erregte, daß über Cromwells „Verrath" geschrieen ward und unter exaltirten Fanatikern sogar die Rede ging, man müßte des verrätherischen Generals mittelst Mordes sich entledigen. Oliver, von Verlegenheiten und Bedrohungen aller Art umringt, verfolgte seinen Plan, die Restauration des Königs zu bewerkstelligen und zugleich die Form seiner eigenen künftigen Machtstellung zu bestimmen. Er täuschte sich aber gröblich in dem entthronten Stuart, den er doch kennen mußte, und sollte bald bitter enttäuscht werden. Cromwell ging augenscheinlich von der Ansicht aus, das Parlament müßte seine demokratisch-hochgespannten Forderungen gegenüber dem Könige mäßigen, so daß dieser eine Vereinbarung mit dem Parlamente treffen könnte, welche ihm ohne Erniedrigung der Königswürde auf den Thron zurückzukehren gestattete. Er selbst aber, Cromwell, würde Bürge sein, daß von Seiten Karls der Ver-

trag treulich und redlich gehalten werden sollte, und
um dieser Bürge sein zu können, müßte er bleiben,
was er zur Stunde thatsächlich war, Befehlshaber
über die sämmtlichen Streitkräfte des Landes.

Es ist bekannt, daß Karl ein bereitwilliges Ein=
gehen auf diesen Plan erheuchelt hat. Cromwell
sollte Obergeneral sein und auch den Befehl über
die königliche Leibgarde führen, ferner den Titel
eines Earls, sowie den Hosenbandorden haben und
sein Schwiegersohn Ireton die Statthalterschaft von
Irland. Wäre er, meinte Oliver, des Königs
sicher, so würde er im Stande sein, denselben nöthi=
gen Falls auch dem Parlament zum Trotz auf den
Thron zurückzuführen. Aber er war des Königs so
wenig sicher, daß dieser im Gegentheil nur ein frivo=
les Spiel mit ihm trieb. Der General kam, wie
glaubhaft erzählt wird, auf ziemlich romanhafte
Art dahinter. Einer der Spione, welche er zu
Hamptoncourt hielt, ließ ihm wissen, daß aus dem
Schlosse ein Geheimbrief Karls an seine Gemahlin
in Frankreich abgehen werde, eingenäht in einen
Sattel, welchen ein mit dem Geheimniß nicht ver=

trauter Diener in das Gasthaus zum blauen Eber in Holborn bringen würde, von wo der Sattel nach Dover und weiter geschafft werden sollte. Cromwell und Ireton thaten gemeine Dragonertracht an, ritten nach Holborn, faßten den ankommenden Boten mit dem Sattel ab, öffneten diesen und fanden richtig den Brief. Der König sagte darin, er sei jetzt der Mann der Lage und könne seine Bedingungen machen, da er von allen Parteien gesucht werde. Daran war etwas Wahres. Schade nur, daß die ihm ganz und gar zur Natur gewordene Falschheit Karls der Illusion sich hingab, mit allen Parteien sein Spiel treiben und schließlich alle betrügen zu können. „Im Uebrigen — fuhr der König fort — sei über die Zugeständnisse, welche ich zu machen scheinen mag, ganz ohne Besorgniß! Ich werde, wann die Zeit dazu gekommen sein wird, wohl wissen, wie man mit diesen Schuften umspringen muß: statt mit dem seidenen Hosenbande werde ich sie mit einem hanfenen Stricke schmücken"

Der das geschrieben, hatte sein Todesurtheil geschrieben. Cromwell wußte jetzt klar, wie er mit dem treulosen Stuart daran war, und handelte danach. Er gab den König förmlich auf mit den öffentlich gesprochenen Worten, derselbe sei „ein Mann von nicht gemeinen Gaben, aber so falsch und verrätherisch, daß ihm schlechterdings nicht getraut werden könne." Ohne Zweifel war die Wahl des Generals jetzt endgültig getroffen: — er wollte nicht allein dem Wesen, sondern auch dem Namen und Titel nach der Erste innerhalb Großbritanniens sein. Er wollte, da er nicht in Karls Namen herrschen konnte, in seinem eigenen herrschen. Darüber soll und darf man sich nicht täuschen: — Oliver war keineswegs, wie ihn frömmelnde Pantscher und Mantscher, z. B. Monsieur Merle d'Aubigné, dargestellt, ein Betbruder, welcher geduldig zuwartete, bis ihn ein göttlicher Wundergriff aus den Wolken auf den Herrscherstuhl setzte. Im Gegentheil, er schritt sehr selbstthätig und entschlossen auf diesen Stuhl zu. Dem Umfang und der Kühnheit seines Genie's entsprach vollkommen der Umfang und die Kühnheit seines Ehrgeizes.

Allen Anzeichen nach war es jedoch nicht Cromwell, welcher, nach der im blauen Eber in Holborn gemachten Entdeckung dem Wunsche der independentischen Agitatoren, den König vor Gericht zu stellen, beitrat und diesen Wunsch sogar noch mehr aneiferte, sondern es that dies der heißblütigere Ireton und zwar ganz auf eigene Faust, während Oliver in Betreff der Frage, ob der König anzuklagen und zu richten sei, noch eine Weile schwankte*). Wahrscheinlich ging er inzwischen mit sich zu Rathe, ob und wie Karl unschädlich zu machen sei, ohne daß man zum Aeußersten schritte. Ein so scharf und tiefdenkender Mann, wie er war, konnte sich unmöglich der Einsicht verschließen, daß mit der Hinrichtung des Königs nicht zugleich auch das Königthum getödtet würde, sondern daß vielmehr das letztere in der Person des Prinzen von Wales, der sofort Karl der Zweite heißen würde, fortleben werde, sowie daß

---

*) So versichert wenigstens Bischof Burnet (Hist. of his own time, I, 63), welcher ja den Ereignissen nahe genug stand, die Wahrheit zu wissen, und ehrlich genug war, sie zu sagen.

der schuldlose neue König ein gefährlicherer Gegner sein könnte und müßte als der schuldige alte. Alle diese und andere ähnliche Erwägungen mußten jedoch zuletzt der Thatsache weichen, daß in der Armee die widerkönigliche und antistuartische Strömung übermächtig war. Cromwell mußte erkennen, daß es eine Unmöglichkeit, gegen das Heer anzugehen, ohne die eigene Sache und die der Revolution aufzugeben.

Das folgerichtige Resultat dieser Erkenntniß war der feste Entschluß, mit Karl Stuart ein Ende zu machen, und dieser Entschluß wurde sodann ins Werk gesetzt mit der eisernen Energie eines Mannes, welcher nicht gewohnt war, sein Wasser durch die Augen abzuschlagen. Der Prozeß des entthronten Königs ward eingeleitet, der „Hohe Gerichtshof" unter dem Vorsitz von John Bradshaw konstituirt, die Anklage Karl Stuarts als eines Tyrannen, Verräthers, Mörders und Feindes des öffentlichen Wesens formulirt. Es sollte ein großes Exempel statuirt, es sollte den Königen die furchtbare Lehre gegeben werden, daß das Verbrechen auch auf dem Throne erreichbar, daß die Fürsten keine Götter, sondern Menschen, daß das unverletzliche Gottesgnadenthum purer Pfaffenschwindel und daß Despoten nicht etwa nur dem Herrgott, sondern auch ihren Völkern verantwortlich seien.

Das Exempel wurde statuirt, die Lehre wurde gegeben, in feierlichster Weise, Angesichts der Welt. Freilich war der Todesspruch schon gefällt, bevor Karl vor die Schranken des Hohen Gerichtshofes trat; aber trotzdem muß die ganze Art und Weise, wie die Führer der englischen Revolution das Trauerspiel in Scene setzten, als ein sprechender Beweis für die unbezähmbare Kühnheit dieser Männer angesehen werden. Sie wagten das Unerhörte, welches wie ein ungeheurer Donnerschlag durch die Welt dröhnte.... Unter den 59 Namen, welche das Todesurtheil des Königs und zugleich den Befehl zur Vollziehung desselben unterfertigten, steht als dritter der von Oliver Cromwell. Das Dokument selber ist von furchtbarem Lakonismus *).

---

*) To Colonel Francis Hocker, Colonel Huncks, and Lieutenant-Colonel Phayr, and to every of them.

Es könnte, in Erz gegraben und als Warnungstafel in Königspaläsien aufgestellt, vielleicht doch einige Dienste thun. Am 30. Januar von 1649 (n. St.) trat Karl Stuart durch ein Fenster des ehemaligen Bankettsals von Whitehall auf's Schaffot. Man müßte ein herzloser Mensch sein, wollte man nicht

---

At the High Court of Justice for the Trying and Judging of Charles Stuart, King of England, 29 th. January 1648 (a. St.).

Whereas Charles Stuart, King of England, is and standeth convicted, attainted and contemned of High Treason and other high Crimes; and Sentence upon Saturday last was pronounced against him by this Court, To be put to death by the severing of his head from his body; of which Sentence execution yet remaineth to be done: — These are therefore to will and require you to see the said Sentence executed, in the open Street before Whitehall, upon the morrow, being the Thirtieth day of this instant month of January, between the hours of Ten in the morning and Fife in the afternoon, with full effect. And for so doing, this shall be your warrant ... And these are to require all Officers and Soldiers, and others the good People of this Nation of England, to be assisting unto you in this service ... Given under our hands and seals, John Bradshaw, Thomas Grey (Lord Groby), Oliver Cromwell (and Fifty — six others).

anerkennen, daß der entthronte Mann während der ganzen Dauer der Prozedur seinen Feinden herzhaft gegenübertrat. Er hatte nicht mit Würde zu leben gewußt, aber er wußte wenigstens mit Würde zu sterben. Einer Ueberlieferung zufolge betrachtete Cromwell den Leichnam des Hingerichteten im Sarge und bemerkte ruhig und einfach: „Das war ein kräftig gebauter Körper, welcher ein langes Leben versprach." Das Haus der Gemeinen warf 500 Pfund zur feierlichen Bestattung Karls aus, welche in der Schloßkapelle von Windsor geschah. Am 6. Februar sodann beschloß das Haus die Abschaffung der Lordskammer. Am Tage darauf kam es zu folgender Schlußnahme: „Es ist durch die Erfahrung erwiesen und dieses Haus erklärt demnach, daß das Königthum (kingship) in diesem Lande unnütz, lästig und für die Freiheit, Sicherheit und Wohlfahrt des Volkes gefährlich ist. Darum ist es von heute an abgethan." England sollte ein freies Gemeinwesen („commonwealth") sein, das Unterhaus die höchste Gewalt haben und ein von ihm erwählter Staatsrath die Regierung führen. Die

Statue Karls des Ersten vor der Börse in der City ward umgestürzt und auf das leere Piedestal schrieb man die Worte: „Exit tyrannus, regum ultimus." Der Könige letzter? Das hieß den Mund sehr voll nehmen.

6.

Ein Staatsrath, beherrscht von dem Parlamentsrumpf, welcher seinerseits nur das Sprachrohr der von Cromwell jetzt unumschränkter als je befehligten Armee war, regierte also die Republik England. Es war ein Regiment der Gewalt und die Bevölkerung ließ es sich gefallen, wie denn die Völker überall und allzeit dies thun, so lange die Gewalt mit Geist, Kraft und Glück gehandhabt wird. Populär war die „Commonwealth" keineswegs und so ziemlich alle Klassen blickten mit derselben Mißachtung auf die in Westminster deklamirenden und gestikulirenden Politiker, welche man die Girondisten des 17. Jahrhunderts nennen kann und deren Leiter höchst ehrenwerthe, gebildete, durch und durch ehrliche, aber freilich mehr auf der Agora zu Athen und auf dem Forum von Rom als in der St. Stephans= kapelle zu London oder in den Grafschaften von England heimische Männer waren. Man ließ sie reden und — fügte sich stillschweigend der wuchtigen Thatsache von Olivers Diktatur, nachdem der Mann neuestens royalistische sowie leveller'sche Widerstands= regungen, welche nach der Hinrichtung Karls ver= sucht worden, niedergeblitzt hatte.

England gehorchte. Nun sollten aber auch Ir= land und Schottland, welche Karls des Ersten ältesten Sohn als König Karl den Zweiten aner= kannt und ausgerufen hatten, zum Gehorsam zurück= gebracht werden, um die Commonwealth auch über diese beiden Königreiche auszudehnen, und selbstver= ständlich betraute der Staatsrath sein Mitglied Cromwell mit der Lösung dieser schwierigen Auf= gabe. Er lös'te sie. Zunächst fiel er auf Irland, zermalmend „wie der Hammer des Thor". Mit 12,000 seiner kriegerischen Heiligen, auserlesenen Veteranen, schiffte er nach der Insel hinüber, deren

Smaragdgrün bald von breiten Blutstreifen durch=
zogen ward. Charakteristisch, daß vor der Abfahrt
das Heer einen strengen Buß=, Bet= und Fasttag
feierte, an welchem der General selber verschiedene
Bibeltexte auslegte. Es steht zu vermuthen, daß es
solche gewesen, worin den Kindern Israel von
ihrem Jahve=Moloch befohlen wird, mit Eisen und
Feuer Vernichtung über die Stämme von Moab,
Edom und Amalek zu bringen. In diesem Style
ist dann auch der Krieg geführt worden, nachdem
Oliver am 24. August von 1649 von Dublin aus
sein Kriegsmanifest erlassen hatte. Die irischen
Katholiken und Royalisten waren in den Augen der
Krieger Cromwells in der That Amalekiter und
Moabiter, Empörer gegen Gott, Kinder satanischer
Finsterniß, Heiden und Götzendiener, welche weg=
getilgt werden mußten vom Angesicht der Erde.
Die Erstürmung von Drogheda am 10. September
könnte mit Ehren im bluttriefenden Buche Josua
stehen. Es war eine echt alttestamentliche Schlacht=
und Vernichtungsscene. In seinem Siegesbericht an
den Sprecher des Parlaments sagte der General:

„Ich bin überzeugt, es war ein gerechtes Gottesgericht (a righteous judgment of God), über diese Barbaren verhängt, weil sie ihre Hände in so viel unschuldiges Blut getaucht; und auch dessen bin ich überzeugt, daß es für die Zukunft mehr Blutvergießen verhindern wird. Das sind wohl ausreichende Gründe für ein derartiges Vorgehen, welches sonst nur Reue und Trauer erregen könnte (which are the satisfactory grounds to such actions, which otherwise cannot but work remorse and regret)."

Natürlich war Cromwell weit entfernt, den blindwüthenden Berserkergrimm seiner Soldaten zu theilen. In diesem wunderbaren Menschen verband sich mit dem General stets der Organisator und Regent. Dasselbe Schwert, dessen zerschmetternde Schläge den irischen Aufstand rasch niederwarfen, wurde in Olivers Hand zur Pflugschar der Kultur. In Wahrheit, die unglückliche Insel hat nie einen furchtbareren Feind und nie einen werkthätigeren Freund gehabt als Cromwell, dessen kraftvolle Maßregeln, die keltische Barbarei auszurotten und die irische Anarchie zu bändigen, Ackerbau, Gewerbe und Handel zu fördern, von erstaunlich günstigen Erfolgen begleitet waren. Denn das Land blühte unter der von Oliver demselben gesetzten Verwaltung so sichtbar auf, daß man ohne Uebertreibung sagen kann, durch die cromwellische Eroberung sei Erin erst für die Civilisation erobert worden .... Zu den denkwürdigsten Cromwells-Thaten gehört aber ein von ihm verfaßtes Schriftstück, eine „Deklaration", welche er im Januar von 1650 von Younghal aus „zur Enttäuschung des betrogenen und verführten Volkes" an die römisch-katholischen Prälaten erließ, welche sich zu Clonmacnoise zusammengethan und eine neue große Verbindung aller Katholiken gegen den General zu Stande zu bringen versucht hatten. Die Herren Erzbischöfe und Bischöfe hatten in ihrem Manifest besonders eindringlich betont, daß Klerus und Laienvolk auf's Engste gegen den Feind sich zusammenschließen sollten. An dieser widerchristlich-hierarchischen Unterscheidung zwischen Priestern und Laien faßte Oliver die Prälaten und hielt ihnen eine gutpuritanische Predigt, aus deren theologischem Gewölke helle Gedankensonnenstralen scharf und mächtig hervorschossen. „Ah, nachdem ihr eurer Gewohnheit gemäß zuerst an euch selbst gedacht und dann zweitens an „Seine Majestät", wie ihr ihn nennt, geruht ihr, auch das Volk in Betracht zu ziehen. Oh, über die armen „Laien"! Ihr und euer König möchtet sie reiten und schinden, wie eure Kirche und euer König es zu allen Zeiten gethan. Doch es ist nicht schwer, zu prophezeien: das also gestachelte Roß wird hinten ausschlagen, denn dieser Zustand kann nicht ewig dauern. Die willkürliche Gewalt der Könige und Priester ist ein Ding, dessen die Menschen müde zu werden anfangen, und alle die Ränke und Schwänke, welche königliche und kirchliche Tyrannei zu gegenseitiger Aufrechthaltung in Scene setzt, beginnen offenbar zu werden (arbitrary power is a thing men begin to be weary of, in kings and churchmen; their juggle between them mutually to uphold civil and ecclesiastical tyranny begins to be transparent). Es gibt Männer, welche dieses doppelte Joch bereits abgeworfen haben; andere sind gerade

daran, es zu thun. Gar viele Gedanken darüber
gähren in den Gemüthern der Menschen. Der
Grundsatz, das Volk sei für Könige und Pfaffen da,
fängt an, ausgepfiffen zu werden (this principle,
that people are for kings and churches, begins
to be exploded). Ich wundere mich daher gar
nicht, daß eure heilige Fraternität so erbos't ist; aber
ich wünsche, das Volk möchte so weise sein, um euer
Reden und Thun sich gar nicht zu kümmern." Ach,
ja wohl, großer Oliver! Leider harrt dein wahrhaft frommer Wunsch noch immer der Erfüllung;
denn die Dummheit der Völker ist, falls dies möglich, noch unergründlicher als die deutsche Geduld,
welcher doch bekanntlich noch kein Sterblicher auf
den Grund gekommen. Selbst die Landgrafen und
Kurfürsten von Hessen nicht, welche doch den Ge-
duldbohrer mit exemplarischer Virtuosität und Aus-
dauer zu handhaben wußten und wissen . . .

Nachdem der Lord-General den Iren den Meister
gezeigt hatte, zeigte er ihn auch den Schotten. Diese
hatten den Vater verschachert, aber den Sohn des
Verschacherten aus Holland geholt, um diesem

zweiten Karl Gelegenheit zu geben, aus einem lüderlichen Prinzen ein lüderlichster König zu werden. Im armseligen Holyroodhouse zu Edinburgh konnte er freilich vorerst nicht alle jene Eigenschaften, Talente und Gaben entfalten, welche er in späterer Zeit unter günstigeren Umständen in Whitehall zu London entfaltete, — Eigenschaften, Talente und Gaben, die ihn vollkommen befähigten, die Rolle eines Bordellwirths ersten Ranges mit Anstand und Beifall zu spielen. Im Gegentheil, er mußte heilig thun, mußte den „Covenant" beschwören, mußte mit dem Anschein christlicher Ergebung unendliche Predigten anhören, Vormittags und Nachmittags, Predigten, in welchen von seinen eigenen Sünden sehr drastisch gehandelt wurde, und mußte sich überhaupt in Allem und Jedem unter die frommen Daumen der Essigblicker und Wermuthsprecher von Covenantern ducken. Das hieß die bettelhafte Krone eines bettelhaften Landes fürwahr theuer erkaufen, so theuer, daß Cromwell Karl dem Zweiten im Grunde einen Freundschaftsdienst erwies, als er ihm das beschwerliche Ding vom Kopfe schlug.

Oliver, zum Generalkapitain aller Streitkräfte der Republik ernannt (Captain-General and Commander-in-Chief of all the Forces raised or to be raised by authority of Parliament within the Commonwealth), ging am 26. Juni 1650 von London nach dem Norden ab, wo er das beste Heer, welches Schottland jemals ins Feld gestellt hatte, schlagen sollte. Zunächst machte er, insbesondere in einem Schreiben vom 14. August an den schottischen Obergeneral Lesley, den Versuch, mittelst der Argumente einer verständigen Politik die Schotten von der Sache der „Uebelgesinnten (malignants)" ab und auf billigen Grundlagen den Frieden zwischen England und Schottland zu Stande zu bringen. Er wurde nicht gehört und doch widerstrebte es ihm, gegen Glaubensgenossen die ganze Furie des Krieges zu entfesseln. Zudem war seine militärische Situation bei Eröffnung des Feldzugs eine sehr mißliche. Die Schotten waren den Engländern an Truppenzahl sehr überlegen, geradezu doppelt, und hatten bei Dunbar eine sehr vortheilhafte Stellung genommen. Sie standen auf einer Hügelkette verschanzt, an deren Fuß das aus den Bergen von Lammermoor kommende Flüßchen Brorburn hinfließt. Oliver fand es bedenklich, ja unmöglich, die feindliche Position zu erstürmen, und ebenso, die seinige länger zu behaupten. Am 2. September schrieb er an den Gouverneur von Newcastle, daß er sich fast nur durch ein Wunder aus der Klemme ziehen könne („we cannot get without almost a miracle"). Am Tage darauf war Alles verändert. Die Schotten begingen die Thorheit, statt den Gegner noch länger in der Klemme zu halten, in der Nacht vom 2. auf den 3. September von ihren Höhen herabzusteigen, um einen Angriff auf das englische Lager zu thun. Nichts konnte Cromwell willkommener sein. Mit gewohnter Raschheit und Bestimmtheit traf er seine Anordnungen, mit gewohnter Kraft führte er sie aus und durch, er selbst der Erste beim Angriff. Im Morgengrauen wüthete der Kampf. Er war mörderisch, aber kurz und noch vor Sonnenaufgang entschieden, vollständig zu Ungunsten der Schotten. Als sich das geschlagene Heer derselben in wilde Flucht warf, hörte ein Ohrenzeuge den Sieger aus=

rufen: „Sie fliehen! Ich sage, sie fliehen (they run! I profess they run)!" In diesem Augenblick erhob sich das Tagesgestirn aus dem deutschen Meere, seine rothen Stralen von St. Abb's Head herüber auf die rothe Walstatt werfend, und frohlockend brach Oliver in die Worte des Psalmisten aus: „Aufstehe Gott, auf daß zerstreut werden seine Feinde!"

Die Unterwerfung Schottlands konnte jedoch, dem Siege bei Dunbar zum Trotz, nicht so rasch bewerkstelligt werden, wie die von Irland bewerkstelligt worden war. Die Schotten erwiesen die ganze Zähigkeit ihrer hagebuchenen Natur und insbesondere machten die schottischen Pfaffen — anmaßlichere und herrschsüchtigere hat es nie gegeben, als diese echten Schüler des widerlichen Prädestinationsfanatikers, Molochisten und Scheiterhaufenentflammers Calvin gewesen sind — dem Lord-General viel zu schaffen. Er hatte in Edinburgh Winterquartiere bezogen, konnte aber im Frühjahr von 1651 den Feldzug nicht so zeitig eröffnen als er wünschte, weil eine harte Krankheit ihn auf's Lager warf. Erst der Herbst brachte die Entscheidung. Unfähig, gegen Oliver in Schottland das Feld zu halten, hatten die Stuartisten den verzweifelten Entschluß gefaßt, in England einzufallen und in Eilmärschen gen London vorzubringen. Sie rechneten dabei auf den englischen Royalismus und hofften, alle Königlichgesinnten würden sich um die auf den Boden Englands getragene Fahne Karls des Zweiten sammeln. Anfangs schien das Abenteuer Erfolg haben zu wollen, obschon es einem Hauptantreiber zu demselben, dem Herzog von Hamilton, von vornherein den Geständnißseufzer entpreßte: „Unser stärkstes Argument heißt Verzweiflung". Die Hoffnung auf einen massenhaften Aufstand der englischen Royalisten zu Gunsten der stuartischen Invasion schlug freilich fehl. Dennoch drang Karl bis Worcester vor und die Bewohnerschaft von London gerieth darob in einen haltlosen Schrecken. Aber hiefür war kein Grund vorhanden; denn schon hatte sich Cromwell mit seinem Heere zur Verfolgung des Feindes aufgemacht und gerade am Jahrestag der dunbarer Schlacht, am 3. September, fiel er bei und in

Worcester auf die königliche Armee, wiederum „wie Thors Hammer". Karl Stuart selbst entging für seine Person nur mit äußerster Noth und Gefahr dem zerschmetternden Hammerschlag, seine Streitmacht aber war zu Staub zerschlagen. Am folgenden Tage berichtete Oliver an den Sprecher des Parlaments über „the great things the Lord hath wrought for this Commonwealth and for His People." Er bezeichnete mit Recht den Sieg als einen vollständigen („an absolute victory") und nannte denselben eine krönende Gnade („a crowning mercy").

Freitags am 12. September von 1651 zog der Sieger von Worcester triumphirend in London ein, empfangen von dem Parlament und dessen Sprecher, vom Staatsrath und dessen Lord-Präsidenten, von den Behörden der Stadt und der Grafschaft Middlesex, und es mochte sich bei diesem Triumpheinzuge des Gewaltigen, welcher so eben der Commonwealth England zwei Königreiche unterworfen hatte, Manchem der Gedanke aufdrängen, welche der independentische Prediger Hugh Peters vor sich hin geflüstert haben will: — „**Der Mann wird König von England sein!**"

7.

Er brauchte das nicht erst zu werben: er war es bereits thatsächlich, und wenn „König" im Hochsinn des Wortes einen echten und rechten Volksregierer und Staatslenker bedeutet, so hat es einen wahrhaftigeren König niemals gegeben, als Cromwell einer gewesen ist, innerhalb wie außerhalb Großbritanniens nicht.

Aber wäre Oliver der Große nicht ein Größerer gewesen, so er, nachdem er glorreich die Machtstellung der englischen Republik nach Innen und Außen gesichert hatte, seinen Kommandostab schlichtbürgerlich auf den Tisch des Parlaments niedergelegt und sich auf seine Farm in Ely zurückgezogen, also gethan hätte, wie 132 Jahre später der erlauchteste Mann des modernen Weltalters, George Washington, drüben in Amerika that? Ach ja, 132 Jahre später und drüben in Amerika! Diese beiden Thatsachen geben die Antwort auf die gethane Frage. Ruhm und Preis für allzeit dem großen Bürger, der i. J. 1783 einer Königskrone, einer Kaiserkrone das Bewußtsein vorzog, seinem Lande die Freiheit gegeben zu haben! Allein sehende Augen müssen erkennen, daß Cromwell i. J. 1651 und hüben in England nicht also handeln, ja nicht einmal den Gedanken „schlichtbürgerlicher" Machtentsagung haben konnte. Schon deßhalb nicht, weil der Begriff einer Bürgerlichkeit, wie ihn erst die Philosophie des 18. Jahrhunderts geschaffen, im 17. noch gar nicht existirte. Und dann, konnte es einem Manne vom Bau Olivers einfallen, das große Werk, welches er mit so harter Arbeit aufgerichtet hatte, Unberufenen, Uebelgesinnten und Thoren, Faselern und Fanatikern des tausendjährigen Reiches, komplottirenden Stuartisten und Prälatisten, steifnackigen Doktrinären, welche in Westminster die Wände der Stephanskapelle müde schwatzten, zur raschen Wiederzerstörung zu überliefern und zu überlassen? Das konnte ihm nicht einfallen und fiel ihm auch nicht ein.

Wohl, aber warum hat er sich dann nicht offen und ohne Weiteres zum König gemacht? Weil das Heer, auf welches er sich dem Rumpfparlament gegenüber stützen mußte, der Wiederaufrichtung des Königthums ganz entschieden abhold war. Diese bewaffneten Heiligen hingen an dem Worte Commonwealth: sie waren bereit, ihren geliebten General, das auserwählte Rüstzeug des Herrgottes Zebaoth, zum Diktator der Republik zu machen, aber sie hätten ohne Zweifel die Schneide ihrer frommen Schwerter sofort gegen den King Oliver gekehrt. Bevor an einen Wiederbau des Thrones zu denken war, mußte das cromwellische Heer erst in sich zersetzt, von seinen Führern verrathen und seines großen Hauptes durch den Tod beraubt sein. Für jetzt nahm es die Ausschlag gebende Stellung im Staate ein.

Der feindselige Gegensatz zwischen der Armee und dem Parlament wurde bald ein klaffender. Das letztere wollte begreiflicher Weise das Land möglichst rasch der Militärgewalt entziehen und die parlamentarische Gewalt, also zunächst die eigene, zur

Omnipotenz erheben. Die in Westminster leitenden Leute übersahen nur, daß ein Cromwell an der Spitze eines siegreichen Heeres sich nicht durch eine Handvoll doktrinärer Schwätzer, welche überdies in den Augen der ungeheuren Mehrzahl der Bevölkerung des Landes gar kein Mandat mehr besaßen, werde maßregeln lassen. Es kam denn auch, was bei Lage der Sachen kommen mußte. Die Situation war gegen den Frühling von 1653 zu so gespannt geworden, daß nur noch vom Biegen oder Brechen die Rede sein konnte. Es brach. Denn während die Phantasten der Stephanskapelle als echt- und rechtschaffene Parlamentirer vom Debattiren und Resolutioniren Alles erwarteten und abhängig wähnten, hatte Cromwell seinen Entschluß gefaßt und traf die zur Ausführung desselben nöthigen Maßnahmen, nachdem er sich überzeugt hatte, daß nicht nur die Armee, sondern die gesammte öffentliche Stimmung verlangte, es möge und solle der Existenz des „Fag-end" oder „Rump" von Parlament ein Ende gemacht werden. Natürlich fehlte es nicht an feinen, gröberen und gröbsten

Winken für die Herren in Westminster, daß es die höchste Zeit für sie sei, sich wegzuheben. Aber ebenso natürlich war des Schwatzes süße Gewohnheit stärker als alle anderen Rücksichten und Beweggründe.

Am 20. April von 1653 verließ Cromwell zur Stunde, wo der Rumpf in der Stephanskapelle eine Bill berieth, welche die Verlängerung seiner — des Rumpfes — Autorität und Gewalt sichern sollte, Whitehall und ging, von einem Halbdutzend seiner Offiziere begleitet, nach Westminster. Unterwegs nahm er eine Kompagnie Musketiere mit, welche zu dem Zwecke bereitstand, Pforte und Vorhalle des Parlamentshauses zu besetzen. Dies gethan, trat Cromwell in den Sitzungssal und setzte sich auf seinen gewohnten Platz neben dem Generalmajor Harrison. Sir Henry Vane hatte das Wort und wies die Dringlichkeit der Verlängerungsbill nach. Oliver hielt an sich, bis die Abstimmung beantragt wurde. Da neigte er sich zum Ohre Harrisons, flüsterte demselben zu: „Jetzt ist es Zeit; ich muß es thun (I must do it)!" stand auf, nahm den Hut ab und begann zu sprechen. Seine Rede war wie ein von Wolkenbrüchen geschwellter Waldstrom, erst fernher dumpf rauschend und dröhnend, dann näher herandrohend und endlich in donnernden Zornkatarakten sich ergießend. „Das sei keine parlamentarische Sprache, meint Ihr? Wohl, ich weiß es; aber erwartet keine andere von mir." Und mitten in den Sal tretend, stülpte er den Hut auf den Kopf, stampfte mit dem Fuß auf den Boden und runzelte die armen Doktrinäre und Schwatzleute an: „Ihr habt kein Herz für das Gemeinwohl und nur Sinn dafür, euch in beständigem Besitze der Macht zu erhalten. Eure Zeit ist um, der Herr ist fertig mit euch. Ich will eurem Gewäsche ein Ende machen (I will put an end to your prating). Ruft sie herein, Harrison!" Die Thüre that sich auf und Oberst Worsley kam mit 20 oder 30 Musketiren herein. „Ihr nennt euch ein Parlament?" rauschte der Zornstrom weiter. „Ich sag' euch, ihr seid kein Parlament. Söffer und Hurer sitzen unter euch. Ihr habt schon allzu lange hier gesessen. Geht, macht ehrlicheren Leuten Platz! Fort mit euch! In

Gottesnamen, packt euch!" Sir Henry Vane wagte einen Protest. „O, Sir Henry Vane", rief Cromwell aus, „du mit deinen subtilen Kasuistenstücklein und abstrusen Haarspaltereien (thou with thy subtle casuistries and abstruse hair-splittings)! Der Herr erlöse mich von Sir Henry Vane! ... Holt den Sprecher von seinem Sitze herunter und steckt ihn hinaus!" Harrison faßte den Sprecher am Talar und führte ihn hinaus, worauf die Mitglieder den Sal verließen. Der Lord-General trat an die Tafel, ergriff die darauf liegende Szepterkeule („mace") des Sprechers — so eine Art von parlamentarischer Monstranz — gab sie einem Musketir und sagte: „Was soll uns der Firlefanz (bauble)? Fort damit!" Hierauf ließ er den geleerten Sal schließen und kehrte nach Whitehall zurück. Kein Finger hatte sich für die weggesäuberten Schwätzer gerührt. „Ihr Verschwinden machte keinen Hund bellen (we did not hear a dog bark at their-going)." Etliche Stunden später lös'te Oliver auch den vom weggewischten Parlament gewählten Staatsrath auf, ohne die geringste Schwierigkeit.

Der idealste aller idealen Republikaner von damals, James Harrington, und der genialste und edelste Bekenner des republikanischen Kredo, John Milton, Beide haben sie den cromwellischen Hammerschlag vom 20. April als eine patriotische That anerkannt, mittelst welcher England von der Herrschaft einer ebenso anmaßlichen als unfähigen Oligarchie befreit wurde. Aber der Gewaltakt vom 20. April ließ doch einen schmerzenden Stachel in Cromwells Seite zurück. Einen schmerzenden und nie ganz zu beseitigenden Stachel: — alle seine späteren Versuche, mit seiner Herrschaft die parlamentarischen Traditionen seines Landes zu versöhnen und Parlamente um sich zu versammeln, sind mißlungen und zum Theil ganz lächerlich ausgefallen. Man braucht, um hieran zu erinnern, nur das „Barebone-Parlament" zu nennen.

Oliver hatte nach der Aprilkatastrophe von 1653 einen neuen Staatsrath von 13 Mitgliedern gebildet und unter dem Titel eines Lord-Präsidenten desselben die Regierung von Großbritannien und Irland übernommen. Im Winter des nämlichen

Jahres trat an die Stelle dieses Provisoriums die
Errichtung des Protektorats. Am 16. Dezember
wurde Cromwell in der großen Festhalle von West=
minster als Lord=Protektor der Republik von Eng=
land, Schottland und Irland feierlich proklamirt und
auf den Staatssessel gesetzt. Es hat sich damals,
wie auch später noch, darum gehandelt, ob nicht der
General den Königstitel annehmen sollte, und ein
Mann, welchem selbst nörgelnde Pedanten einige
Kompetenz und Autorität in Sachen der Staats=
und Rechtsgeschichte von England einräumen wer=
den, Macaulay, hat sicherlich mit Recht behauptet,
daß die ungeheure Mehrzahl der Bevölkerung die
Wiedererstehung der Monarchie in der Person Crom=
wells mit entschiedener Zustimmung begrüßt und die
überwiegende Mehrheit der Nobility und Gentry sich
beeilt haben würde, dienstwillig die Hand König
Olivers zu küssen. Noch mehr, Zeitgenosse Claren=
don berichtet mit dürren Worten, daß guter Grund
zu der Annahme vorhanden sei, ein großer Theil der
königlichen Partei wäre Cromwell zugefallen, so
dieser sich die Krone aufgesetzt hätte. Der Protektor,

welcher selbstverständlich zu dieser Zeit nicht mehr
der naive Enthusiast von 1628 war, sondern der
unter großen Geschäften, schweren Sorgen, harten
Anstrengungen, glänzenden Erfolgen und bitteren
Erfahrungen zu seiner vollen Höhe herangereifte
Staatsmann, erkannte gar wohl die Vortheile,
welche ihm der Königstitel verbürgen würde; allein
es verwehrten ihm, wie weiter oben dargethan worden, schwerwiegende, wenn nicht absolute Gründe
den ihm sonst so nahegelegten und scheinbar ganz
leichten Griff nach der Krone.

Mit diesen zwingenden äußeren Motiven ver-
banden sich aber ohne Zweifel nicht minder zwingende innere. Es hieße diesem großen und guten
Manne schreiendes Unrecht anthun, wollte man
glauben, seine wiederholte Weigerung, den Königstitel anzunehmen, sei nur Heuchelei und Posse gewesen. Die Wahrhaftigkeit — dieses Hauptcha-
raktermerkmal der wahrhaft großen und guten Männer — ja, die Wahrhaftigkeit seiner Seele verbot es
ihm. Er fühlte, daß die Annahme der Krone eine
Verleugnung seiner eigenen Vergangenheit, daß ein

gekrönter Cromwell ein greller Widerspruch in sich selber wäre. Der eine Krone mitsammt dem Kopfe, auf welchem sie gesessen, abgeschlagen hatte, konnte nicht eine Krone aufsetzen wollen.

Eine schlichte Größe, eine schwermüthige Treuherzigkeit, welche in dem Munde eines so eisernen Mannes wahrhaft rührend und erschütternd wirkt, spricht aus den Verhandlungen, welche der Protektor im April und Mai von 1657 mit seinem sogenannten „zweiten" Parlamente pflog, das eine neue Verfassung für Großbritannien entworfen hatte, kraft welcher die Monarchie hergestellt werden sollte und Cromwell in aller Form angegangen wurde, Amt und Titel eines Königs anzunehmen. Er zollte mit warmen Worten den Bestimmungen dieses Verfassungsentwurfes zur Sicherstellung der religiösen und bürgerlichen Freiheit seine Anerkennung; er gab auch offen zu, daß, obzwar für ihn persönlich das Aufsetzen oder Nichtaufsetzen der Krone nur die Bedeutung habe, ob „er auf seinen Hut eine Feder stecke oder keine", vom Gesichtspunkte der praktischen Politik aus die Annahme des königlichen

Titels sich empfehle: aber er könne sich nun einmal nicht damit befreunden, es gehe ihm gegen den Mann. Als am 13. April die große Parlamentskommission vor dem Protektor in Whitehall erschien und in feierlicher Audienz das wiederholte Anerbieten der Krone vorbrachte, motivirte Cromwell in ausführlicher Rede seine Ablehnung. Besonders charakteristisch war in dieser Rede die Stelle: — „Ich habe den Platz, auf welchem ich stehe, eingenommen nicht so sehr in der Hoffnung, Gutes zu thun, als vielmehr mit dem Wunsche, Schäden abzuwenden, von welchen ich die Nation bedroht sah (not so much out of hope of doing any good, as out of a desire to prevent mischief and evil, which I did see was imminent on the nation). Ich sah, daß wir kopfüber in Verwirrung und Anarchie hineinrannten, und da entsprach ich, um weiteres Blutvergießen zu vermeiden, dem Wunsche, mich dahin zu stellen, wo ich stehe. Auf Titel und Namen kommt es dabei gar nicht an. Es handelt sich darum, den Frieden und die Freiheiten der Nation zu gründen und sicherzustellen, und da bin ich bereit, euch zu dienen, wie ich kann, — nicht als ein König, aber als ein Konstabler, so 's euch gefällt (not as a king, but as a constable, if you like). Denn, fürwahr, oft hab' ich vor Gott gedacht, daß ich mein Geschäft und meinen Platz nicht besser bezeichnen könnte, als wenn ich mich mit einem guten Konstabler verglich, welcher dazu da ist, den Frieden in einer Gemeinde aufrecht zu erhalten. Und wahrlich, das gereichte und gereicht mir in allen Trubeln und Trübsalen, die ich durchzumachen hatte und habe, zur Beruhigung und Genugthuung, daß ihr jetzt Frieden habt."

Mittelst einer Zuschrift an den Sprecher des Parlaments vom 8. Mai 1657 lehnte Oliver endgültig den Königstitel ab ("I cannot undertake this government with the title of king") und fuhr fort Großbritannien als Land-Protektor zu regieren, royalistischen, doktrinär-republikanischen, papistischen, anglikanischen und leveller'schen Anfeindungen, Nörgeleien, Fanatismen, Verschwörungen und Mordkomplotten zum Trotz. Es war eine Gewaltherrschaft, keine Frage; mit dem Schwerte gewonnen und mit dem Schwerte behauptet, nur von den Riesenschultern Olivers getragen und voraussichtlich mit dem Leben des Riesen zusammenbrechend. Aber es war eine Regierung der Wohlfahrt und des Ruhmes, ja, und auch eine Regierung der Milde und Duldung, soweit die Leidenschaften der Feinde des Protektors demselben nur immer gestatteten, Milde und Duldung zu üben. Selbst der heftige Royalist und eingefleischte Stuartist Hume sieht sich, um doch den Thatsachen der Geschichte nicht allzu hart ins Gesicht zu schlagen, genöthigt, des Protektors bürgerlicher Verwaltung, seiner Achtung vor dem Gesetz, seiner Gerechtigkeitsliebe, seiner Fürsorge für eine fleckenlose Rechtspflege Lob zu spenden[*]. In Wahrheit, England ist nie besser regiert worden, als es von Cromwell regiert wurde, und das innere Gedeihen der Nation unter dieser Regierung war so augenscheinlich, daß nur ganz verbohrte Kavaliere und ganz verrückte Millennarier es leugnen konnten.

---

[*] Hume, Hist. of England, II, ch. 2.

Die glänzenden Erfolge des Protektors nach Außen, den herrlichen Aufschwung, welchen er der Macht Englands gab, mochten selbst Kavaliere und Millennarier nicht leugnen. Auch Stuartist Hume fühlte beim Rückblick auf das, was Cromwell für seines Landes Geltung und Ehre gethan, sein Herz etwas höher schlagen. Er sagt: „Die große Seele dieses glücklichen Usurpators war auf die Ausbreitung der Ehre des englischen Namens gerichtet und er pflegte sich zu rühmen, daß er den Namen eines Engländers ebenso gefürchtet und geehrt machen wollte, als jemals der Name eines Römers gewesen sei." In Wahrheit, er durfte sich also rühmen, weil er vollbrachte, was er sich vorgesetzt. Er besiegte alle Feinde seines Landes und schrieb ihnen Gesetze vor, er ließ die englische Flagge triumphirend auf allen Meeren wehen, er war der geniale Impulsgeber und energische Wegzeiger seiner Nation auf ihrem Vorschritt zur Weltmachtstellung. Nach zwei Richtungen hin gebührt aber, wenn ich recht erwäge, dem Wesen und Walten des Protektors der höchste Preis. Erstlich hat die herzliche Förderung, welche er den jungen puritanischen Kolonieen in Amerika angedeihen ließ, eine Zukunftssaat von unberechenbarer Ertragsfähigkeit mitstreuen geholfen. Zweitens war es Cromwells Politik, welche der reißenden römischen Reaktion im 17. Jahrhundert Halt gebot. Ja, nicht etwa der selbstsüchtige Eroberer Gustav Adolf von Schweden, sondern vielmehr der Protektor der Commonwealth von England ist der Fels gewesen, an welchem die Springflut jener verberbenschwangern Reaktion sich gebrochen hat. Oliver Cromwell war der echte und rechte Held des Protestantismus — ich meine das, wie Denkende leicht errathen, nicht im bornirt konfessionellen Sinne — er war der glorreiche Schwerthalter germanischer Freiheit gegenüber romanischer Verdummung und Tyrannei . . .

Der große Glückstag seines Lebens, der 3. September, an welchem er seine besten Schicksalshammerschläge gethan hatte, sollte auch des Mannes Todestag werden. Am 3. September von 1658 starb der Gewaltige und die Nachfolge seines Sohnes Richard im Protektorat ging scheinbar ganz ruhig und glatt von statten. In Wahrheit und Wirklichkeit aber begann schon am Tage nach Olivers Hingang die Agonie der Commonwealth. Sie ging zu Grunde und es folgte die schmachvolle Orgie der stuartischen Restauration, welche mit einem namenlosen, jedoch vollkommen ihrer würdigen Akt der Barbarei und Gemeinheit eingeweiht wurde. Man riß den halbverwes'ten Leichnam Cromwells, man riß die Gebeine seiner hochehrwürdigen Mutter und seiner geliebten Tochter Bridget aus ihren Gräbern, schleifte sie nach dem Richtplatz zu Tyburn und hing sie dort an den Galgen, — im Namen der Gerechtigkeit und des Königs.

Also lohnte England dem größten seiner Männer. Aber die Weltgeschichte hat den Namen Oliver Cromwells mit ewigleuchtenden Zügen in ihr Pantheon geschrieben und die Namen Karls des Zweiten und seiner Mitkujone für ewig an ihren Galgen genagelt.

Ein russisches Haus-, Hof- und Staatstrauerspiel.

1.

„Glücklich wie eine Prinzeß!"

„Quält mich doch nicht so mit den nutzlosen Arzeneien und laßt mich ruhig sterben, da ich nicht länger leben mag. Das Dasein liegt zu schwer auf mir!"

Die das sprach am 1. November 1715 im Czarenpalast von Moskau, war eine deutsche Prinzessin, Charlotte Christine von Braunschweig-Wolfenbüttel, und schwer fürwahr hatte das Dasein auf ihr gelegen und gelastet, seit jenem 25. Oktober 1711, wo sie zu Torgau dem Czarewitsch Alexei, des großen Peters erstgeborenem Sohn, angetraut worden war.

Damals, zu Anfang des achtzehnten Jahrhunderts, sind russische Heiraten noch nicht der höchste Ehrgeiz und heißeste Wunsch deutscher Fürstenhäuser gewesen. Man wußte in Mittel-, West- und Südeuropa noch wenig von Rußland. Was man aber erfuhr, war der Art, die Leute mit einem aus Verwunderung, Schrecken und Abscheu gemischten Gefühle auf ein Volk blicken zu machen, welches aus dem physischen und moralischen Morast asiatischer Barbarei herauszureißen das gewaltige Kraftgenie Peters des Ersten soeben unternommen und begonnen hatte. Er war allerdings in seiner Art ein großer, ein größter Mann, dieser Peter. Eine welthistorische Charakterfigur ersten Ranges, in seinem Walten und Thun als Herrscher ein tüchtiger Arbeiter am Werke menschheitlicher Civilisation, geradezu ein, nein, der russische Kulturheros, obzwar für seine Person sein Leben lang ein gräulicher Barbar, am hellen Tage und vor Aller Augen zügellosen Gelüsten und Leidenschaften fröhnend, deren Befriedigung selbst schamloseste Wüstlinge in Nacht und Einsamkeit zu bergen sich bemühen. Derselbe

Mann aber, welcher eine seiner Lüste darin suchte, und fand, allerhöchst eigenhändig den Knutenmeister und Kopfabhacker zu machen, hat mit genialischem Blicke die Zukunft Rußlands erschaut und mit riesenstarkem Arme geschaffen. Er drängte, stieß, peitschte sein Volk in die Großmachtssphäre; er pflanzte die Fahne russischer Eroberung an drei Meeren auf, an der Ostsee, am schwarzen und kaspischen Meere; er ließ den von ihm geschaffenen Koloß des Czarismus, den einen Fuß auf Europa, den andern auf Asien setzen, während des Riesen lange Arme unersättlich ausgriffen, da schwedische und polnische, dort türkische, persische und chinesische Provinzen raffend und einheimsend.

Und keineswegs war Peter nur ein asiatischer Eroberer nach der Weise der Timur und Nadir. Nein, er war auch ein europäischer Organisator und Civilisator. In diesem wundersam gebauten Menschen arbeitete, selbst während er sich im Pfuhl unmeldbarer Ausschweifungen wälzte, der ruhelose Gedanke, Etwas zu Wege zu zimmern und zurecht zu schmieden auf Erden, arbeitete ein rastloser

Schöpfungstrieb, eine frohlockende Kraft, die gewaltige Schulter an die Völkerlawine Rußland zu stemmen und sie vorwärts zu rollen auf der weltgeschichtlichen Bahn. Auch war vom Geiste seines Jahrhunderts ein Funke in dieses Mannes Seele gefallen. Dies erhellt nicht nur daraus, daß der Czar, „frei von allen Vorurtheilen" — wie ein zu jener Zeit häufig umgehendes Wort lautete — nicht anstand, die Bastardtochter einer esthnischen Leibeigenen, die gewesene Buhlmagd verschiedener russischer Korporale und Generale, welche nachmals, eine gekrönte Kaiserin, als Katharina die Erste über Rußland geherrscht hat, als seine Gemahlin neben sich auf den Thron zu setzen, weil sie seine Gedanken verstand und seine Entwürfe fördern half; sondern es erhellt auch noch deutlicher daraus, daß in diesem Kraftmenschen, in diesem Ungethüm von Wütherich und Tyrannen schon eine nicht minder starke Ader vom Staatsdienerbewußtsein pulsirte, als sie später in den zwei aufgeklärten Musterdespoten, in Friedrich dem Zweiten und Joseph dem Zweiten, sich regte. In Wahrheit, es war Etwas von echter Größe in der Art und Weise, wie Peter zu verschiedenen Malen es aussprach und bethätigte, daß ihm die Größe Rußlands unendlich viel mehr galt als die seines Hauses. Unter der Gehirndecke dieses Czarenschädels, wie weit immer sie gewölbt war, hatte ein so kleinlich Ding wie dynastische Selbstsucht dennoch keinen Platz.

Allein gesetzt auch, die Prinzessin Charlotte von Braunschweig hätte politischen Sinn und Ehrgeiz genug besessen, um das Loos, Peters des Großen Schwiegertochter und voraussichtlich dermaleinst Czarin aller Reußen zu werden, willkommen zu heißen, so mußten jungfräulicher Instinkt und gebildetes Frauengefühl doch schon sich angewidert fühlen von dem Gedanken, in ein Land zu gehen, wo die Barbarei der Sitten oder vielmehr Unsitten auch in den vornehmsten, höchsten und allerhöchsten Kreisen noch in voller und toller Wüstheit rumorte. Wahrscheinlich jedoch hatte die arme Charlotte gar keine Vorstellung, daß sie, das wohlerzogene, sittsame und feinfühlende deutsche Mädchen, an einen Hof versetzt werden solle, allwo weibliche Tugend und frauliche Würde schlechterdings unbekannte Dinge waren, wo ein jedes der Hof- und Ehrenfräulein des Morgens eine Kanne Branntwein erhielt, „um sich den Mund auszuspülen", weßhalb „sie auch den ganzen Tag über sehr guter Laune waren", sagt unser berichterstattender Augenzeuge; an einen Hof, wo der Soff in des gemeinen Wortes gemeinster Bedeutung Herren und Knechte, die Pfaffen inbegriffen, tagtäglich, Frauen und Mägde sehr häufig unter das Vieh erniedrigte und wo es bei großen czarischen Festen für einen Hauptspaß galt, auf der Tafel der Herren eine nackte Zwergin und auf der Tafel der Damen einen nackten Zwerg aus einer Pastete schlüpfen und auf dem Tische Grimassen schneiden zu sehen.

Und nun vollends der Bräutigam, welchem hingegeben zu werden die Prinzessin das „Glück" hatte! Alerei Petrowitsch war im Jahre 1690 dem Czaren von seiner ersten Frau geboren worden, von jener Awdotja (Eudoria) Lapuchin, welche Peter im Jahre 1698 verstieß und zwang, im Kloster Esustral als Nonne sich einkleiden zu lassen, was die

Verstoßene jedoch nicht hinderte, mit allerhand Weltlichem, unter Anderem auch mit ihrem Liebhaber Stephan Glebow, sich zu befassen. Denn Awdotja ist keineswegs der fleckenlose Tugendspiegel gewesen, zu welchem gemüthliche Poeten das Bild der Verstoßenen zugeschliffen haben. Sehr begreiflich zwar, daß sie den Czaren von ganzer Seele haßte; nicht weniger begreiflich aber auch, daß Peter die rastlosen Ränke und Zettelungen, welche die Ex-Czarin von Ssusdal aus spann, um das Werk seines Lebens, die Europäisirung und Machtentfaltung Rußlands, zu hindern, zu hemmen oder wieder zu zerstören, mit eisernem Fuße zertrat.

Der Knabe Alexei wurde der Erbe des mütterlichen Hasses gegen den Vater, der seinerseits in dem Kinde von früh auf eben auch nur oder wenigstens allzusehr bloß den Sprößling der verhaßten Awdotja gesehen zu haben scheint. Es war ein schlimmes Verhältniß von Anfang an. Die Erziehung des körperschwachen und geistesarmen, trägen, dabei frühzeitig auf den Abweg geschlechtlicher Sünden gerathenen Prinzen ist arg vernachlässigt worten. Die oberste Aufsicht darüber führte oder sollte führen der Emporkömmling und Günstling Mentschikow, welcher seine Sklavin Katharina an den Czaren abgetreten hatte. In dem Grade nun, in welchem diese immer bedeutender und mächtiger wurde, und ganz im Verhältniß zu der Raschheit und Entschiedenheit, womit sie dazu gelangte, von Peter erst zur Gossudarina, dann zu seiner rechtmäßigen Gemahlin erklärt zu werden — welche „Rechtmäßigkeit" übrigens niemals aktenmäßig hat festgestellt werden können — in demselben Grade und Verhältniß vernachlässigte Mentschikow seine Pflicht in Betreff des Czarewitsch und dieser fiel gerade in der gefährlichen Epoche des Uebergangs vom Knaben- zum Jünglingsalter Leuten von altrussischer Anschauung anheim, stupiden Popen und sonstigem Hofungeziefer der dümmsten und schlimmsten Sorte.

Dieses Gesinde stopfte die enge Gehirnhöhle des Prinzen mit orthodoxem Wust voll, bildete ihm ein, er sei berufen, dereinst die „gottlosen Neuerungen" seines Vaters zu nichte zu machen, das altgläubige

Czaren- und Russenthum der guten, alten, frommen Zeit wieder herzustellen und die Nachkommenschaft der Czarin Katharina auszutilgen. Selbstverständlich beeiferte das Ungeziefer sich auch, den Prinzen im Laster zu steifen und insbesondere seinen Hang zur Trunksucht zu stacheln, auf daß der also Herangezogene dereinst ein Czar wäre, wie ihn derartige treue Diener des Thrones und Altars wollten und wünschten. Den Augen Peters, obgleich sie unendlich viel Anderes zu überwachen hatten, konnte es nicht entgehen, daß in dem eigenen Sohn ihm ein Zerstörer seines Riesenwerkes heranwuchs. Wenn sein bitterer Unmuth über die körperliche und geistige Nullität Alexei's, über des Prinzen totalen Mangel an politischem Verständniß und kriegerischem Sinn, über dessen Trägheit und Verpfaffung zum Explodiren kam, wetterte er von Zeit zu Zeit in seiner wilden Weise darein, fuhr auch wohl mit Stock und Kantschu dazwischen, schien sich dann aber wieder Jahre lang gar nicht um den Sohn zu kümmern und verdarb natürlich mit sothaner Pädagogik vollends, was überhaupt noch zu verderben war.

Daß jedoch der Czar seiner väterlichen Pflicht keineswegs uneingedenk gewesen, beweist sein Versuch, den rohen und lüderlichen Jungen mittelst einer gebildeten, sittsamen und liebenswürdigen Frau zu bessern. Die arme Charlotte von Braunschweig wurde das Opfer dieses Experiments. Ihre Ehe mit dem Czarewitsch war vom Anfang an bis zuletzt nur ein Martyrium. Der bildungslose Schwachkopf Alerei haßte seine junge Frau schon darum, daß sie eine Lutheranerin war; denn man hatte die Prinzessin bei ihrem väterlichen Glauben gelassen, weil die Politik damals noch nicht das Wunder zu wirken wußte, deutsche Prinzessinnen im Handumdrehen von der lutherischen „Ketzerei" zur griechisch-katholischen Rechtgläubigkeit zu bekehren. Der Czarewitsch lebte auch nach seiner Verheiratung mit seiner Magd Affraßja, einer hörigen Finnin, und das mochte für seine Frau mehr eine Erleichterung als ein Leid sein. Denn das Zusammensein mit dem wüsten Trunkenbold war für Charlotte eine Qual. Der Elende soll auch, was sehr glaubhaft ist, die Arme gelegentlich mit Schlägen und Fußtritten mißhandelt haben. Sie gebar ihm eine Tochter, Natalia, im Juli 1714 und am 23. Oktober 1715 einen Sohn, den nachmaligen Czaren Peter den Zweiten, welcher seiner Stiefgroßmutter Katharina auf dem Throne folgte, aber nur als ein kurzathmiger Schemen über die russische Staatsbühne ging. Dann legte sich die Unglückliche hin, sagte noch: „Das Dasein liegt zu schwer auf mir!" und wurde von dem Allerbarmer und Allerlöser Tod zur Ruhe gebracht. Der Czar, welcher sich seiner Schwiegertochter stets rechtschaffen gegen den verwilderten Sohn angenommen hatte, war an ihrem Sterbebette gestanden und hatte der darum Flehenden versprochen, ihrer Kinder väterlich sich anzunehmen. Er traf auch persönlich die Anordnungen zum Leichenbegängniß, welches am 7. November mit feierlichem Gepränge stattgefunden hat.

Aber aus dem Grabe, in welchem dieses junge, so vorzeitig gebrochene Leben verschwunden war, ließ die Dichtung, welche es ja allzeit geliebt hat, über die herben Thatsachen der Geschichte mildernde Schatten zu breiten oder auch verklärende Lichter

hinzustreuen, ein wunderlich Sagengebilde heraus-
wachsen, an welches viele Menschen lange geglaubt
haben als an eine Wahrheit. Der Tod der armen
Charlotte — so lautete die Sage — sei nur ein
Scheintod gewesen und es sei statt ihrer ein Holz-
block begraben worden. Die Todtgeglaubte aber sei
von treuen Freunden und Freundinnen, unter welchen seltsamer Weise die berühmte Buhlkünst-
lerin Aurora von Königsmark eine vortretende
Stelle eingenommen, aus Rußland nach Paris und
von dort nach Louisiana in Amerika gerettet worden.
Da habe ihr ein ritterlicher Franzos, der Chevalier
d'Aubant, viele Freundschaftsdienste zu erweisen Gelegenheit gehabt und derselbe habe sich auch erboten,
die Prinzessin, welche sich ihm entdeckte, nach Ein-
treffen der Nachricht von dem Untergang und Tod
ihres Gemahls nach Rußland zurück zu geleiten.
Sie jedoch, nach dem Glanz und der Barbarei des
czarischen Hofes keineswegs sehnsüchtig zurückblickend,
zog es vor, zu bleiben, wo sie war, gab eine Weile
später der Werbung des wackern Chevalier Gehör,
reichte ihm ihre Hand und lebte lange Jahre mit

ihm in Glück und Zufriedenheit . . . . Man sieht,
die Poesie hat sich bemüht, das arme Opfer der
Politik für die am Ufer der Newa erduldeten Leiden
am Ufer des Missisippi zu entschädigen. Schade
nur, daß die Poesie in diesem Falle, wie in un=
zähligen anderen, nur ein schöner Traum war, die
Geschichte dagegen eine wüste Wirklichkeit!

2.

Vater und Sohn.

Es hat heiß in dem Czaren gekocht, während er
am schon genannten 7. November 1715 dem Sarge
welcher die erlöste Charlotte barg, zur Gruft nach=
schritt. Mit der Trauer um die todte Schwieger=
tochter rang der Zorn über den lebenden Sohn; aber
die weiche Stimmung war doch so vorwiegend, daß
keine der gewohnten peter'schen Vulkanserplosionen
stattfand. Er gab nur dem Bedürfnisse nach,
zwischen sich und dem Sohn einmal reine Bahn zu

schaffen, und so hat er sich unmittelbar nach der Bestattungsceremonie hingesetzt und an den Czarewitsch einen Brief geschrieben, worin da und dort ein nicht verhaltener Zorn grollt, im Ganzen aber aus den Vorwürfen, Ermahnungen und Warnungen des Herrschers die Stimme des Vaters deutlich heraustönt. Zu wahrhafter Ehre gereicht es dem Czaren, daß er seine Epistel mit den Worten beschloß: „Ich will noch einige Zeit warten, ob du dich nicht aufrichtig bessern werdest. Sollte dies aber nicht geschehen, so sei hiermit versichert, daß ich dich als ein brandiges Glied von der Nachfolge trenne. Denke nicht, daß ich Solches bloß zum Schrecken schreibe, und steife dich nicht darauf, daß ich ja keinen anderen Sohn habe. Es soll wahrlich, so Gott will, erfüllt werden! Da ich mein Leben für Vaterland und Volk nicht geschont habe und noch nicht schone, wie sollte ich dich als Unwürdigen schonen? Lieber ein würdiger Fremder als ein unwürdiger Eigener" — (soll, wollte der Czar sagen, mein Thronnachfolger sein).

Der Czarewitsch beantwortete diese Zuschrift noch

an demselben Tage, unter demüthigen Selbstanklagen
seinen Troß, dem Vater zu Willen zu sein, nur
schlecht oder gar nicht verbergend. „Wofern ich
nicht fähig sein sollte, die russische Krone zu tragen,
so möge mir geschehen nach deinem Willen. Ich
bitte dringend darum, indem ich mich zu solchen
Geschäften ungeschickt und untauglich fühle, auch
mein Gedächtniß fast hin ist und ich, an geistigen
und körperlichen Kräften durch mancherlei Krank-
heiten geschwächt, untüchtig bin, ein solches Volk zu
beherrschen, daß keinen so verfaulten Menschen verlangt, wie ich bin. Ich mache daher keine Ansprüche
auf die Thronfolge." Der Czar hatte guten Grund,
mit einer in diesem Tone gehaltenen Antwort des
Sohnes unzufrieden zu sein, und schrieb daher zurück,
er fürchte sehr, die „Bartleute" (die altrussisch Gesinnten) möchten, so er todt, den Czarewitsch leicht
dahin bringen, sein ganzes Werk wieder zu vernichten. Er sagte daher schließlich kategorisch: „Beßere
dich, bereite dich vor, ein würdiger Nachfolger zu
werden, oder aber geh' ins Kloster!"

Gerade an diesem Tage gebar Katharina dem

Czaren einen Sohn, welcher jedoch nur wenige Jahre am Leben blieb. Man thut der Czarin wohl kaum Unrecht, wenn man annimmt, daß sie von der Geburt dieses Prinzen an darauf hingearbeitet habe, demselben auf Kosten ihres Stiefsohns die Thronfolge zuzuwenden. Allein es ist mit Bestimmtheit zu behaupten, daß ihre derartigen Bemühungen ohne die Verkehrtheit und Verbohrtheit des Alerei fruchtlos gewesen sein würden. Denn der Czar war überhaupt über dynastische Engherzigkeit so erhaben, daß er zu derselben Zeit zu einem der fremden Gesandten an seinem Hofe sagte: „Man nennt es Grausamkeit, wenn ein Fürst, um sein Reich, das ihm lieber sein soll als alles Blut seiner Adern, zu erretten und zu erhalten, die Erbfolge der Blutsverwandtschaft ändert. Ich dagegen nenne es die größte aller Grausamkeiten, das Wohl des Staates dem bloßen Rechte einer herkömmlichen Erbfolge zu opfern."

Der Czarewitsch nahm die Geburt seines Stiefbruders zur Veranlassung, seinem Vater abermals zu erklären, daß er sich zur Thronnachfolge für untüchtig halte und demnach derselben entsage. Worauf

der Czar in einem Schreiben vom 19. Januar 1716:
„Ueber die Thronfolge habe ich allein zu entscheiden.
Aber warum gehst du nicht in dich? Bessere dich und
werde thätig und tüchtig! In Nichts stehst du meinen
Bemühungen und Sorgen bei. Statt dessen verleum-
dest und verfluchst du Alles, was ich aus Liebe zu
meinen Unterthanen Gutes gestiftet, und ich habe
große Ursache, zu glauben, daß du, so du mich überlebst,
Alles wieder über den Haufen werfen werdest. Ich
darf dich fürder nicht so nach deinem Gefallen hin-
leben lassen, als ob du weder Fisch noch Fleisch
wärest. Bemühe dich entweder, der Thronfolge wür-
dig zu werden, oder geh' in ein Kloster."... Jeder
unbefangene Urtheiler wird zugeben müssen, daß
Peter bislang gegenüber dem Czarewitsch ganz ver-
ständig und pflichtmäßig gehandelt habe. Er gab
den widerspenstigen Sohn auch jetzt noch nicht auf;
aber Alerei rannte thöricht und blind in sein Verderben.

Im Begriffe, zur Badekur nach Pyrmont und
von da zur Betreibung des schwedischen Krieges nach
Kopenhagen zu gehen (1716), wollte der Czar den

Czarewitsch noch besuchen, um ihm persönlich Ermahnungen zu geben; allein Alerei stellte sich krank, um den Vater nicht sehen zu müssen. Kaum war dieser abgereist, so stand der Czarewitsch von seinem angeblichen Krankenlager auf und wohnte einem Zechgelage im altrussischen Styl an. Im August des genannten Jahres schrieb der Czar noch einmal mahnend und warnend an den Sohn. Er wolle ihm sechs Monate Bedenkzeit geben, um den Entschluß einer anderen Lebensführung zu fassen. In dem bisherigen Geleise der Aftergläubigkeit, Unwissenheit und Faulheit dürfe er sich nicht fortschleppen. So er dereinst den Thron besteigen wollte, müßte er dem Vater einen thatsächlichen Beweis der Sinnesänderung geben, und es bestände dieser darin, daß Alerei sich sofort aufmachte und zum Heere käme.

In der That, der Czarewitsch machte sofort sich auf, aber nicht ins Feldlager, sondern ins Weite. Des Vaters Rath und Wunsch war ihm Nichts. Er hörte auf Rathgeber wie Alexander Kikin und Nikiphon Wäsemski, welche der Hoffnung lebten, sie würden sich eines Tages des Czaren Alerei als eines leicht handlichen Werkzeuges bedienen können, um das Bartrussenthum und die Bojarenbarbarei wieder herzustellen im heiligen Rußland. Sie riethen dem Bethörten Schlimmstes.

3.

Flucht und Rückkehr.

In welche Wuth der Czar ausbarst, als ihm aus St. Petersburg die Kunde zuging, der Czarewitsch sei mit seiner Konkubine Affraßja geheimnißvoll aus der Hauptstadt verschwunden, kann man sich unschwer vorstellen. Oder vielmehr, besser gesagt, nur sehr schwer. Denn wir gebildeten Leute der zweiten Hälfte des neunzehnten Jahrhunderts haben sicherlich Mühe, uns so eine echt peter'sche Grimm- und Grollentladung dieses Ungethüms von Kraftmenschen zu veraugenscheinlichen. In jener Stunde, als der Kurier aus Petersburg anlangte, hat sich im Zelt oder Kabinett des Czaren gewiß ein furchtbares Donnerwetter mit Gebrüll und Flüchen, Stockschlägen und Fußtritten entladen. In solchen Augenblicken superlativischen Zorns war der große Czar nur noch eine rasende Bestie, die den Erdball, so sie es vermocht hätte, wüthend in Stücke gestampft haben würde.

Es ist mit Grund zu vermuthen, daß seine Günstlinge dem Czarewitsch eingebildet hatten, der Czar habe ihn blos deßhalb zu sich ins Feldlager berufen, um sich mittelst einer feindlichen oder auch wohl mittelst einer absichtlich irregehenden russischen Kugel seiner zu entledigen, damit die Thronfolge dem Sprößlinge Katharina's zugewendet werden könnte. Daß der einfältige Prinz einer solchen Einflüsterung Glauben schenkte, war ganz in der Ordnung, und da er eben so feig als albern, läßt sich seine Flucht leicht begreifen. Wir haben aber gesehen, daß Peter der Mann war und offen erklärte, der Mann zu sein, welcher das Recht habe und sich des Rechtes bewußt sei, über die Nachfolge im Reich souverain zu verfügen. Er hat auch nachher gezeigt, daß er der Mann, Angesichts aller Welt, das „brandige Glied," so es nöthig, abzuhauen, und darum ist es nur thörichter Schwatz und Klatsch gewesen, wenn man nach Art der Kikin und Konsorten dem Czaren meuchelmörderische Absichten gegen den Sohn unterschieben wollte. Es ist wahr, im Dienst und Bann der großen Idee, für welche er lebte, hat Peter, wenn diese Idee, die Größe Rußlands, es forderte oder zu fordern schien, nie gezaudert, zu tödten, nach Umständen Einzelne oder auch ganze Massen; aber ihn zum Meuchler stempeln zu wollen, heißt dem Unhold von großem Czaren Unrecht anthun.

Der Czarewitsch war mit seiner Affraßja — die den Unglücklichen nachmals verrieth, vorgebend, sie sei zum „commerce d'amour" mit ihm stets nur durch Androhung des Todes gezwungen worden — über Königsberg nach Wien entflohen. Dem letzten Habsburger, dem vorsichtigen Kaiser Karl dem Sechsten, kam der moskowitische Gast nicht sehr gelegen. Indessen weigerte er demselben das erbetene Asyl nicht und wies dem Flüchtling, welcher selbstverständlich in Verborgenheit zu leben wünschte, zuerst das Schloß Ehrenberg in Tirol und dann das Kastell San Elmo in Neapel zum Aufenthalt an. Aber schon waren die Verfolger, welche der Czar ausgesandt hatte, der Diplomat Peter Tolstoi und der Gardehauptmann Alerei Romanzow, auf der Fährte des Prinzen. Sie spürten seinen Zufluchtsort auf und der letzte Habsburger war keineswegs der Mann, welcher nöthigenfalls einen Bruch mit dem wüthenden Czaren riskirt hätte, um die Heiligkeit des Gastrechts unverletzt zu erhalten. Tolstoi und Romanzow sollten, so bestimmte Kaiser Karl, versuchen dürfen, den flüchtigen Prinzen zur Heimkehr zu bewegen.

Die Beiden erhielten demnach Zutritt in San Elmo und überbrachten dem Czarewitsch einen vom 10. Juli 1717 datirten Brief seines Vaters, worin dieser dem Sohne Verzeihung zusicherte, falls er zurückkehren und sich gehorsam erweisen würde. Sein ferneres Schicksal würde ganz von ihm selber, von seiner Führung und seinem Gebaren abhängen. Alerei, der sich in Folge seiner Unwissenheit, Unbehülflichkeit und Trägheit in der Fremde ganz unbehaglich und unglücklich fühlen mochte und mußte, schrieb am 15. Oktober an den Czaren, daß er die angebotene Verzeihung dankbar annähme und unzögerlich heimkehren würde.

So geschah es in der That, und am 3. Februar 1718 langte der Czarewitsch, von Tolstoi und Romanzow begleitet, d. h. bewacht, in Moskau an. Allein hier hatten sich inzwischen mancherlei Fäden zu dem Gewebe der großen russischen Haus-, Hof- und Staatstragödie durch einandergeschlungen, deren Held Peter und deren Opfer Alexei war. Die Flucht des Sohnes und was damit zusammenhing, hatte dem Czaren die traurige Ueberzeugung beigebracht, daß Alexei nicht zur Regierung gelangen dürfte, falls nicht Peters Schöpfung wieder zu Grunde gehen sollte. Und das sollte sie nicht. Der Entschluß des Czaren war unwiderruflich gefaßt: der Czarewitsch mußte von der Thronfolge ausgeschlossen werden.

4.

Die Entsagung.

Am Morgen des 4. Februar 1718 ging im Kreml, dem alten Nationalheiligthum Rußlands, allwo vierundneunzig Jahre später der Glück- und Glanzstern Napoleons in Brandrauchwolken versank, eine Haupt- und Staatsaktion vor sich.

Im Innern des bunten Durcheinanders von Palästen, Tempeln, Arsenalen, Hallen und Höfen stand die preobraschenskische Garde unter den Waffen. Andere Regimenter hielten die Umgebungen und Zugänge der weiten Czarenburg besetzt. Die höchsten Würdenträger des Reiches, Senatoren, Prälaten, Generale und Admirale waren im Konferenzsale versammelt. Umgeben von einer Wolke von Hofbeamten, erschien der Czar. Die Flügelthüren des Prunkaudienzsales sprangen auf. Peter schritt, von der ganzen Versammlung gefolgt, hinein und setzte sich auf den Thron. Es verdient Erwähnung, daß in dem glänzenden Kreise von Reichsmagnaten, welcher ihn umgab, auch eine Abordnung der Bürgerschaft von Moskau in ihren langen, dunkeln Röcken Platz gefunden hatte.

Auf einen Wink des Herrschers trat der Czarewitsch ein, gefolgt von Peter Tolstoi. Der Prinz ging zum Throne, kniete auf die Stufen desselben nieder und überreichte seinem Vater ein Papier, dessen Inhalt der Czar durch einen Staatsschreiber vor der Versammlung verlesen ließ. Es enthielt das Bekenntniß der Verfehlungen Alerei's und dessen Bitte um Gnade.

Der Czar, auf dessen Stirn eine schwere Zornwolke lag, entlud seinen Kummer und Groll in einer langen Strafrede, deren Schluß der Ausruf bildete, daß die Verschuldungen eines so unkindlichen Sohnes eigentlich von Rechtswegen durch die Todesstrafe gesühnt werden müßten.

Der Czarewitsch warf sich dem Vater zu Füßen. „Ich flehe um keine andere Gnade als nur um das Leben!"

„Das sei dir gesichert. Aber es ist nothwendig

und es ist mein unabänderlicher Wille, daß du dem Throne entsagest. Willst du?"

„Ja."

„So sei es, und ich weise dir von heute ab ein Jahreseinkommen von vierzigtausend Rubeln an."

Dies gesprochen, erhob sich der Czar und begab sich an der Spitze der ganzen Versammlung in feierlicher Prozession nach der uspenskischen Kirche. Hier mußte der Czarewitsch die geschehene Verzichtleistung mit einem Eidschwur bekräftigen und wurde hierüber eine Urkunde aufgesetzt, welche die sämmtlichen zur Versammlung Geladenen mit unterfertigten.

5.

Das Strafgericht.

Was bis dahin der Czar in dieser Sache gethan hatte, mag und muß sogar ein unbefangenes Urtheil vom Gesichtspunkt begründeter Sorge um das Staatswohl aus begreiflich und gerechtfertigt finden. Nun aber nahm die mißliche Angelegenheit eine Wendung, vor welcher europäische Nerven zurückbeben, weil diese Wendung alle Gräuel asiatischer Despotie mit sich brachte.

Es untersteht wohl keinem Zweifel, daß während der Fluchtreise des Czarewitsch schlimme Zettelungen den Czaren umsponnen hatten, Zettelungen, welche darauf hinausliefen, den unglücklichen Prinzen nicht allein um die Thronfolge, sondern auch um das Leben zu bringen. Der Mittelpunkt dieses Ränkespiels, dessen Betreiber sehr geschickt auf die wilde Leidenschaftlichkeit Peters spekulirten, ist sicherlich die Czarin Katharina gewesen, obzwar ihre direkt persönliche Betheiligung an dem gräßlichen Spiele nicht mit völliger Sicherheit aufgedeckt werden kann. Es handelte sich darum, auch nach dem Tode des Czaren Rußland auf der Bahn, auf welche es Peter geworfen hatte, festzuhalten; denn nur in diesem Falle sahen alle die Werkzeuge und Günstlinge des Czaren, Katharina voran, ihre Zukunft gesichert. So lange aber der legitime Thronnachfolger lebte, war der dereinstige Wiederhereinbruch des

Altruſſenthums und ſomit ein über alle Förderer und Anhänger von Peters Reformwerk ergehendes Rachegericht nicht nur eine Möglichkeit, ſondern eine Wahrſcheinlichkeit, ja ſogar eine Gewißheit. Demgemäß miſchten die, welche ſchon um ihrer eigenen künftigen Sicherheit willen den Czarewitſch gänzlich beſeitigen und der Katharina die Thronfolge zuwenden wollten, die Karten, von welchen ſie dem Czaren eben nur ſolche ſehen ließen, die er ihren Abſichten gemäß ſehen ſollte. Das ganze Spiel hat er nicht durchſchaut oder wenigſtens erſt dann, als es zu ſpät war. Denn es muß ihm zugeſtanden werden, daß er es mit der gewährten Begnadigung des Sohnes ernſtlich gemeint hatte. Aber umgarnt, wie er war, ließ er ſich von den Ränkelern weiter und weiter fortziehen und ſeine zügelloſen Leidenſchaften thaten das Uebrige.

Der Hauptkartenmiſcher ſcheint Allem nach der Senator und Staatsrath Tolſtoi geweſen zu ſein. Auch ein Fürſt Dolgoruki tritt unter den Regiſſeuren des Trauerſpiels zeitweilig in den Vordergrund und zwar zweideutig genug. Er ſoll dem Czarewitſch aus Auftrag des Czaren zugeredet haben, die Mönchskutte zu nehmen, aber mit dem Beifügen: „Sie brauchen sich darob keine grauen Haare wachsen zu lassen. Nach dem Tode Ihres Vaters verlassen Sie das Kloster wieder und besteigen den Thron." Für die Hände solcher Intrikenkünstler mußte der Körper- und Geistesschwächling Alerei ein leicht herzurichtendes Opfer sein. Dieses eine Opfer genügte aber der neurussisch-katharinischen Partei nicht, es galt vielmehr, mit dem Schlage, womit der unbequeme Czarewitsch getroffen werden sollte, zugleich auch die altrussische Partei, wenigstens in ihren Spitzen, niederzuschmettern und wegzusäubern.

Noch am Tage der Haupt- und Staatsaktion vom 4. Februar wurde der Prinz einem Verhör unterzogen, damit seine Mitschuldigen, d. h. alle diejenigen, welche ihn zu seinen Verkehrtheiten ermuntert und angeleitet hätten, bekannt würden. Wir müssen annehmen, daß sich der geängstigte, arg in die Enge getriebene Unglückliche Aussagen entpressen ließ, wie man sie wünschte; Aussagen, welche für eine Menge von Personen sehr beschwerend waren. Daß Alerei schon jetzt mittels der Knute oder sonstiger Qualwerkzeuge gefoltert worden, ist unerwiesen und auch unwahrscheinlich. Seine Angst war wohl eine ausreichende Folter, der Kern seiner Geständnisse aber dieser, daß ihm von Seite der alt= russischen Partei der Rath zugekommen sei, sich zu verstellen, Alles stillschweigend geschehen zu lassen, nöthigenfalls auch in ein Kloster zu gehen, aber nach dem Tode des Vaters die Maske abzuthun und die altmoskowitische Herrlichkeit wieder aufzu= richten.

Daraufhin wurden in Moskau allein siebenzig Verhaftungen vorgenommen und Fahndungsbefehle gingen in alle Theile des Reiches, so daß die Proze= dur rasch ganz monströse Verhältnisse annahm. An die Klosterpforte von Susdal klopften ebenfalls Haftboten: die verstoßene Czarin Awdotja wurde als Gefangene nach Moskau abgeführt. Auch des Cza= ren ränkesüchtige Schwester Maria wurde verhaftet, sowie die Fürstin Galizyn, eine abgefeimte Kreatur, welche ihre alten Tage zwischen Ausschweifungen und Verschwörungsversuchen theilte. Hinter den verschworenen Frauen stand als Antreiber ein Pfaffe, der Erzbischof Dosithei von Rostow, — was ganz in der Ordnung; denn wo und wann hätten in lichtscheuen Geschäften die „Diener des Herrn" nicht mitagirt? Czar Peter war freilich der Mann, auch sothane Diener des Herrn sehr nachdrucksam bei ihren höchst ehrwürdigen Bärten zu packen. Nicht als Mann aber, sondern als Unmensch und rechter Gräuelpeter erwies er sich, als er seiner Wuth so sehr Zaum und Zügel schießen ließ, daß er nicht nur der alten Galizyn, sondern auch der Mutter seines Sohnes, der verstoßenen Awdotja, eigenhändig die Knute gab. Allerdings war die Er-Czarin schwer kompromittirt, wenigstens in den Augen des Czaren wirklich und schwer kompromittirt. Unter ihren Papieren hatte man nämlich die Beweise ihrer unlauteren Vertraulichkeit mit Stephan Glebow aufgefunden, sowie einen förmlichen Plan, den Czaren vom Throne zu stoßen. Waren aber diese Dokumente echt? Oder waren sie von der Sorte, wie sie auch zu unseren Zeiten in verschiedenen Ländern aus gesellschaftsretterlichen Fabriken hervorgegangen sind?

Dame Historia muß mit verlegenem Augennieder=
schlag der Wahrheit gemäß eingestehen, daß sie bis
zur Stunde außer Standes sei, die eine oder die andere dieser Fragen mit Bestimmtheit zu bejahen oder
zu verneinen.

Das Blut begann zu strömen. Schon am 25.
März 1718 wurde über Dosithei, Kikin, Wäsemski
und Glebow das Todesurtheil gefällt. Die drei
Ersteren wurden gerädert, der Letzte asiatisch-barba-
risch gepfählt. Glebow ist wie ein Held gestorben.
Die raffinirteste Folterpein hatte ihn nicht dazu
bringen können, gegen die Czarin Awdotja zu zeugen,
und selbst auf dem schrecklichen Pfahle behauptete er
bis zum letzten Athemzug seine Standhaftigkeit.
Dieser muß es gedankt werden, daß gegen Awdotja
nicht weiter verfahren werden konnte. Im Uebrigen
aber war das Unheil einmal im Schwung und Zug
und mußte seinen Fortgang haben. Nachdem noch
in Moskau eine große Anzahl von Beschuldigten,
darunter an fünfzig Popen und Mönche, hingerich=
tet worden, befahl der Czar, daß die Fortführung
der Prozedur in St. Petersburg statthaben sollte,

wohin er selber ging und wohin er auch den gefangenen Czarewitsch bringen ließ.

Zum Unheil für Alerei kehrte die Finnin Affraßja, welche er ins Ausland mitgenommen hatte, gerade jetzt von dort zurück, und sei es, daß sie wirklich nur gezwungen mit dem Prinzen gelebt hatte und ihm deshalb Haß trug, sei es, was wahrscheinlicher, daß Alerei's Feinde in ihr ein förderndes Werkzeug erkannten und zu gewinnen wußten: genug, dieses Weib, welches der unglückliche Czarewitsch wirklich geliebt hat — denn er bat nach seiner Verurtheilung seine Wächter weinend, sie möchten ihm die Erlaubniß auswirken, Affraßja nur noch einmal zu umarmen — dieses Weib ward an ihm zur Verrätherin und Anklägerin. Sie gab an, der Prinz habe allezeit den entschiedensten Widerwillen gegen das ganze Wesen und Walten seines Vaters gehegt und geäußert. Er habe kein Hehl daraus gemacht, daß er dereinst, sofort nach seiner Thronbesteigung, dem peter'schen System sein Ende bereiten würde, und er habe mit der altrussischen Partei in engen Beziehungen gestanden, mit der Partei, welche ge=

plant, daß nach Peters Tode seine Haupthelfer und Günstlinge, wie Mentschikow, Jaguschinsky, Scheremetew, Schafsirow und Andere, gespießt und sämmtliche Deutsche im Reiche niedergehauen werden sollten. Dann wollte man Petersburg zerstören, das stehende Heer auflösen und im Kreml zu Moskau unter Czar Alerei auf gut Altmoskowitisch residiren und regieren.

Niemand hat in des Czaren Seele geblickt und uns gesagt, was Alles in derselben durcheinander und übereinander wogte und wallte, als er erkennen mußte oder erkennen zu müssen glaubte, daß er zwischen dem Sohn und der Zukunft Rußlands zu wählen habe. Ueber das Vatergefühl hinauszukommen gehört ohne Frage zu dem Schwersten, was einem Menschen auferlegt werden kann, und Nichts berechtigt uns, anzunehmen, daß dieses Schwere und Schwerste zu vollbringen dem großen Czaren nicht harten Kampf und bitteres Leid gekostet habe. Den Kampf zu enden mag dann die weitere Anklage, daß die um den Czarewitsch her thätigen, obzwar bislang nur mit Worten thätigen Umtriebler auch im Sinne gehabt, ihr Reaktionswerk dadurch zu beschleunigen, daß sie dem Czaren nach dem Leben trachteten, bedeutend mitgewirkt haben. Peter war jetzt entschlossen, zum Aeußersten zu schreiten.

Am 6. Juni berief er eine Versammlung von zwanzig Prälaten und einhundertvierundzwanzig hohen Staatsbeamten. Jene sollten begutachten, ob es auf Grund der Bibel zulässig, den Czarewitsch zu strafen; diese sollten sich als Tribunal konstituiren, um den Prinzen und seine Mitschuldigen zu richten. Die Priester sagten nicht Ja und nicht Nein, sondern wickelten salbungsvoll ihr Gutachten, das weder warm noch kalt, in ein Konvolut von Bibelstellen, aus welchen der Czar entnehmen konnte, was ihm beliebte. Der Gerichtshof konstituirte sich; allein seine Zusammensetzung war so, daß das ganze Verfahren nur eine düstere Komödie sein konnte. Die Richter nannten sich selbst die Sklaven des Czaren und sie sind in Wahrheit Nichts gewesen als Ja sagende Marionetten an den Drähten, welche die Matadore der katharinischen Partei in Händen hielten. Es war ein politischer Parteiprozeß und die

Besiegten wurden von den Siegern gerichtet, damit ist Alles gesagt.

Wir besitzen keine völlig verläßliche Berichterstattung weder über die Einzelnheiten der Prozedur noch über die der Katastrophe, welche dieselbe beschloß. Die vorhandenen Relationen widersprechen sich, sogar in Hauptsachen. Die Trübheit vollends der offiziellen Quellen ist ganz augenscheinlich, wie ja das in solchen Fällen naturgemäß. Aber auch in den nicht offiziell-russischen, in den Berichten, welche die auswärtigen Gesandten an ihre Höfe abstatteten, ist Alles voll Dunkel, Verworrenheit und Widerspruch. So wußte der sächsische Geschäftsträger zu berichten, Alerei habe sich vor seinen Richtern keineswegs als Schwächling und Feigling benommen, sondern sei vielmehr sehr mannhaft und kühn aufgetreten, seinem Vater ins Angesicht trotzend. „Er wisse sehr wohl", habe er geäußert, „daß der Czar ihn nicht liebe, und deshalb hätte auch er sich von der Liebespflicht, welche gegenseitig sein müsse, entbunden geglaubt. Er hätte es also für kein Unrecht gehalten, seinen Haß gegen die Neuerungen und gegen die

Günstlinge seines Vaters kundzugeben, unter deren Druck das gequälte russische Volk seufze." Das stimmt nun aber gar nicht mit dem ganzen Wesen und Gebaren des Prinzen. Wahr mag sein, daß er, das Wenige, was von Kraft noch in ihm war, zusammenraffend, anfänglich versuchte, seinen Richtern stolz gegenüber zu treten; aber nicht minder wahr mag sein, daß er, wie der preußische Gesandte Mardefeld (?) heimschrieb, zuletzt zu Allem sich bekannte, was er wußte, und wohl auch zu Solchem was er nicht wußte. Daraufhin habe der Gerichtshof über den Unglücklichen das Todesurtheil gesprochen und dieses wurde ihm am 7. Juli 1718 in feierlicher Sitzung des Senats kundgemacht. Die Verkündigung des Todesspruchs am genannten Tage steht unzweifelhaft fest.

Nun aber läßt sich ein österreichischer Berichterstatter aus Petersburg vernehmen, der von einem Eingeständniß und Sündenbekenntniß des Czarewitsch Nichts, dagegen folgendes Schreckliche zu melden weiß: „Die Todessentenz konnte vermöge der russischen Gesetze nicht zur Erekution gebracht werden, bevor der Prinz durch sein eigenes Geständniß seines Verbrechens überzeuget worden wäre, und weil er Alles leugnete und sich Niemand wollte finden lassen, der die Hand an seinen Kronprinzen, um solchen zu torquiren, hätte legen wollen, so nahm der Czar solches Amt selbsten über sich. Da er aber dieses Amt noch nicht so meisterlich als der ordinäre Büttelknecht verstehen mochte, versetzte er seinem Sohn mit der Knutenpeitsche einen solchen unglücklichen Streich, daß Alerei gleich sprachlos zur Erde sank und die anwesenden Ministri nicht anders meinten, als daß der Prinz sogleich verscheiden würde. Der Vater hörete zwar auf zu schlagen, ließ aber im Weggehen diese häßlichen Worte verlauten: „Der Teufel wird ihn noch nicht holen!"

Falls diese Scene geschichtlich-wahr, so würde sie uns den Czaren als einen Wilden, als einen rasenden Barbaren und vollendeten Tyrannen vorführen. Und unmöglich ist der Gräuel keineswegs; erinnern wir uns, daß Peter auch seine rechtmäßige Frau Awdotja allerhöchsteigenhändig geknutet hat. Der Jähzorn dieses Mannes hat häufig genug

seine menschlichen Züge in's Bestialische verzerrt. Mag er aber auch von der Beschuldigung, des Sohnes Knutung selber vollzogen zu
haben, vielleicht freizusprechen sein: daß der Prinz
nach über ihn gefällten Todesspruch wirklich noch
"torquirt", d. h. geknutet wurde, ist nicht zu bestreiten. Der bis zur Raserei erhitzte Argwohn des
Czaren war mit den erlangten Resultaten der Prozedur nicht zufrieden und es sollten dem unglücklichen Alerei noch mehr Geständnisse, noch mehr
Namen von Mitschuldigen entrissen, d. h. entknutet
werden.

Am Abend des 8. Juli, also einen Tag nach
Fällung des Todesurtheils, verstarb der Czarewitsch
an einem — Schlagfluß, der ja, wie weltbekannt,
in russischen Czarenpalästen als ein gar häufig an-
gerufener und allzeit dienstgefälliger Nothhelfer zu
erscheinen pflegt. Die amtliche Hofchronik läßt
dem Tode des Prinzen noch eine rührende Scene
vollständiger Aussöhnung mit seinem Vater voran-
gehen, wie das ja einer wohlbeflissenen Hof-
historiographie Pflicht und Schuldigkeit. Die nicht-

amtlichen Berichte über Alexei's Tod geben von dem „Schlagfluß" verschiedene Definitionen. Eine derselben sagt aus, ein Schlagfluß habe allerdings stattgehabt, aber in Folge eines von dem Apotheker Bär bereiteten und dem Prinzen gewaltsam eingenöthigten Gifttranks. Eine zweite will, der Schlagfluß sei eigentlich ein Beil gewesen, das Beil, womit der General Adam Weide auf Befehl und im Beisein des Czaren dem Czarewitsch im Gefängniß heimlich den Kopf abgeschlagen habe. Eine dritte vergräßlicht das Gräßliche, indem sie das Richtbeil dem Vater des damit Gerichteten in die eigenen Hände legt.

Es ist aber zur Ehre der menschlichen Natur und zur Steuer geschichtlicher Wahrheit zu sagen, daß eine heimliche Hinrichtung des Prinzen gar nicht stattgefunden hat und daß eine öffentliche — welche zu veranstalten Peter, der ja den Sohn auch öffentlich hatte richten und verurtheilen lassen, nicht sich gescheut haben würde — nicht stattzufinden brauchte, weil Alexei, schon durch den über ihn ergangenen Todesspruch furchtbar erschüttert, an der am 8. Juli drei Mal an ihm vollzogenen Knutungstortur gestorben ist. Mit diesem Ergebniß einer vorsichtigen Ausschöpfung aller zugänglichen Quellen stimmt auch die Ansicht solcher Russen überein, welche, wie z. B. der Fürst Peter Dolgorukow, von der nichtoffiziellen, d. h. wirklichen Geschichte ihres Landes am meisten wissen.

6.

„O Absalom! Mein Sohn Absalom!"

Schon am 9. Juli war der Leichnam des Czarewitsch in der Dreifaltigkeitskirche öffentlich ausgestellt. Zwei Tage darauf ging mit gebührendem Pomp die Bestattung vor sich. Der Czar wohnte als erster Leidtragender der Ceremonie an. Die gehaltene Grabrede hatte zum Text die Stelle aus dem zweiten Buche Samuels: „Da ward der König David traurig und ging hinauf in den Sal über dem Thore und weinete und sprach im Gehen: „O Absalom! mein Sohn Absalom, wäre ich doch statt deiner gestorben!" Als diese Worte verlesen wurden, brach der Czar in Schluchzen aus und sein Antlitz schwamm in Thränen.

Wer wird den Muth, wer wird die Frechheit haben, diese Thränen erheuchelte zu schelten? Der Orkan hatte ausgetobt, das Gewitter sich entladen und aus dem in Berserkerwuth rasenden Czaren war ein armer, schwacher, leidender Mensch geworden, dem sich wie ein glühendes Eisen das Gefühl in die Seele bohrte: Der dem Verderben Geweihte war **doch** dein Kind, war **doch** Blut von deinem Blute und Fleisch von deinem Fleische! .... Es gibt Ewig-Menschliches, an welchem, als an einem Felsen von Diamant alle scheinbaren nicht nur, sondern auch alle wirklichen Gründe und Nöthigungen der „Staatsraison" wie Glas zersplittern.

Fast sollte man meinen, Peter habe seinen Vaterschmerz in Blut ertränken wollen. Denn auch nach dem Tode des Czarewitsch ging das Strafgericht fort. Als Mitschuldige Alexei's wurden enthauptet sein Haushofmeister Iwan Affanaßjew, ferner Fedor Dubrowski, Jakow Pustinoi und Abraham Lapuchin, der Bruder Awdotja's. Der Fürst Scherbatow erhielt die Knute und wurden ihm Nase und Zunge ab- und ausgeschnitten. Andere Verurtheilte gingen in die Verbannung. Nie hat Peter zugestanden, daß er dem Sohn Unrecht gethan. Noch im Jahre 1722 sprach er in einem öffentlichen Erlasse von „der absalomischen Bosheit seines Sohnes Alexei". In demselben Edikt that er in Beziehung auf die Thronnachfolge die sehr richtige Aeußerung: „Das Erstgeburtsrecht ist eine absurde Gewohnheit." Seinem Enkel Peter war er zugethan; aber er wagte nicht recht, diese Zuneigung sehen zu lassen, sei es nun aus Besorgniß für das Kind, sei es aus Besorgniß für sich selber.

Denn die letzten Jahre des gewaltigen Mannes waren durch finsteres und nicht grundloses Mißtrauen gegen die Menschen verdüstert, auf welche er sich doch hauptsächlich stützen und verlassen mußte, gegen Katharina und ihren Anhang. Zwar ließ er im Mai 1724 Katharina feierlich in Moskau als Czarin krönen; allein er argwohnte doch, und zwar nicht ohne Grund, daß die also von der niedersten Sprosse der sozialen Leiter durch ihn zur höchsten Erhobene ihm nicht einmal als Frau getreu sei. Freilich, seine eigene brutale und unzählige Male wiederholte Untreue konnte die ihrige wohl herausfordern und, seltsam zu sagen, der grimme Czar scheint zuletzt die ehemalige Leibeigene ordentlich gefürchtet oder wenigstens für ganz unentbehrlich gehalten zu haben. Sonst ließe sich sein Verhalten und Verfahren in der mons'schen Sache kaum erklären.

Das war auch wieder so eine echtrussische Hof- und Staatsaktion von damals. Es ging ein sehr hörbares Geraune und Gezischel um, daß Herr Mons de la Croix, erster Kammerherr Katharina's, seiner Herrin etwas näher gekommen sei, als der Respekt vor einer gekrönten Czarin gestattete, und seine Schwester, die verwittwete Generalin von Balk, sei die Gelegenheitsmacherin. Peter soll dann seine Frau mit Herrn Mons Nachts in einer Laube überrascht und die Czarin auf der Stelle abgestraft,

d. h. tüchtig durchgeprügelt haben. Wahrscheinlicher ist, daß er, wie erzählt wird, als Katharina, die natürlich Alles leugnete, für Mons und dessen Schwester eine Fürbitte einlegte, die Czarin vor einen prachtvollen venetianischen Spiegel führte und bedeutsam sagte: „Sieh, das war früher nur ein verächtlicher Stoff. Das Feuer hat ihn veredelt und jetzt ist er ein Schmuck des Palastes; aber ein Schlag meiner Hand kann ihn seinem ursprünglichen Zustande wieder nahe bringen." Damit zerschlug er den Spiegel. Aber Katharina sagte gefaßt und ruhig: „War diese Zerstörung eine Ihrer würdige That und ist Ihr Palast dadurch schöner geworden?" Der Kammerherr und seine Schwester wurden verhaftet und „wegen Bestechlichkeit und Veruntreuung czarischer Gelder" prozessirt. Die Generalin erhielt die Knute und wurde nach Tobolsk verbannt, Mons aber ward enthauptet und sein Leichnam auf's Rad geflochten. Etliche Tage nach der Hinrichtung sei der Czar mit der Czarin absichtlich dicht am Hochgerichte vorübergefahren. Katharina habe die grausen Ueberreste des hingerichteten

Lieblings angesehen und mit vollkommener Selbstbeherrschung gesagt: „Es ist doch ein Jammer, daß unter den Hofleuten so viele Bestechlichkeit herrscht!"

Sie hatte nach dieser schrecklichen Probe nicht mehr lange zu warten, bis sie regierende Czarin und Selbstherrscherin wurde. Am 8. Februar 1725 starb der große Czar und zwar, wie nicht vertuscht werden soll, in Folge seiner unbezähmbaren Sinnlichkeit eines sehr unsauberen Todes.... Karl Immermann, der einzige Dichter, welcher dem Manne poetisch gerecht zu werden verstand, weil er denselben (in seiner Trilogie „Alexis") mit shakespeare'schem Maßstab zu messen wußte, hat der Bitterkeit, welche Peters letzte Tage und Stunden erfüllte, kräftigen Ausdruck verliehen, indem er dem Sterbenden die Worte in den Mund legte:

„Nicht sterben können! Endige! Schon klingt Geräusch
Arbeitenden Verwesens. Bei dem Werke sind
Geschäftig-laut die Würmer. Meine Zunge quält
Ein salzig-fauliger Geschmack, als läge drauf
Der Welt Gemeinheit...."

Voltaire's Krönung.

1.

Dienstags am 10. Februar von 1778 hielt gegen 4 Uhr Abends eine Reisekalesche an der nach Fontainebleau genannten Barrière von Paris. Die Herren Zöllner traten zur Visitation heran. Der Insasse des Wagens war eine Dame von vierzig Jahren und von 150—60 Pfund Korpulenz, ein ziemlich gewichtiges Nichte-Anhängsel eines berühmten Oheims und Literaturmenschen wohlbekannt als Madame Denis. Sie nahm mit ihrem Mantel-, Pelz- und Muffzeug so viel Raum ein, daß man ihren besagten berühmten und sketthageren Oheim in einem Winkel der Kalesche anfänglich gar nicht wahrnahm. Als er sich aber vorbeugte, um den Herren von der Mauth seinen Reisepaß darzureichen, fuhren dieselben einigermaßen verblüfft zurück, und das machte sowohl der Paß als dessen Inhaber.

Der Letztere war augenscheinlich ein sehr alter Herr, dessen mumisirtes Gesicht eine überzeugende Illustration zu der Hypothese, daß der biblische Adam eigentlich Pavian oder, höflicher zu reden, Gorilla geheißen, abgegeben hätte, so nicht die gewaltige, weit und raubvogelschnabelscharf hervorspringende Nase eine lebhafte Gegendemonstration machte. Der Kleiderschnitt des alten Herrn war um etwa fünfzig Jahre hinter 1778 zurück. Er trug einen rostfarbenen Sammetrock, wie ihn die Hofherren in der letzten Zeit Ludwigs des Vierzehnten angehabt hatten, darüber einen Pelzmantel und an den Füßen Pelzstiefeln von der Form, die man später Suwarowstiefeln nannte. Sein Kopf war förmlich eingekapuzinert von einer langen und dicken Wolleperücke, auf welche er eine rothe Mütze gesetzt hatte. Aber aus der dunkeln Höhlung des Perückengehäuses hervor karfunkelte blitzend ein Augenpaar, in welchem das Alter die Flamme des „Esprit" nicht auszulöschen vermocht hatte.

Die Herren von der Mauth hatten sich, als die ungeheuer altfränkische Perücke mit ihrem abenteuerlichen Aufsatz in der Oeffnung des Wagenschlages erschien, zuerst offenbar stark versucht gefühlt, laut aufzulachen. Aber das ging schnell vorüber, und als der alte Herr zu ihnen sagte: „Messieurs, ich habe keine Contrebande bei mir als mich selber —" da lächelten sie freilich, aber vor Entzücken, daß der Gott des Witzes auch sie eines Sonnenstrals seiner Gnade gewürdigt, und mit entblößten Köpfen und tiefgebogenen Rücken erwiderten sie: „Passez, Monsieur de Voltaire" . . . .

Freu' dich, Paris, Babylon zugleich und Athen und Rom der modernen Zeit, der große Zerstörer, welcher eine Welt von Unsinn zu Grabe gespottet hat, zieht als Triumphator in dich ein, um auf seinem Kapitol, auf der Bühne der „Comédie française", gekrönt zu werden und dann — zu sterben. Ja, freu' dich, Paris, Hauptspektakelstadt des Erdkreises, freu' dich, du wirst ein neues Spektakel haben! Es ist überhaupt eine günstige Zeit für dich und du hast kaum Augen genug, alle die Spektakel aufzufassen, welche phantasmagorisch an dir vorüberhuschen und von jetzt an ohne Aufhören sich drängen werden und sich steigern in weltgeschichtlichem Klimar bis zu jenem 21. Januar von 1793, wo um 11 Uhr Vormittags die Arme von Guillotins Tochter das Beil niederfallen lassen und ein Königskopf über die Bretter des Schaffotes rollt.

Neun Monate, bevor der Patriarch von Ferney kam, um bei lebendigem Leibe seine Apotheose zu feiern, hatte ein anderes Phänomen die Augen- und Plauderlust der Pariser und Pariserinnen beschäftigt: — ein gewisser Graf von Falkenstein, eigentlich des Heiligen Römischen Reiches Deutscher Nation Kaiser, Joseph der Zweite, welcher im April von 1777 in der französischen Hauptstadt eingetroffen und sechs Wochen daselbst geblieben war. Er hatte die Franzosen durch seine Einfachheit und Leutseligkeit entzückt und Männlein und Weiblein waren so sehr von seinem Gebaren bezaubert, daß sogar das bissige Orakel der geistreichen Kreise, Madame la Marquise du Deffand, welche aus einer jungen Bettschwester zwar keine alte Betschwester, doch aber eine alte blinde Redschwester geworden war, aus ihrem Lehnstuhl in der Kaminecke ihres Zimmers im Kloster Saint-Joseph in der Rue Dominique hervor brieflich an Horaz Walpole sich vernehmen ließ: „Il est d'une familiarité dont on est charmé"*). Der pariser Tageswitz, welcher

---

*) Zur gleichen Zeit war die Klatschbase und Allerweltskorrespondentin Du Deffand, welche in dem Gemälde der französischen Gesellschaft von damals eine ganz unentbehrliche Figur abgibt, auch von einem anderen Gast „charmirt", nämlich von dem englischen Historiker Gibbon. Die Vorstellung desselben im Salon der Dame war bekanntlich von einem hochkomischen Auftritt begleitet. Die Blinde hatte nämlich die Gewohnheit, zum ersten Mal bei ihr eingeführten Personen mit der Hand über das Gesicht zu fahren, um sich eine Vorstellung von dem Aussehen und selbst von dem Charakter derselben zu bilden. Dieser Operation unterzog sich nun auch der berühmte Geschichtschreiber, ein Mann von außerordentlicher Beleibtheit und einem fabelhaft breiten, getunsenen und schwammigen Gesicht. „Au premier contact, madame du Deffand rougit, et se reculant vivement sur son fauteuil, s'écria avec indignation: „„Voilà une infâme plaisanterie."" Elle s'était figuré que Gibbon s'était présenté à rebours, et avait pris pour les joues de derrière, selon le périphrase allemande, ce qui était bien et dûment

sich schon ganz revolutionär zuspitzte, benützte die Gelegenheit, in Form eines Kompliments für den kaiserlichen Gast einen Pfeil mit vergifteter Spitze nach Versailles hinauszuschießen, indem er das einfache und doch würdevolle Auftreten Josephs der prunkvollen und pomphaften und doch würdelosen Haltung des französischen Hofes gegenüberstellte*). Der Kaiser selbst sagte beim Anblick des sinnlosen Luxus, von welchem Versailles strotzte, während das französische Volk verhungerte, mit nicht unfeinem Tadel zu seiner leichtsinnigen Schwester Marie Antoinette: „Mein Gott, was für eine Masse von Sachen, deren wir in Wien gar nicht bedürfen!" Die Königin mißachtete freilich diesen Wink, wie andere Warnungen ihres Bruders, und gaukelte und tanzte und praßte lustig mit weiter auf dem unter

---

le visage de Gibbon." Corresp. compl. de la marquise du Deffand (Paris 1865), I, CCX.

*) A nos yeux étonnés de sa simplicité,
  Falkenstein a montré la majesté sans faste;
  Chez nous, par un honteux contraste,
  Qu'-a-t-il trouvé? du faste, et point de majesté.

ihren Füßen kochenden Vulkan. Sie hatte kein
Ohr für die Stimmen der Zeit. Sonst hätte sie
müssen stutzig werden beim Anhören der schicksals-
vollen Kontraste, welche damals in den Straßen oder
eigentlich vorerst noch nur in den Salons von Paris tagtäglich sich anschrieen. Wunderbare Zeit,
poetischer als die kühnsten Dichterträume, eine bei-
spiellose Tragikomödie des humoristisch dichtenden
Weltgeistes! Sieh' dir, nüchternes Geschlecht unserer Epoche, um dir eine Vorstellung zu bilden von
Alledem, was damals in Paris durcheinanderwir-
belte, nur mit an, wie eines Tages eine vornehme
Dame den Kaiser Joseph mit einer exaltirten Dar-
legung ihrer Begeisterung für die amerikanischen
Rebellen behelligte, wie sie frohlockend die Siege derselben über ihren legitimen Souverain aufzählte,
den großen Bürger und Republikaner Washington
bis zu den Sternen erhob und schließlich auf den
Träger der Cäsarenkrone, auf den Erben von Habs-
burg-Lothringen eindrang mit der Frage: „Was
halten Sie von der Sache? Mit welcher der beiden
Parteien sympathisiren Sie?" Die Antwort des

Kaisers: „Ich, Madame? Nun, ich denke, es gehört zu meinem Handwerk, ein Royalist zu sein" — frappirte nicht nur, sondern mißfiel auch, trotz ihrer Witzigkeit, mißfiel geradezu und höchlich. So republikanisirt war damals die Stimmung in den Kreisen französischer Grandseigneurs und Grandedames, welche ja einen Autor wie Raynal lobpriesen und beschützten, welcher unverholen ausgerufen hatte: „Völker, wollt ihr frei sein und glücklich, so zerstört alle Altäre und vernichtet alle Throne!" Ah, sie spielten und tändelten und kokettirten mit dem revolutionären Feuer, die geistreichen Herren und galanten Damen. Aber noch eine kleine Spanne Zeit und, in ein weltgerichtliches Flammenmeer verwandelt, wird es vernichtend über ihren Häuptern zusammenschlagen....

Wer uns genau sagen könnte, was der vierundachtzigjährige Triumphator fühlte und dachte, in der innersten Falte seiner Seele fühlte und dachte, als er sich in Paris wiederfand und dasselbe in Voltaireismus schwimmen sah! Vollends, wenn der unbestrittene Souverain der Epoche der Tage sich erinnerte, wo er in diesem Paris, das ihn jetzt als Halb- oder Ganzgott empfing, als simpler Mr. Arouet herumgegangen, welchem unter vielen anderen Fatalitäten — nähere Bekanntschaft mit dem Inneren der Bastille u. s. w. — auch d i e zugestoßen war, daß ihm Monseigneur de Rohan, ein Schafskopf von Herzog, das Honorar für einen vortrefflichen Witz in Gestalt einer Tracht Prügel auszahlen ließ, bei welcher Gelegenheit sich übrigens Monsieur Arouet wie ein vollendeter Gentleman und der Herr Herzog wie ein vollendeter Lump benommen hatte. Kein Zweifel, der Alte von Ferney war noch so eitel, wie er nur jemals gewesen; aber auch sein Geist war noch so kräftig, seine Beobachtungsgabe noch so scharf, sein Spott noch so schneidend wie früher und so dürfen wir denn mit Bestimmtheit annehmen, daß er, wann er, von Huldigungen bis zum Ekel erschöpft, Abends zu Bette kroch, unter seiner Decke in ein Hohngelächter ausgebrochen über den vornehmen und geringen Pöbel, welcher sich den Tag über vor seinen Triumphwagen gespannt hatte

Er war bei seinem Freunde, dem Marquis de Villette abgestiegen, dessen Hotel auf dem Quai des Theatins — heute Quai Voltaire — stand. Da, im Angesicht der Tuilerien, hielt jetzt der wahre König von Paris, von ganz Frankreich seinen Hof, an welchen selbst die schöne und stolze Marie Antoinette gar zu gerne von Versailles hereingewallfahren wäre. Begreiflich! Denn der riesige Königspalast da draußen und Groß- und Klein-Trianon, sammt Marly und Choisy widerhallten ja wochen- und monatelang nur von dem, was Se. intellektuelle Majestät König Voltaire der Erste und Einzige sagte und that. Da konnte eine junge und lebhafte Königin, welche ihren Eheherrn nicht phlegmatischer und langweiliger fand, als er war, schon von Neugierde brennen, mit eigenen Augen ein Phänomen zu betrachten, dessen Erscheinung alle Hofherren und Hofdamen wirbelig und rappelig gemacht hatte. Es ging aber doch nicht an, daß die „allerchristlichsten" Majestäten den „Ecrasez-l'infame"-Mann bei sich empfingen oder gar zu ihm sich bemühten, und so mußte die Königin ihre Neugierde zügeln. Allein daß Voltaire nicht an den Hof eingeladen wurde, war für seine Vergötterer nur ein Anreiz mehr, das Geräusch ihrer Ovationen zu steigern. So schroff stand schon zu dieser Zeit Madame La Opinion Publique dem Königthum und stand Paris Versailles gegenüber.

In Wahrheit, der Voltaireismus verschlang für eine Weile alle anderen Interessen, sogar das für den ausbrechenden Krieg mit England. Selbst ein gerade jetzt ausgeborstenes Hoffkandal, welches zu anderer Zeit in allen Tonarten glossirt worden wäre, erregte nur flüchtige Aufmerksamkeit. Ein Prinz, der Graf von Artois, Bruder des Königs, hatte sich auf dem Maskenball der Oper wie ein Hauptflegel benommen, indem er der Frau Herzogin von Bourbon, welche ihn neckte, die Maske zerriß und Faustschläge gab („et lui donna des coups de poing", sagt ausdrücklich unsere Alleswisserin im Kloster Saint-Joseph). Die beschimpfte und gemißhandelte Dame klagte ihre Noth nicht ihrem Liebhaber, sondern ihrem Herrn Gemahl — ein merkwürdiger Ausnahmefall in der Gesellschaft von damals! — und der Herzog von Bourbon that seine eheherrliche Schuldigkeit, indem er im Gehölze von Boulogne mit dem Grafen von Artois eine harmlose Studentenpaukerei hatte, bei welcher zwar sechs Gänge („six bottes") gemacht wurden, aber kein Tröpflein Blut vorkam . . .

Das war ein Gerenne und Gedränge, ein Gefrage und Geschnatter am 11. Februar von 1778! „Ist er da? Ist er wirklich da, der göttliche Voltaire?" knatterte und raschelte es wie ein Lauffeuer durch Seine-Babel. Alle Gaffer von Paris waren auf den Beinen. Das berühmte Kafé Prokop, der Hauptneuigkeitenmarkt, summte wie ein Bienenkorb von aus- und einstürmenden Fragern. Philosophen, Schöngeister und Politiker nahmen sich kaum Zeit, ihre Tassen zu leeren, um nach dem Quai des Theatins zu eilen. Von Versailles brach auf die erste Nachricht von der glücklichen Ankunft des Ersehnten ein ganzes Rudel vornehmer Voltairiens und Voltairiennes nach Paris auf, um laut miteinzustimmen in das „Hosianna, der da kommt im Namen der Revolution!" deren nahe bevorstehenden Ausbruch er ja schon volle vierzehn Jahre zuvor des Bestimmtesten prophezeiht hat. Was drängt und schiebt sich dort auf dem Quai hin und her, aus der Rue de la Seine hervor, beim Pont Royal vorbei, bis zur Ecke der Rue de Beaune, wo das Haus des Marquis de Villette steht? Lauter Voltairegläubige, Nichts als Voltaireverehrer. Werden wir das Glück haben, den großen Mann zu sehen? Wird er ausgehen? Wird er ausfahren? Werden wir wenigstens einen Zipfel seiner Perücke durch das Wagenfenster erblicken?

So ging es Tag für Tag und derweil vorzimmerten droben die Träger der stolzesten Namen Frankreichs und drängten sich die Montmorency, die Armagnacs, die Brancas, die Richelieus und Polignacs, ja auch die mit der Gunst und dem Gelde des Hofes verschwenderisch überschütteten Polignacs, zum „Petit Lever" Sr. Majestät unseres lieben Herrn von Ferney. Die Akademie sandte eine Begrüßungsdeputation, an deren Spitze der Prinz von Beauvau das Wort führte. Das Theater Français machte seine Aufwartung und nicht gespielte, sondern wirkliche Freudethränen vergießend kniete der Stolz der französischen Nationalbühne, Mademoiselle Clairon, vor dem Lehnstuhl des Dichters der „Zaire" und „Alzire". Der große Gluck kam, um dem Patriarchen der Aufklärung zu sagen: „Man erwartet mich am Hofe zu Wien; aber ich habe meine Abreise aufgeschoben, um noch am Hofe Voltaire's erscheinen zu können." Es kam auch „il gran" Goldoni, um dem Verfasser der „Pucelle" auf Französisch eine Huldigung darzubringen, welche der Gefeierte auf Italisch zurückgab. Die fremden Gesandten drängten sich wetteifernd herbei, voran der englische. Und seht, dort kommt von seiner bescheidenen Wohnung in Passy herein ein anderer Löwe, der — wir werden davon hören — den Löwen Voltaire bald überlöwesiren wird, obgleich dermalen noch ein nur eben erst am Himmel Frankreichs im Aufgang begriffenes Löwensternbild: — unser guter, schlauer, ehrwürdiger Brother=Jonathan=Franklin, der seinen jungen Enkel mitbringt, um ihn von dem Messias des Zweifels segnen zu lassen. Das thut denn auch der Alte mit gebührendem Ernst und Anstand.

„God and liberty!" sagt er, dem Knaben die Hand auflegend, in welcher der arme Federkiel Blitze gesprüht, die das Hohngelächter Europa's als jauchzend beistimmender Donner begleitet hatte.

Fuhr der Jubelgreis aus in seinem „Himmelswagen", d. h. in seiner azurfarbenen, mit silbernen Sternen besäeten Karosse, so bildete die Menge — darunter selbst feine Herren mit Ordensbändern und feinere und feinste Damen mit Frisuren à la Tour de Notre-Dame — Spalier auf seinen Wegen und schloß sich ihm als Gefolge an. Das ist ihm denn doch bald sehr lästig geworden; aber der Spötter der Spötter gestand, daß ihm sein altes Herz vor Freude in der Brust gehüpft habe, als eines Tages auf den Vorbeifahrenden eine arme Frau aus dem Volke deutete und zu ihrem Nachbar sagte: „Das ist der Retter und Rächer der Familie Calas!" Mitunter schnitt durch die dampfenden Weihrauchwolken und das huldigende Getöse auch ein echt-französischer Spottvogelpfiff. Ein vagirender Gaukler, welcher auf dem Grèveplatz seine Künste sehen ließ, sagte zum Publikum: „Da, Messieurs, ein rares Kunststück, das ich zu Ferney von dem großen Manne lernte, welcher dermalen so gewaltiges Aufsehen unter Ihnen erregt. Er ist ja doch der Meister von uns allen." Freilich, auch die Wißspitze von Voltaire's Zunge und Feder war noch spitzig genug. Als der gute Bischof von Orleans die Zeit günstig glaubte, dem großen Pfaffenfeinde zu Leibe zu rücken, und demselben zu diesem Ende sein „Mandement gegen die Ungläubigen" übersandte, schickte der Alte seine fertig nach Paris mitgebrachte „Irene" dem Prälaten und schrieb dazu: „Ich empfing Ihr Mandement und sende Ihnen meine Tragödie, damit wir richtig gegenseitig vorspielen uns Komödie*)".

*)   J'ai reçu votre mandement;
       Je vous offre ma tragédie,
       Afin que mutuellement
       Nous nous donnions la comédie.

2.

War dieser ganze Voltaire-Taumel nur eine pariser Schwindelmode, nur ein babel'scher Modeschwindel oder aber ein schwerwiegend weltgeschichtliches Symptom?

Ein denkender und wissender Mann wird keinen Augenblick anstehen, die Frage im letzterwähnten Sinne zu bejahen. In dem Alten von Ferney triumphirte der ewig glorreiche emanzipative Geist des Jahrhunderts und nicht mit Unrecht huldigte man dem Vierundachtzigjährigen als einer Fleischwerbung dieses Geistes. Alle die christlich-germanischen Bettelmannssprüche und Bannbullephrasen, womit die gläubige Dummheit oder die scheinheilig angestrichene Duckmäuserei und Knechtseligkeit auch heutzutage noch Voltaire abthun zu können wähnen, prallen glassplitterig ab an der erzenen Thatsache, daß nach dem blitzenden Witzszepter in der Hand des Mannes die europäische Gesellschaft ein Halbjahrhundert lang als nach dem sie regierenden Taktstock und Kommandostab geschaut hat. Und man sollte es den beweglichen Parisern übelnehmen, daß sie einem superlativischen „Elan" sich überließen, als der alte Maestro kam, um sich vor seinem Sterben geschwinde noch zu vergewissern, ob und wie die Instrumente gestimmt seien zur Aufführung der großen Sündflutsymphonie der Revolution? Mit nichten! Ueberhaupt, was wäre denn noch heute Europa ohne den französischen Esprit und Elan? Ein faulender Klumpen Mittelalter! Aber freilich, das wäre ja ganz nach dem Geschmack und Wunsch und Willen unserer „christlich-germanischen" Dunkel- und Duselmänner.

Keine Frage, Voltaire ist keine jener, übrigens sehr wenigen, ach, ja wohl sehr wenigen weltgeschichtlichen Gestalten gewesen, an welchen k e i n Makel haftet und zu welchen alle wirklichen Menschen mit ehrfurchtsvoller Liebe emporsehen als zu Wesen höherer Art. Nicht kann auf ihm das Auge mit jenem lauteren und innigen Wohlgefallen ruhen, womit es auf einem Milton, einem Lessing, einem Washington ruht. Voltaire war keine „anima candida" und seiner langen Laufbahn entlang gibt es nicht wenige Stellen, welche den Mißduft der Gemeinheit aushauchen. Seine Eitelkeit ging ins Aeffische. Kein deutscher Hofrath, kein französischer Unterpräfekt, kein russischer Tschinownik hat jemals inbrünstiger nach Titel= und Bänderkram geschnappt als dieser Geisterbeherrscher. Wehe Jedem, wer diese närrische Eitelkeit verletzte oder verletzt zu haben schien. Da kannte Voltaire kein Erbarmen und ließ Rache= manifeste ausgehen, worin jeder Buchstabe ein Gift= tropfen und jedes Wort ein Dolchstoß. Auch Habsucht konnte man ihm, wenigstens in früherer Zeit, zum Vor= wurfe machen. Und wie erniedrigte sich dieser Mann, so es die Befriedigung seiner gemeinen Instinkte und Neigungen galt! Er, welcher der Tyrann der Könige sein konnte und wirklich war, machte sich zu ihrem Sklaven. Mit Ekel wendet man sich ab, wenn man Voltaire vor dem namenlos verworfenen und verruch= ten Weibe, vor der „Semiramis des Nordens", vor Katharina der Zweiten seine schmeichlerischen Knie= beugungen und Purzelbäume machen sieht. Frei= lich konnte er sich dabei auf den Vorgang und das Vorbild einer großen Autorität berufen. Denn hat nicht Friedrich, genannt der Große, den tiefsten Schlamm der Schmeichelei ausgeschöpft, um daraus sklavisch-huldigende Komplimente für die besagte Semiramis zu kneten? Ja, wohl that er das und er hat damit richtig die russische Vasallenschaft Preußens zuwegegebracht. Und hat nicht auch eine tugendstolze Kaiserin Maria Theresia an eine Czarin Elisabeth und an eine Ober-Maitresse Pompadour schmeichlerische Briefe geschrieben? Was die vielberufenen Verhältnisse und Mißverhältnisse Voltaire's zu Friedrich angeht, so dürfte es schwierig zu sagen sein, auf welcher Seite die Verfehlung größer gewesen. Königlich preußische Hofhistoriographen und ihre Fartcatchers werfen natürlich alle Schuld auf den Ersteren. Die unbefangene Anschauung aber wird es sehr begreiflich finden, daß es dem Voltaire bald sehr unbehaglich werden mußte in der Umgebung eines Königs, welcher, Despot in jeder Fiber, gewohnt war, alle Menschen zu dressiren und zu bestockszeptern, wie es seine Preußen sich gefallen ließen. Auch mögen etliche der Bosheiten, welche Voltaire an Friedrich begangen hat, ihm in Gnaden verziehen werden um der gähnenden Langeweile willen, die er als Korrektor der miserabeln französischen Verse des Königs auszustehen gehabt hatte. Im Uebrigen können nur Pinsel und Ignoranten das Pfaffengeplärre über Voltaire als ein „moralisches Ungeheuer" nachschwatzen. Gewiß, der Mann war kein Tugendspiegel; aber eben so gewiß, er war auch kein Lasterbündel. Im Grunde ist seine einzige Leidenschaft der Ruhm gewesen und es versteht sich von selbst, daß nur ein in allen Genüssen höchst mäßiger Mann bis in ein so hohes Alter hinauf die unausgesetzte, ungeheure geistige Arbeit verrichten konnte, welche Voltaire verrichtet hat. Von seinem durch eigene Anstrengung erworbenen Vermögen machte er einen liberalen und wohlthätigen Gebrauch. Er hatte ein Herz für die Unglücklichen und eine offene Hand für die Armen. Und nicht nur gütig und mitleidig vermochte er zu sein, sondern auch hochherzig und heldisch. Keiner seiner Lästerer und Ankläger bis auf den heutigen Tag herab kann sich einer That rühmen, wie deren der Gelästerte in seinen wahrhaft edelsinnigen und heroischen Kämpfen gegen die verpfafft stupide und brutal mordsüchtige Justiz-, d. h. Injustizpflege seiner Zeit mehrere gethan hat. Die glänzendste war die allbekannte, an den Namen Calas geknüpfte. Drei Jahre lang führte er diesen ruhmvollen Kampf und wir dürfen ihm glauben, wenn er sagt: „Während dieser Zeit haben meine Lippen kein Lächeln gekannt."

„Mag sein", knurrt Dunkel- und Duselmann; aber dies Alles wischt doch das„ „Vernichtet das Infame!"" nicht weg." Nein, und es soll auch nicht weggewischt werden, sondern als eine weltgeschichtliche Denktafel noch die fernsten Jahrhunderte hinabragen, als eine Denktafel dessen, was das offizielle Christenthum, was die kirchliche Religion zu Voltaire's Zeiten gewesen ist. Willst du es wissen, dunkelnder und duselnder Bruder-Mensch, in dessen Gehirnhöhle die himmlische Luft des Denkens niemals pohsphorescirte, willst du es wissen? Wohl, ich will es dir sagen. Was damals Religion und Christenthum zu nennen sich erfrechte, war ein Abgrund von Schändlichkeit und die französische Kirche ein Vampyr, das Lebensmark des unglücklichen, systematisch von ihr verthierten Volkes saugend, — ein Vampyr, der auch im 18. Jahrhundert noch alle die höllischen Erfindungen der spanischen Inquisition praktizirte, wo immer er konnte. Ist es, beispielsweise zu reden, nicht dieses „Christenthum" gewesen, im Namen und kraft dessen noch i. J. 1765 ein wackerer junger Mann, De la Barre, lebendig gerädert wurde, weil der völlig unerwiesene und auch völlig grundlose Verdacht auf ihm lag, ein hölzernes Kreuz von der Brücke zu Abbeville gestürzt zu haben? Und war es nicht dieses „Christenthum", dessen Priester — wir meinen die Prälaten — in dem Unflat natürlicher und widernatürlicher Lüste förmlich sich wälzten, in schamloser Prasserei Millionen vergeudend, während die, welche die kirchlichen Dienste verrichteten, die armen Dorfpfarrer und Vikare, mit dem Volke hungern und verhungern mußten? Habt ihr nie von der „Halsbandgeschichte" gehört und von der Rolle, welche Se. Eminenz der Kardinal Rohan darin spielte? Waren es nicht französische Kardinäle, Erzbischöfe, Bischöfe und Aebte — die Aebtissinnen nicht zu vergessen — welche am lautesten höhnten und lästerten und lachten in jenen vornehmen Kreisen, deren cynische Konversation Voltaire in seiner berüchtigten „Pucelle" in Verse gebracht hat? War doch unter der Regierung des „allerchristlichsten" Ludwigs des Fünfzehnten — der ruchlose Pompadour-, Dubarry- und Hirschparklouis der „allerchristlichste" König, auch ein Stück Christenthum von damals! — also zur gleichen Zeit, wo auf jeder Antastung der kirchlichen Dogmen noch Galgen und Rad standen, unter den französischen Kirchenfürsten die höhnische Verleugnung derselben Dogmen soweit gediehen, daß der junge König Ludwig der Sechszehnte, als ihm Monseigneur Loménie de Brienne — später für eine Weile Finanz- und Premierminister — zum Erzbischof von Paris vorgeschlagen wurde, voll Bitterkeit ausrief: „Ein Erzbischof von Paris sollte doch wenigstens an Gott glauben!" Ah, wenn jemals ein Vernichtungskampf gerechtfertigt war, so ist es der gewesen, welchen Voltaire gegen das „Christenthum", d. h. gegen das Bonzen- und Baalspfaffenthum seiner Zeit geführt hat. Er wurde dadurch geradezu zum Wohlthäter der

Menschheit. Und wenn er sah, was jeder denkende Mensch sehen mußte und sehen muß, daß alle die namenlosen Gräuel der gesammten Kirchengeschichte nur eine logische Folge eines der Natur, der Vernunft, dem Einmaleins und der Civilisation hohnsprechenden Dogmenglaubens waren, so hätte er die unsterblich tönenden Pfeile seines weltgeschichtlichen Witzes bloß auf die Schlußfolgerungen und nicht auch auf die Prämissen, bloß auf die Wirkungen und nicht auch auf die Ursachen richten sollen? Preis ihm und Ehre, daß er es that und, gleich unserem großen deutschen „Heiden" Göthe, „der Heuchelei dürftige Maske verschmähte."

Menschen, welche vielleicht nie eine Zeile von Voltaire gelesen haben, unwissende Nachbeter gedankenloser Vorbeter, nahmen und nehmen es sich im „gründlichen" Deutschland heraus, über die kolossale civilisatorische Arbeit des Mannes den Stab zu brechen, etwa mit der dämeligen Phrase, seine Thätigkeit sei im besten Falle eine bloß negative gewesen. Ja wohl, er hat es sich zur Lebensaufgabe gemacht, die Unvernunft, die Unwahrheit, die Ungerechtigkeit, die Unmenschlichkeit zu verneinen, und mit rastloser Thatkraft und Pflichttreue hat er diese Aufgabe erfüllt, hat das Dumme, Schlechte, Schädliche und Schändliche negirt, mittelst aller Gattungen und Formen der Poesie und Prosa negirt und in den Augen aller Denkenden und Redlichen ruinirt und diese tapfere Kriegsführung des gesunden Menschenverstandes und des gesunden Menschengefühles, diese glorreiche Negation wäre nicht zugleich ein positives Schaffen gewesen? Habt ihr nie vom Föhn gehört, dem Frühlingsboten und Frühlingsbringer der Schweiz? Der negirt auch: — den Bann winterlicher Knechtschaft! Ein lachender Orkan saus't und braus't er durch die Thäler, spottet im Nu Schnee und Eis hinweg und wenige Tage darauf frühlingt es im schönen Alpenland.

Fürwahr, wenn Voltaire, wie er that, die religiöse Unduldsamkeit und den pfäffischen Fanatismus, die barbarisch-grausame Rechtspflege, die bäuerliche Leibeigenschaft und andere dergleichen „organisch gewachsene" Institute der „guten alten frommen Zeit" auf Tod und Leben verneinte, so waren diese Verneinungen ruhmvolle positive Kulturthaten, sehr positive! Und der Mann, welcher sich so energisch und zwar, wohlverstanden! zu einer Zeit, wo es noch Bastillen und „cages de fer" für oppositionelle Autoren gab, der Unterdrückten gegen die Unterdrücker angenommen und die Sache der Armen und Elenden gegen die Reichen und Mächtigen so standhaft geführt hat, sollte ganz ohne Liebe und Enthusiasmus, sollte nur ein „tönendes Erz und eine klingende Schelle" gewesen sein? So hat ihn selbst noch Hettner genannt, welcher doch die beste und im Ganzen gerechteste Charakteristik Voltaire's lieferte, die existirt. Aber eine so ausdauernde Thätigkeit, wie die voltaire'sche war, ist ohne Liebe und Enthusiasmus gar nicht möglich, gar nicht denkbar. Die bloße Eitelkeit ist lange nicht mächtig genug, zu solchen Anstrengungen zu treiben, und wir dürfen und müssen daher annehmen, daß von jener Centralsonne der moralischen Welt, genannt Idealglaube oder Begeisterung, doch ein starker Stral in die Seele des souverainen Witzblitzeschleuderers gefallen sei. Ja gewiß, der Jupiter tonans des Spottes konnte unmöglich

die Dummheit der Menschen so nachdrucksam beseh=
ben, ohne an die Möglichkeit einer allmäligen Min=
derung dieser Dummheitsmasse zu glauben, konnte
unmöglich die Uebel der Gegenwart so ausdauernd
bekämpfen, ohne eine menschlichere Zukunft zu hof=
fen. Wer aber glaubt und hofft, der liebt.

Im innersten Heiligthum der Kunst hat keines
der Werke Voltaire's Zutritt gefunden. Nicht ein=
mal in der Vorhalle dieses Heiligthums. Er war
unendlich viel mehr ein Kämpfer als ein Künstler
und nicht ihm zum Tadel, sondern zum Ruhme sei das
gesagt. Die Welt besitzt fürwahr Künstler genug und
darunter auch „große", welche, um ihren Künstler=
launen nachleben zu können, stets bereit waren und
sind, vor dem Despotismus zu kratzfußen und bei
der Völkerverdummung sogar nach Kräften mitzu=
handlangern. Kämpfer und zwar Kämpfer wie
Voltaire dagegen hat die Welt nur wenige und
jedenfalls nie genug. Alle seine umfangreicheren
Werke sind Wurfgeschütze, aufgefahren, in die Zwing=
burg der Vorurtheile, in die Frohnveste der Knecht=
schaft Bresche zu schießen. Daneben prasselt hagel=

dicht der prickelnde Pfeilregen seiner „Poésies fugitives" auf die Schildbächer des Unsinns und der Pedanterei. Auf diesen „flüchtigen" lyrisch-didaktischen Dichtungen, sowie auf den satirischen Erzählungen in Prosa („Candide", „l'ingénu", „Zadig" u. a. m.) beruht bekanntlich vornehmlich Voltaire's Anspruch, ein Dichter zu sein. Die verrufene „Pucelle" ist sodann ein brillantes Witzfeuerwerk, das aber viel zu lange währt und, wie eben Feuerwerke zu thun pflegen, einen fatalen Schwefelgeruch hinterläßt. Viele Einfälle in dem Gedichte haben übrigens Witzblitzfeuer genug, um auch noch in unsere Zeit satirisch hereinzuzünden. Wenn man z. B. die Trompetenstöße vernimmt, welche aus den gegenseitigen Ruhmassekuranzen der deutschen Literatur zum Lobe des Mittelmäßigen, Charakterlosen, Flauen und Erbärmlichen jahraus jahrein hervorgehen, so glaubt man richtig die „trompette" zu hören, welche in der Pucelle die alte Klätscherin von Göttin, „La Renommée", nicht an den Mund, sondern anderswohin hält.

Wenn aber Voltaire als Poet höchstens den zweiten Rang anzusprechen hat, so ist seine Bedeutung als Anreger und Wegezeiger auf dem Gebiete des Denkens und Wissens eine wahrhaft welthistorische. Schon das war ein großes Verdienst, daß er die Autorität der geistlosen Wortklauber und Sylbenstecher, der abstrusen Abstraktoren von Gelehrten vernichtete, welche sich und die Welt mit Quisquilien und Minutien behelligten, die der Menschheit nie auch nur einen Pfifferling genützt haben oder nützen können. Er ist es gewesen, welcher mit der Drahtgeißel seines Spottes die stupend und stupid gelehrten Händler mit theologischen Nullen und philologischen Nichtsen aus dem Vorhofe des Tempels der Wissenschaft hinauspeitschte, welches Procedere ihm freilich die ebenbürtigen Nachkommen der Domini „Lexikokrassus" und „Skriblerius" bis zum heutigen Tage noch nicht verziehen haben. Daß der Zweifel an dem Gegebenen und Ueberlieferten der Vater aller wirklichen Forschung, wird heutzutage nur noch von Leuten bestritten, welche in Sachen des Denkens und Wissens überhaupt nicht mitzählen. Nun wohl, Voltaire ist es gewesen, welcher die Anzweifelung der überlieferten Lüge von der guten alten frommen Zeit nach allen Richtungen hin, religiös, sozial und wissenschaftlich, so recht großgezogen und dadurch eine forschende Thätigkeit von unberechenbarer Tragweite hervorgerufen hat. Er stand in der Vorderlinie Derer, welche die Wissenschaft aus den muffigen Schulstuben herauszogen und mitten ins wirkliche Leben hineinstellten, eine Großthat, Angesichts welcher Tausende und Hunderttausende von geistverlassenen Elaboraten gelehrter Stubenhocker Nichts sind als Wurmfraß. In die verschiedensten Regionen und Gebiete blitzte das universell bewegliche Talent des Mannes hinein; oft sehr flüchtig allerdings, aber immer anregungs- und aufmunterungsvoll, daß da noch unbekannte Schätze zu heben seien, daß da Etwas zu suchen und zu gewinnen sei für den Dienst der Menschheit. Es ist bewundernswerth, wie weit oft sein Seherblick seiner Zeit vorauseilte und Wahrheiten entdeckte, welche erst in unseren Tagen mälig zu allgemeiner Anerkennung gelangen. Die politische Oekonomie z. B. verdankt ihm einige wichtigste Findungen. Er war der Erste, welcher auf das verschiedene Verhält-

niß der Vermehrung der Bevölkerungen und der
Lebensmittel aufmerksam machte, und er war es
auch, welcher wagte, was damals eine große Ketzerei
war, nämlich auf das große Prinzip des Freihan-
dels hinzuweisen. Es ist wahr, Voltaire's philo-
sophische und historische Schriften wimmeln von
Schiefheiten und Irrthümern, welche jeder auch nur
halbwüchsige Gelehrte von heute, im Besitze des
ungeheuren Materials, das seither aufgehäuft worden, leicht berichtigen und kleinmeisterlich dem Manne
vorrücken kann. Aber dennoch steht fest, daß Voltaire es gewesen, welcher die moderne Geschichte-
wissenschaft begründete, indem er sie von der theologischen Fiktion emanzipirte. Sein geniales
Auge durchdrang zuerst die Finsternisse, in welche
religiöser und politischer Afterglaube die Entwickelung der Menschheit gehüllt hatte. Er zuerst lös'te
so manches Räthsel weltgeschichtlicher Wirkungen,
indem er die realen Ursachen derselben aufdeckte, und
er schmiedete und schliff die Instrumente der historischen Kritik unserer Zeit, indem er den unmäßigen,
geradezu kindischen Respekt vor dem Alterthum und

dem Mittelalter wegspottete. Erst seit dem Erscheinen von Voltaire's berühmtem „Versuch über die Sitten und die Charaktere der Nationen" hat man einen Begriff von Weltgeschichte und Weltgeschichteschreibung. Summa: ein Erleuchter, Pfadfinder und Wegbahner erster Größe.

3.

Jedes Volk betreibt den „Kultus des Genius" in seiner Weise. Bei den Engländern gipfelt die „Heldenverehrung" in Nationalsubskriptionen, deren viel- und schwerpfündige Erträgnisse für den Gefeierten ein Piedestal abgeben, mittelst dessen sich seine Person in die britische Himmelssphäre der „Respektabilität" erhebt. Bei den Deutschen ist die ihren großen Männern gewidmete Ehrfurcht und Liebe eine so tiefsinnige und stillverschämte, daß die Gegenstände derselben bei Lebzeiten wenig oder nichts davon gewahr werden. Nach ihrem Tode werden sie aber mitunter in Erz gegossen oder in Stein gehauen, womit dann zugleich der Dankbarkeit und der Kunst gedient, also das Angenehme mit dem Nützlichen verbunden wird, — abgesehen sogar davon, daß die Denkmälerenthüllungsfeste willkommene Veranlassung bieten, viel Nationalbier zu vertilgen und eine entsprechende Quantität patriotisches Wasser abzuschlagen*). Bei den Franzosen, als dem theatrali-

---

*) Es ist das wieder einer der derben, um nicht zu sagen groben Ausfälle des Herrn Verfassers, die man eben mit in den Kauf nehmen muß, wenn man ihn überhaupt lesen will. Er scheint leider gar keine Vorstellung zu haben von den ungeheuren „Thaten in Worten", welche unsere berühmten Reise- und Reichsredner während der letzten zehn Jahre in Germanien vollbracht haben, Thaten, über deren Wirkungen die Welt erstaunen wird, wenn sie mal davon erfährt. Bis jetzt ist freilich Alles noch ein blondhaariges Mysterium und ein blauäugiges Räthsel, entsprechend der deutschen Gründlichkeit, welche nicht gewohnt ist, mit französischer Frivolität Alles gleich an die große Glocke zu hängen. Der Herr Verfasser mag uns entschuldigen, wenn wir ihm mit deutscher Biderbigkeit sagen: Wir wollen keine Ueberstürzungen mehr, keine „tollen" Jahre, keine Märztage und andere dergleichen Polizeiwidrigkeiten! Das ist die negative Seite unseres Fortschrittspro-

schen Volke par excellence, wird in der Regel nicht
erst mit den todten, sondern mit den noch lebenden
Heroen Komödie gespielt. Aber man muß sagen,

---

gramms. Dasselbe hat aber auch eine positive, eine sehr po-
sitive und diese ist: — Wir wollen getreu-gehorsame Unterthanen und ruhigste Bürger sein, vorausgesetzt, daß man uns
allergnädigst gestatte, dann und wann die schwarzrothgoldne
Fahne herauszuhängen, Reden zu halten und zu hören nach
Herzenslust und dazu allerdings unser Nationalbier — ja,
Herr, unser Nationalbier, auf das Sie auch eine besondere
Bosheit zu haben scheinen! — im Frieden und ganz nach Be-
dürfniß unseres echt- und altgermanischen Durstes zu trinken.
So, da haben Sie, rund und nett formulirt, was wir wollen,
was uns noththut und was wir erreichen werden unter Führung jener edeln, edleren und edelsten Männer von 1848,
welche, sammt Nachwuchs, mit den Standrechtsretterthaten-
thätern von 1849 brüderlich-unterthänig Hand in Hand und
Arm in Arm gegangen sind und dadurch staatsmännisch bewiesen haben, daß edle, edlere und edelste Männer selbst vor dem
Schwersten, d. h. Niederträchtigsten nicht zurückschrecken, wann
und wo es galt und gilt, möglich zu bleiben oder zu werden... Privatim, lieber Herr, möchten wir uns schließlich
noch den Rath erlauben, Sie sollten Ihren — entschuldigen
Sie! — ungehobelten und hinter den Anforderungen des
Fortschritts comme il faut offenbar weit zurückgebliebenen
Styl bei den großen Autoren unserer Tage in die Schule
schicken, bei den wahrhaft zeitgemäßen Autoren, die so glücklich das Problem gelös't haben, für große und größte Patrio-

daß dieses Spiel Schick und Art hat. Man sieht es den Parisern und Pariserinnen eben doch sogleich an, daß sie geborene Acteurs und Actricen auf den Brettern, welche die Welt nicht nur bedeuten, sondern auch sind.

So hatte denn die große Komödie, betitelt „Voltaire's Triumph", ihren glücklichen und lustigen Fortgang, obgleich die Strapazen des Stückes dem vierundachtzigjährigen Triumphator arg zusetzten. Ein Mitlebender von damals und wenigstens als Statist Mitspielender, der Graf von Ségur, hat in seine Memoiren die Worte eingetragen: „Man kann sagen, daß es für etliche Wochen zwei Höfe in Frankreich gab, den des guten Ludwig zu Versailles, wo es ganz stille geworden, und den Voltaire's in Paris, welcher Tag für Tag von den lärmenden Huldigungen einer unzählbaren und entzückten Menge

---

ten und Volksmänner zu gelten und doch von allerhöchsten Herrschaften, auf welche sie bei Schützen-, Sänger- und Turnerfesten „donnernde" Hochs ausbringen, allergnädigst zum Thee „befohlen" zu werden.

Gemüthliche Anmerkung des Setzers.

widerhallte, die sich herbeidrängte, dem größten Genie
Europa's ihre Verehrung zu bezeigen. Seine Krö=
nung (son couronnement) fand im Palaste der Tui=
lerien statt, im Sal des Theater Français. Man
vermag die Trunkenheit nicht zu schildern, womit der
erlauchte Greis von dem Publikum empfangen wurde,
welches alle Räume und Zugänge des Ortes zum
Ersticken dicht anfüllte. Niemals ist die Dankbarkeit
einer Nation in helleres Entzücken ausgeschlagen.
Ich werde diese Szene niemals vergessen und ich be=
greife nicht, woher Voltaire die Kräfte nahm, sie
auszuhalten."

Dieser Haupt= und Staatsakt des ganzen Schau=
spiels ging am 30. März von 1778 vor sich. Der
Triumphator fuhr zunächst ins Louvre, um einer
ihm zu Ehren veranstalteten Festsitzung der Akademie
anzuwohnen. Ein ungeheuer großes Gefolge be=
gleitete seinen Wagen und harrte draußen, bis die
gelehrten Herren drinnen durch ihren Wortführer
d'Alembert alle Huldigungskünste erschöpft hatten.
Folgte dann die kurze Fahrt vom Louvre ins Theater
Français zwischen dichtgedrängten Menschenmassen

hin, welche den Wagen des Triumphators mit unendlichen Jubelrufen empfingen und begleiteten. Als der Greis ausstieg, von zwei Freunden unterstützt, mischte sich dem Entzücken der Bewunderung die Rührung über die körperliche Gebrechlichkeit des Gefeierten bei, den Beifallssturm zu sanfteren Lauten stimmend.

Die Vorgänge im Theater selbst hat uns ein verpariserter deutscher Augenzeuge, Herr Friedrich Melchior Grimm, Baron (von vermuthlich eigener Mache) und Neuigkeitenzufertiger verschiedener deutscher Höfe, in seiner bekannten vielbändigen „Correspondance littéraire" (IV, 177) genau beschrieben. Als Voltaire in die Loge der königlichen Kammerherren getreten und daselbst zwischen Madame Denis und der Marquise de Villette Platz genommen hatte, erschien der Schauspieler Brizard, der berühmteste unter seinen Kollegen, und überbrachte der Marquise einen Lorberkranz mit der Bitte, den Jubelgreis damit zu krönen. Wie dieses geschah, brach das ganze Haus in einen jauchzenden Zuruf aus. Voltaire nahm zwar die Krone sogleich wieder vom Haupte, aber die Versammlung bestürmte ihn, dieselbe aufzubehalten. Der Sal, die Logen, die Korridore strotzten von Menschen. Alle Frauen standen. Das war kein Enthusiasmus mehr, sondern förmliche Anbetung, ein wirklicher Kult. Endlich ging der Vorhang in die Höhe. Man spielte „Irene", eine byzantinische Tragödie, welche, wie schon gemeldet, Voltaire fertig aus Ferney mitgebracht hatte. Ein sehr altersschwaches Produkt seiner Geisteslenden, aber von ihrem Erzeuger, wie es bei derartigen Altersfünden häufig der Fall, zärtlich geliebt. Als Achtzigjähriger sollte man die Muse nicht mehr mit frostigen Umarmungen heimsuchen wollen. Schon als Siebzigjähriger nicht mehr. Als Beweise für die Richtigkeit dieses Satzes hocken und rutschen ja auch in Göthe's sämmtlichen Werken eine überzählige Anzahl unerquicklicher Kinderchen herum. Aber was ging die Versammlung im Theater Français das byzantinische Ding von Trauerspiel an? Man sah nur Voltaire. Als er sich nach gefallenem Vorhang erhob und, über die Logenbrüstung vorgebeugt, dankend die Versammlung begrüßte, brach der Huldigungssturm von Neuem los. Zugleich hob sich der Vorhang wieder und auf der Bühne erschien die Büste des Gefeierten, umringt von dem ganzen Korps der Schauspieler und Schauspielerinnen, welche dieselbe mit Lorberkränzen bedeckten und mit Rosenguirlanden umwanden, während Madame Vestris Verse deklamirte, welche besagten, daß La Belle France selber es sei, welche ihren großen Sohn kröne. Nur mühsam vermochte der bis zum Sterben Erschöpfte das Schauspielhaus zu verlassen. Schöne Frauenarme trugen ihn zu seinem Wagen, der nur im Schritt nach Hause gelangen konnte, umringt von einer entzückten Menge, welche die Ufer der Seine von dem unaufhörlich wiederholten Rufe: „Vive Voltaire!" ertönen ließ. Unter der Hausthüre kehrte sich der Jubelgreis gegen sein Gefolge, breitete die Arme aus und sagte mit im Schluchzen brechender Stimme: „Ihr wollt mich also unter Rosen ersticken?" und als ihm droben der Herzog von Richelieu entgegentrat mit den Worten: „Nun, lieber Voltaire, Ihr müßt ja recht befriedigt sein!" — keuchte der Halbtodte mühselig: „Ach, sie haben mich umgebracht mit ihren Kronen!"

Vanitas, vanitatum vanitas! Die große Voltaire-Komödie war ausgespielt und es hob eine andere an, welche alsbald jene vergessen machte: — die Franklin-Komödie. Am 6. Februar von 1778 war der Allianzvertrag Frankreichs mit den Vereinigten Staaten von Nordamerika zum Abschluß gediehen. Im März verließ der englische Gesandte Paris und der französische London. Der Krieg zwischen Frankreich und England war erklärt und der Agent der amerikanischen Rebellen wurde in feierlicher Audienz von Ludwig dem Sechszehnten zu Versailles empfangen. Franklin hatte, wie uns Klatschschwester Du Deffand zu melden nicht unterließ, bei dieser Gelegenheit einen braunrothen Sammetrock an, weiße Strümpfe, ungepuderte Haare, die Brille auf der Nase — was gegen alle Kleiderordnung und Etikette — und trug unter dem Arm einen weißen Hut. („Ist dieser weiße Hut vielleicht ein Symbol der Freiheit?" frug die neugierige Blinde vom Kloster Saint-Joseph ihren Freund Walpole.)

Vom 30. März, dem Triumphtag Voltaire's, waren es nur zwei Monate hin bis zum 30. Mai, dem Sterbetag Voltaire's, und doch war er schon ein vergessener, im Strudel von Babel-Paris verschollener Mann. Am 31. Mai von 1778 schrieb Madame Du Deffand an Horaz Walpole: „Ach, da hätt' ich fast vergessen, Ihnen ein wichtiges Ereigniß zu melden. Voltaire ist todt. Man kennt weder Stunde noch Tag genau, wann er starb; die Einen sagen gestern, die Andern vorgestern. Man weiß auch nicht recht, was man mit seinem Leichnam machen soll. Der Pfarrer von Saint-Sulpice will denselben nicht auf seinem Kirchhofe begraben lassen. Wird man den Todten nach Ferney bringen, um ihn dort beizusetzen? Aber er ist ja von dem Bischof, zu dessen Diöcese Ferney gehört, in den Bann gethan. Voltaire ist an einer zu großen Dosis Opium gestorben, welche er zur Milderung der Schmerzen seiner Strangurie genommen, oder auch, wie ich sagen möchte, an einem Ruhm-Erzeß, welcher die schwache Maschine zu sehr erschütterte."

Dies die Grabrede, welche Dem gehalten wurde, welchem zu Ehren Paris zwei Monate zuvor in Entzücken geras't hatte. Ruhm, dein Name ist Eitelkeit!

Die Hexe von Glarus.

Zu den zahllosen Schlupfwinkeln des Mittelalters, aus welchen der Anno 1789 losgebrochene Revolutionssturm die Stickluft der Barbarei, Verrottung und Knechtseligkeit wegzufegen hatte, müssen auch die Kantone der schweizerischen Eidgenossenschaft gezählt werden. Wahre Satiren auf Republik und Demokratie, diese von selbstsüchtig-bornirten Oligarchen und stupiden Pfaffen mißregierten Länder und Ländchen! Es kam denselben nicht einmal zu gute, was anderwärts der „aufgeklärte Despotismus" im Sinn und Geiste der Zeit für Wiedereröffnung der verstopften und verschütteten Lebensquellen that. Denn die schweizerischen Junker und Bonzen waren eifrigst bedacht, alle Einwirkungen der friederich'schen und josephischen Reformen möglichst von der Schweiz abzuhalten, und es gelang

ihnen das vortrefflich, insbesondere dadurch, daß sie
ihren angeblichen Mitbürgern und wirklichen Unter=
thanen jede, auch die dringendste, zeitgemäßeste und
heilsamste Neuerung kurzweg als „frömde Kaiberei"
signalisirten.

Seither ist es anders geworden, sehr anders.
Zwar stoßen Joggeli Kleinhirn, Heireli Wissenlos
und Ruodeli Engherz im Umkreise der Eidgenossen=
schaft noch oft und mißtönig genug mitsammen ins
Uristierhorn der Unkultur; zwar könnte eine Wieder=
holung des großen Fegewerkes von 1789 namentlich
den sogenannten Urkantonen, allwo noch mittel=
alterlicher Unrath genug hängen geblieben ist, nicht
schaden: allein daneben steht die Thatsache, daß die
Schweiz vom Segen freier Staatsformen ein glän=
zendes argumentum ad oculos geliefert hat, indem
sie in materieller und intellektueller Civilisation Vor=
schritte machte, wie solche binnen so kurzer Zeit ge=
macht zu haben kein anderes Volk der alten oder
modernen Geschichte sich rühmen kann. Denn, genau
genommen, datirt, was die Schweiz in der Neuzeit
vor sich gebracht, erst von der großen Reformperiode

von 1830, maßen das Gute, was die Zeit der Helvetik und Mediation geschaffen hatte, in der Restaurationsepoche wieder nach Menschenmöglichkeit vernichtet worden war.

Damals, als nach Vernichtung des Napoleonismus die „Restauration" ihre Bleihand auf die armen betrogenen Völker Europa's legte, standen Schweizer — Allen voran der berüchtigte Renegat Haller — in der Vorderreihe der Söldlinge einer Reaktion, welche das Ancien Régime in Kirche und Staat zurückzuführen log und betrog, predigte, ediktirte, jesuitirte, muckerte, einkerkerte, mordete und exilirte. Das Gebet der Dummheit oder der Schufterei um Zurückführung der „guten alten frommen Zeit" ist aber auch heute noch lange nicht verstummt und darum will ich mich, wie ich so oft schon gethan, wieder einmal der Mühe unterziehen, an einem mit aktentreuen Farben gemalten Bilde aufzuzeigen, wie es in der guten alten frommen Zeit eigentlich zu- und hergegangen*).

---

*) Die Hauptquelle der zu erzählenden kultur- und sitten-

1.

Das verhexte Kind.

Zur Novemberzeit von 1781 war im Flecken Glarus, dem wohlbekannten Hauptort des aus einem größeren, einem kleineren und einem kleinsten Hochgebirgsthal bestehenden Freistaats gleichen Namens, die öffentliche Meinung heftig und nachhaltig bewegt. In dem Hause des wohlehrsamen und hochgeachteten Doktor und „Fünferrichters" Tschudi hatte etwas „grusam Grüseliges" sich ereignet. Das jüngere Töchterlein des genannten Herrn nämlich, die neunjährige Anne Marie, der verhätschelte Liebling der Eltern, war in eine ganz absonderliche Krankheit verfallen. Die Kleine hatte seit Monats-

---

geschichtlichen Episode floß bislang in Lehmanns „Vertraulichen Briefen über den Hexenhandel zu Glarus" (1783). Nun hat uns aber J. Heer im „Jahrbuch des historischen Vereins des Kanton Glarus" 1865, S. 9 fg., in verdankenswerther Weise mit den Akten selbst bekannt gemacht, wenigstens auszüglich.

frist an Krämpfen gelitten, die mitunter von Hallucinationen begleitet waren. Arme und Beine versteiften sich von Zeit zu Zeit und der linke Fuß wurde so unbrauchbar, daß das Kind oft gar nicht mehr darauf zu stehen vermochte. Diese Krankheitssymptome waren jedoch unbedeutend im Vergleich mit den neuestens eingetretenen: — die arme kleine Anne Marie brach nämlich vom 12. November an eine Menge von Stecknadeln, Haften, eisernen Nägeln und Drahtstücken aus. Bis zum 13. Dezember hatte das Kind allein an Stecknadeln — landesmundartlich „Gufen" genannt — mehr als 100 Stücke ausgebrochen; zuweilen 10 oder gar 20 Stücke täglich.

Dieses höchst erschreckliche Gufen-, Haften-, Nägel- und Drahtstücke-Vomirungsmirakel konnte natürlich keine natürliche Ursache haben und bald war die Bewohnerschaft von Glarus — „Meine gnädigen Herren und Oberen", d. h. die höchsten Verwaltungs- und Justizbehörden, sowie selbstverständlich eine wohlehrwürdige Geistlichkeit inbegriffen — der einmüthigen und entschiedenen Ansicht, die arme

Anne Marie sei verhert; es könne gar nicht anders sein. Kraft stillschweigenden Uebereinkommens gebrauchte man aber das anrüchige Wort nicht, sondern sagte, das Kind sei „verderbt" — ein Euphemismus, welcher deutlich erkennen läßt, daß die Menschen, wenn sie sich dem höheren oder niedrigeren Blödsinn in die Arme werfen, dies doch nicht thun, ohne sich instinktartig vor dem gesunden Menschenverstand zu schämen. Freilich ist es nicht minder gewiß, daß gerade dieses Schamgefühl häufig zu einem heimlichen Sporn wird, welcher den Menschen auf der einmal betretenen Bahn des Afterwitzes vorwärts stachelt. Du sollst nicht Recht haben! sagt er trotzig zu dem Verstand und begeht lieber eine Dummheit und Tollheit nach der anderen, als daß er der Stimme des helläugigen und nüchternen Mahners und Warners Gehör und Beachtung schenkte.

Also die neunjährige Anne Marie Tschudi war verhert oder „verderbt", das stand fest. Aber wer hatte es der Kleinen „angethan"? Wer hatte mittelst höllischer Praktiken dem armen Kinde Stecknadeln,

Nägel, Haften und Drahtstücke in den Magen gezaubert? Wer war die „Verderberin", zu deutsch: die Hexe?.... Antwort: — die Anna Göldi, gewesene Dienstmagd im tschudi'schen Hause, welches sie unter absonderlichen Umständen unlängst verlassen hatte.

2.

Die Hexe.

Anna Göldi, die letzte offizielle Hexe der Schweiz, war, aus der damals züricherischen, jetzt zum St. Gallergebiet gehörenden Herrschaft Sax gebürtig, im Jahre 1776 als ein Mädchen von sehr „bestandenem" Alter — sie zählte nämlich 39 Sommer — bei einer angesehenen Familie im Flecken Glarus in Dienst getreten. Nachdem sie denselben vier Jahre lang zur Zufriedenheit ihrer Brotherrschaft gethan, verließ sie im September von 1780 dieses Haus und trat beim Doktor und Fünferrichter Tschudi als

Magd ein. Auch in dieser Stellung hielt und führte sie sich tadellos. Wenigstens hat weder der Herr Doktor noch die Frau Doktorin Tschudi über das Verhalten ihrer Dienstmagd als solcher irgend welche Klage vorgebracht. Während des ganzen bisherigen Aufenthalts der Göldi in Glarus war demnach ihr Leumund ein guter.

Allein dieser gute Ruf ging in den Augen der Glarner vollständig zunichte, als man später einen Einblick in die Vergangenheit der Here gewann. Es war die Jugendgeschichte eines blutarmen, von frühauf verwahrlosten Geschöpfes, wie es solcher oder ähnlicher Geschichten viele, unzählige gibt in dieser unserer vortrefflich eingerichteten Welt. Zwei Mal war der Anna das Weibliche begegnet, einem unehelichen Kinde das Leben geben zu müssen. Das erste Mal war diese Katastrophe sogar mit Umständen verknüpft gewesen, welche einen so starken Verdacht des Kindsmordes auf sie warfen, daß sie die Strafe des Prangerstehens über sich hatte ergehen lassen müssen. Das zweite Mal hatte sie in Straßburg geboren, wohin sie zu diesem Behufe von ihrem

damaligen Brotherrn — Vater des Kindes — ge=
sandt worden, dem Herrn Doktor Zwicki zu Mollis
im Glarnerland, in dessen Hause Anna sechs Jahre
lang gedient hatte. Indessen muß angemerkt wer=
den: — man erfuhr zu Glarus diese mißlichen Um=
stände zu spät, als daß dieselben auf die Herren=
prozedur einen Einfluß hätten üben können. Die
„heilige Dummheit" besorgte demnach das Blutge=
schäft ganz allein, ohne der Beihülfe schlechter Leu=
mundszeugnisse zu bedürfen. . . .

Die Anna Göldi lebte im tschudi'schen Hause
mit dem Herrn, der Frau und dem älteren Töchter=
lein Susanne in Frieden und Verträglichkeit. Da=
gegen herrschte zwischen der Magd und der „meister=
losen" jüngeren Tochter, der etwa neunjährigen Anne
Miggeli (Zärtlichkeitsname für Marie), eine Art
von kleinem Krieg, indem das verwöhnte Kind des
Hauses der Anna allerhand Neckereien und Possen
anthat und dafür von der Magd gelegentlich ein
„Püffli" abbekam. Anne Miggeli war stets der
angreifende Theil, aber diese Unart wurde, wie
andere, von den Eltern dem Lieblingskinde straflos

nachgesehen. Im Oktober von 1781 fand wiederum so ein Auftritt zwischen der Anna und dem Aennchen in der Küche statt. Wenige Tage nachher erklärte die Kleine, sie habe in ihrer Frühstücksmilchtasse eine „Gufe" gefunden.

Dieses Phänomen wiederholte sich in den folgenden Tagen noch mehrmals, und da es den zärtlichen Eltern nicht von ferne in den Sinn kam, daß der kindische Muthwille ihres „meisterlosen" Töchterleins dieses Gufenspiel treiben könnte, wurde die Magd zur Rede gestellt. Sie gab „mit Lachen" zur Antwort, sie besitze gar keine Stecknadeln, habe also auch keine in die Milch gethan. Als jedoch etliche Tage hernach wiederum eine Gufe, nicht in Aennchens Frühstücksmilch zwar, aber in einem „Möckli" Brod erschien, wurde die Magd sofort aus dem Dienste weggeschickt.

Die plötzlich obdachlos Gewordene suchte eine augenblickliche Unterkunft bei Bekannten im Flecken, bei dem alten Schlosser Rudolf Steinmüller und seiner Frau. Diese riethen ihr, sie möchte beim Herrn Amtslandammann Tschudi und beim Herrn

Pfarrer Tschudi — (die schweizerischen Oligarchieen waren wahre Weichselzöpfe von Vetter- und Basenschaften, ganz ähnlich dem berüchtigten „Verwandtschaftshimmel" des „Schreiberparadieses" Altwürtemberg) — über die grundlose Anschuldigung, welche gegen sie erhoben worden, eine Beschwerde einlegen. Sie that so, fuhr aber übel damit. Der Bonze — die Frau Doktorin und Fünferrichterin Tschudi war seine Nichte — griff sogar nach seinem Meerrohr, um damit der Beschwerdeführerin geistlich zuzusprechen, und der Herr Landammann sagte ihr: „Thut Abbitte bei Eurem Herrn und dann machet, daß Ihr zum Flecken und zum Land hinauskommt!"

Das war natürlich weit mehr ein Befehl, als ein Rath. Allerdings setzte das Abbittethun ein Bekenntniß des Schuldigseins voraus; aber was sollte und wollte die arme Magd machen? Sie mußte in den sauren Apfel beißen, namentlich auch, um ihre Kleider und die 16 „Doublonen" (Louisd'or), ihre Ersparnisse, welche sie ihrem bisherigen Dienstherrn „zum Aufheben" gegeben, herauszubekommen. Sie leistete die Abbitte, erhielt ihre Sachen, gab das Geld — damit es ihr nicht etwa von dem Herrn Landvogt ihrer heimatlichen Landschaft, der „gar ein hungriger sei", unter irgend einem Vorwande weggenommen würde — dem Schlosser Steinmüller in Verwahrung und verließ am 29. Oktober Flecken und Freistaat Glarus.

3.

Die Fahndung.

Achtzehn Tage nach der Abreise der Göldi begann die schon gemeldete Stecknadeln-, Haften-, Nägel- und Drahtstücke-Brechruhr der kleinen Anne Marie Tschudi und „böserte" es damit von Tag zu Tag bedenklicher und bedenklichst. Dabei war es wunderbar — (oder vielmehr gar nicht wunderbar, brummt der alte, wohlerfahrene Herr, der gesunde Menschenverstand) — daß das absonderliche Gepreßte mehr und mehr mit allerhand Beiwerk sich garnirte, je mehr die kindliche Kranke der Gegenstand der öffentlichen Aufmerksamkeit wurde.

Maßen aber jede Wirkung ihre Ursache haben muß, so vereinigten sich die sämmtlichen hosenlosen und behos'ten Klatschbasen von Glarus zunächst dahin, daß das „Gufenspeien" der Kleinen auf jene angeblich durch die Anna Göldi in die Frühstücksmilch gethanen Gufen zurückzuführen sei. Zwar hatte früher weder Anne Miggeli selbst, noch sonst Jemand behauptet, daß die Kleine eine jener Gufen verschluckt habe, und ebensowenig fiel es Jemand ein, die wundersame Prozedur des Gufenspeiens einmal einer genauen Untersuchung zu unterziehen. Aber wozu mit solchen Nebendingen sich befassen, wenn die Hauptsache so klar ist? „Dä frömb Kog*) von Magd hat's gethan, was brauchen wir weiter Zeugniß?" Also werden sich wohl „Meine gnädigen Herren und Oberen" mit dem Ding befassen müssen, malefizgerichtlich nämlich. Und richtig, das Protokoll des „evangelischen" Rathskollegiums vom 26. November 1781 besagt, daß „gegen die Anna

---

*) Kog ist das glarnerische Nationalschimpfwort, ganz entsprechend dem zürcherischen Kaib.

Göldi klagend angezeigt worden, sie habe der Anne Marie Tschudi zu verschiedenen Malen Gusen in der Milch zu essen gegeben," woraufhin M. G. H. u. O. den weisen Beschluß faßten, „dieser verruchten Dirne unverzüglich nachschlagen", d. h. auf sie fahnden zu lassen.

Kaum war dieser Rathschluß im Flecken bekannt geworden, als dem alten Schlossermeister Steinmüller seine Bekanntschaft mit der „verruchten Dirne" bedenklich vorkam, so bedenklich, daß er sich beeilte, alle Beziehungen zu derselben dadurch abzubrechen, daß er ihr mittelst des werdenberger Boten das ihm zum Aufbewahren übergebene Geld in ihre Heimat nachschickte, nebst „freundtlichem grauß", wie er sich in seinem glarnerischen Hochdeutsch ausdrückte. Am Schlusse seines Begleitschreibens ermahnte er die Adressatin noch beweglich: „Thaut Bauff! (thut Buße)"…. Das Alles bewahrte aber den armen alten Mann nicht davor, daß an ihm in Erfüllung ging, was bei Herenprozeduren nicht Ausnahme, sondern Regel: daß nämlich der Herenwahn in einem gegebenen Falle nicht mit e i n e m Opfer sich begnügte. Ist

es doch gar häufig geschehen, daß e i n e „Hexe" mit
oder wider Willen Dutzende, ja Hunderte von Per=
sonen jedes Alters, Geschlechtes und Standes mit
in's Verderben gerissen hat. Auch die letzte, auf
deutschem Boden gerichtlich gemarterte und gemordete
Hexe sollte ihre Todesbahn nicht a l l e i n gehen.

Es währte aber eine gute Weile, bis es gelang,
die Unglückliche aufzugreifen. Mein Herr Doktor
Zwicki in Mollis nämlich, welcher besorgen mochte,
eine Prozessirung der Anna könnte unter Anderem
auch zu Tage fördern, daß er ihr vor Zeiten ein allzu
gütiger Dienstherr gewesen, hatte sie durch einen
nächtlicher Weile über den kerenzer Berg in's Wer=
denbergische entsandten vertrauten Mann warnen
lassen. Die Gewarnte verließ sofort die Wohnung
ihrer Schwester in Sar, wanderte das Rheinthal
hinunter, über Rorschach nach St. Gallen, von da
durch's Appenzellerland in's Toggenburg, wo sie
in Degersheim einen Dienst fand. Da aber in=
zwischen „Läufer" mit Steckbriefen von Glarus in's
Land ausgegangen, wurde die Arme nach elf Wochen
aufgespürt, aufgegriffen, an Glarus ausgeliefert

und daselbst am 21. Februar 1782 eingebracht und in den neuen Thurm gesetzt.

Die Delinquentin war also da. Es fragte sich nun, vor welchem Forum sie prozessirt werden sollte. Denn im Kanton Glarus gab es damals und bis zum Jahre 1837 in Folge der paritätischen Verhältnisse des Ländchens eine dreifache Verwaltung und Rechtspflege: — eine „gesönderte" evangelische, eine „gesönderte" katholische und eine „gemeine" (gemeinsame). Das geeignetste Forum für den obschwebenden Handel wäre ohne Zweifel der „gemeine" Rath gewesen. Aber, wie aus den Umständen erhellt, war der evangelische Rath zu jener Zeit so zusammengesetzt, daß er sich für ein „Malefizgericht" im Sinne der guten alten frommen Zeit am besten qualifizirte, und so wußte es mein Herr Doktor und Fünferrichter Tschudi sammt dem Weichselzopf von tschubischer Vetter- und Basenschaft dahin zu bringen, daß der „evangelische" Rath den Prozeß an die Hand nahm. Damit war der Ausgang desselben schon deutlich angezeigt. Denn „Meine Gnädigen Herren und Oberen" vom evangelischen Rath waren im Teufels- und Hexenglauben stark wie Martin Luther und daher voll guten Willens, mittelst Opferung einer Hexe dem Reiche Satans Abbruch zu thun.

Die „öffentliche Meinung", in 99 Fällen bekanntlich allzeit dem Unsinn, und zwar leidenschaftlich, und, so es gut geht, vielleicht in einem hundertsten Falle der Vernunft, und zwar frostig, zugethan, — die öffentliche Meinung übte übrigens über die guten Glarner zu Ungunsten der „Hexe" einen solchen Terrorismus, daß selbst Männer, welche für aufgeklärt und wissenschaftlich gebildet mit Recht galten, demselben nicht zu trotzen wagten.

So auch Herr Doktor Marti, „unzweifelhaft der gebildetste Arzt des Kantons" und ein Mann „von freier Denkungsart", dessen Klugheit aber noch bedeutend größer als seine Bildung und sein Freisinn. Denn, mit der Untersuchung des „verderbten" Kindes und mit Begutachtung des absonderlichen Kasus amtlich betraut, wand er sich in seinem Berichte zwischen Sinn und Unsinn kläglich-klüglich hin und her, also beschließend: „Was aber die Art und

Weis, wie die Stecknadeln und Heftli und zwar erstere in so großer Anzahl dem Kinde beigebracht worden, betrifft, ist es in der That schwer zu begreifen und wird Niemand erklären können, als die ungeheure Uebelthäterin selbst."

Also auch der begutachtende Arzt fühlte sich berufen, zum Voraus die Angeklagte als eine „ungeheure Uebelthäterin" zu kennzeichnen, d. h. zu verdammen. Ehrenhafter und pflichtgetreuer, aber freilich weniger der öffentlichen Meinung gemäß wäre es gewesen, wenn mein Herr Doktor Marti durch genaue und schlaue Beobachtung der „verderbten" Anne Miggeli dahinter zu kommen gesucht hätte, wie es sich mit den Krämpfen, Gichtern und Visionen des Kindes eigentlich verhielt, und insbesondere mit dem Gufenspeien. Es liegen nur zwei Zeugnisse von Personen vor, welche es überhaupt der Mühe werth gehalten haben, das Gufenwunder etwas näher anzusehen, und diese beiden Zeugnisse lauten so, daß jeder Nichthexengläubige zu der entschiedenen Ansicht kommen muß, die neunjährige Anne Marie müsse ein gar nicht gewöhnliches Talent für Taschenspielerei gehabt haben und hätte, bei weiterer Ausbildung desselben, auf Jahrmärkten als Messerverschluckerin und Feuerspeierin leicht ihr Brot verdienen können. In ganz Glarus scheint nicht einem einzigen Menschen auch nur entfernt der Gedanke einer Möglichkeit aufgegangen zu sein, daß ein zwar nicht verhertes, aber allerdings „verderbtes" Kind mit einer ganzen Bevölkerung seinen koboldischen Muthwillen treiben könnte.

4.

„Gewaltthätige Kunstkraft."

Am 21. März hatte die Here ihr erstes förmliches Verhör zu bestehen, vor der von „Meinen Gnädigen Herren und Oberen" bestellten Untersuchungskommission, und die Prozedur nahm dann ihren regelrechten Fortgang. Aber bevor das geschah, spielte sich noch eine eigenthümliche Episode dieses Herenhandels ab.

Mein Herr Doktor und Fünferrichter Tschudi erschien nämlich vor der Untersuchungskommission und stellte vor, "er habe gehört, daß dergleichen bösen Leut' das von ihnen Verderbte wieder gut machen können; dahero er so bringend als möglich bitte, bei der Göldi auf gütliche Weise zu vernehmen, ob sie das Kind nicht wieder zu seiner chevorigen Gesundheit bringen könne." Man fand den Wunsch billig und beauftragte den Landwaibel und Gefängnißwärter, die Here in der angegebenen Richtung zu bearbeiten. Dies geschah, jedoch anfänglich ohne Erfolg; denn, sagte die Gefangene, "was sollte ich dem Kinde helfen können? Ich habe ihm ja auch Nichts zu Leide gethan." Ein ganz richtiger Instinkt rieth der Unglücklichen, auf das an sie gestellte Ansinnen nicht einzugehen. Sie fühlte dunkel, daß, wenn sie als Heilerin sich versuchte, sie damit zugleich als "Verderberin" sich bekennen würde. Aber man ließ ihr keine Ruhe, man suchte gleichermaßen die Furcht wie die Hoffnung in ihr aufzuregen, indem der Landwaibel ihr bald drohte, sie werde, wenn sie sich weigerte, "mit dem Scharfrichter angegriffen

werden", bald sie vertröstete, sie werde, so sie nach=
gäbe, "dann zumalen bälder entledigt werden". Die
Arme gab nach. "Bringt in Gottes Namen das
Kind", sagte sie. "Ich will mit der Hülfe Gottes
und dem Beistand des heiligen Geistes versuchen,
ihm zu helfen." Dann fügte sie schwer aufseufzend
hinzu: "Oh, was für ein unglücklich Mensch
bin ich!"

Noch am Abend desselben Tages wurde das
kranke Kind auf's Rathhaus gebracht, allwo in der
Rathstube die Here ihre Heilkünste in Anwendung
bringen sollte. Insbesondere an dem linken Bein
Anne=Miggeli's, welches angeblich kürzer geworden
als das rechte. "Komm in Gottes Namen! Wenn
ich schon bei den Leuten ein Her sein muß, so will
ich Dir doch helfen und Dir nichts Böses thun."
Mit diesen Worten begann die Göldi ihre Mani=
pulationen, d. h. ihr Streicheln, Kneten und Strecken
des kranken Beins. Dieses Experiment wurde zu
wiederholten Malen gemacht und, siehe, Anne=Mig=
geli's linkes Bein war wieder so lang und gesund
wie das rechte. Aber noch "grimmte" es die Pa=

tientin im Leibe, weßwegen die Hexe ein Larirmittel verordnete, wozu der Vater Miggeli's die Ingredienzien lieferte. Das trieb die letzte Guse von dem Kinde und, siehe, dasselbe war jetzt wieder so ganz gesund und frisch und hellauf, wie es vordem nur jemals gewesen.

Männiglich und Weibiglich zu Glarus schlug die Hände über den Köpfen zusammen ob dieser „unbegreiflich gelungenen" Heilung, ob dieser „so gewaltthätigen Kunstkraft" der Anna Göldi. Die Hexe hatte das arme Kind enthert, nachdem sie es behert hatte, kein Zweifel! Se. Ehrwürden, Pfarrherr Tschudi legte den Knopf seines geistlichen Meerrohrs tiefsinnig an die Nase und gab das Orakel von sich: — „Eine so gewaltthätige Kunstkraft kann nur vom Teufel sein. Anathema sit! Sie ist eine Hexe, sie muß eine Hexe sein. Nur Unchristen und Atheisten könnten das bezweifeln. Dixi et salvavi animam meam".... Es gab dazumal in Glarus weder Unchristen noch Atheisten, nicht einmal, wenn mir recht ist, Freimaurer, und demnach war es jetzt eine ausgemachte Sache, daß „dä frömd Rog" eine schandbare und überwiesene Hexe. Die heilige Dummheit fragte natürlich nicht danach, daß Gemüthsart und Gebaren der Angeklagten ganz und gar nichts Hexenhaftes hatten, ja daß sogar die Herren von der Untersuchungskommission sich nicht entbrechen konnten, an einer Stelle der Akten anzuerkennen, daß die Anna Göldi eine „geschlachte (sanftmüthige) und ehrliche" Person. „Thut Nichts; sie wird verbrannt!"

―――

5.

Das zauberische „Leckerli".

Es kam aber Methode in den Unsinn; denn bekanntlich ist es einer der vielen Vorzüge, welchen die germanische Rasse vor der romanischen voraus hat, daß sie allen höheren und tieferen Blödsinn mit methodischer Gründlichkeit und systematischer Grandezza traktirt und agirt. Diese christlich-germanische Tugend erregte in etlichen Glarnern und Glarnerinnen etwelche Skrupel, ob wohl die „geschlachte und ehrliche" Anna Göldi an der Anne-Miggeli das Höllenwerk allein oder aber mit Beihülfe eines Zweiten oder Dritten vollbracht habe. Und wer wohl könnte ihr ruchloser Beiständer und Bruder in Belzebub sein? Hm, sie hatte ja im abgelegenen Hause des alten Steinmüller „auf der Abläsch draußen" verkehrt, hatte demselben, als sie aus Glarus entwichen, Geld zum Aufbewahren gegeben, und er hatte ihr mit einem verdächtigen Briefe, welcher aufgefangen worden und zu den Akten gekommen war, dieses Geld „nebst freundtlichem grautz" nachgeschickt. Der Ruodi Steinmüller war auch so ein „eigener" Mensch gewesen, so ein „Pröbler" und halber „G'studirter", der seinen Kopf in die Bücher steckte, wo immer er konnte, und sich allzeit zugeknöpft und verschlossen bei Seite gehalten hatte. Unheimelig das!... „Ich will nüt g'schwätzt han, Herr Vetter, währli nei, gar nüt; aber der alt' Ruodi uff der Abläsch ist syn Lebtag ein aparter Ma gsi und, hm, Ihr wüßet schon, Herr Vetter".... „Jo fryli, Frau Bas'. Auch ich will

Niemand verschänden, währli nei; aber daß der alt' meincid' Kog, der Ruodi, mit der Her', der Gölbi, causam communem g'machet hat, wie der Lateiner sagt, ist sicher."

Derlei Dialoge, wie sie wohl auch im tschudi'schen Hause gehalten wurden, trugen ihre Früchte und zwar dann, als der malefizgerichtliche Scharfsinn mit der Frage sich herumquälte, in welcher Weise die Here die Stecknadeln, Haften, Drahtstücke und Nägel dem armen Kinde in den Leib gehert habe. Glücklicher Weise mußten sich „Meine Gnädigen Herren und Oberen" nicht allzu lange darob die Köpfe zerbrechen. Denn Anne-Miggeli war so gefällig, auf eindringliches Befragen die Auskunft zu geben, daß die Beherung mittelst eines „Leckerli" (Lebkuchen) geschehen sei und zwar in Gegenwart des Ruodi Steinmüller. „Heureka!"

Diese seine Angabe formulirte das „nun Gottlob wieder völlig restituirte Töchterli" des Herrn Doktor Tschudi vor der Untersuchungskommission also: —

„An einem Sonntag unter Tags ist in der Magdenkammer der Ruodi Steinmüller bei der Anna auf dem Bett gesessen und Einer ist am Boden umengehapet (herumgekrochen), der weder Arm noch Bein gehabt." — (Se. höllische Majestät machte also hier in einer neuen und eigenthümlichen Gestalt höchstihre Aufwartung.) — „Da hat mir die Anna aus einem Häfeli ein überzuckertes Leckerli gegeben, das ich in der Kammer essen mußte, wo die Anna sagte, ich sollte dem Vater und der Mama Nichts davon sagen."

Da haben wir's! Also aus einem zauberischen Lebkuchen waren im Leibe des unglücklichen Kindes alle die Gufen, Nägel u. s. w. erwachsen? Schrecklich! Und der Steinmüller war also auch dabei gewesen? Schrecklicher! Und der Gottseibeiuns war während der Vollbringung des Leckerli=Zaubers leibhaftig am Boden „umengehapet"? Am schrecklichsten!

So verfinstert waren Gehirn und Gewissen „Meiner Gnädigen Herren und Oberen", wie überhaupt der guten Glarner und Glarnerinnen, daß die ungeheuerliche Lüge des Kindes nicht den leisesten Zweifel erregt zu haben scheint. Noch mehr, die arme Angeklagte selber wurde durch die Aussage Miggeli's in eine Gemüthsverwirrung geworfen, von welcher befangen sie zeitweilig die kindlich-blödsinnige Dichtung des Kindes für Wahrheit und Wirklichkeit hielt. Es kam ja, wie bekannt, in zahllosen Hexenprozeduren Aehnliches vor: — die armen Opfer, durch die über sie verhängte Verfolgung zur Verzweiflung getrieben, glaubten zuletzt selber an alle die unmöglichen Verbrechen, welche man ihnen schuldgab.

Schon in den ersten „gütlichen" Verhören gestand die Angeklagte Alles, was man von ihr gestanden haben wollte: die ganze Leckerli-Zauberei, „wie es das Kind gesagt habe", fügte sie ausdrücklich hinzu. Auf die Frage: „Woher sie das zauberische Leckerli gehabt?" schwieg sie hartnäckig eine ganze Stunde lang. Dann, auf wiederholtes Anbringen, sagte sie unter heftigem Jammern: „Vom Ruodi Steinmüller". Im Protokoll heißt es hiebei: — „Das Amt frägt, man gewahre an ihr, daß sie immer so staune; ob sie etwa dem Steinmüller mit ihrer Angabe Unrecht thue? worauf sie antwortet, sie wisse nicht, was sie thue." Dann widerrief sie noch in demselben Verhör ihre den Steinmüller belastende Aussage. „Aber wer sonst hat Euch das Leckerli gegeben?" Ganz außer sich schrie sie zuletzt: „Der Teufel hat es mir gegeben!" Das Amt faßte diesen Unsinn begierig auf. „In welcher Gestalt ist er Euch erschienen?" „In einer leiden (garstigen) Gestalt."

6.

Auf der Folter.

Der Hexe also war man sicher. Es galt jetzt, auch des Hexenmeisters sich zu versichern. Am 29. März wurde daher der alte Rudolf Steinmüller in Haft gebracht; allein der Greis war ein zäher Glarner und ließ sich nicht sobald herbei, durch Zugeständniß des ihm schuldgegebenen Afterwahns sein eigenes Todesurtheil zu sprechen. Mit der Hexe konfrontirt, stellte er die Aussagen derselben fest und entschieden in Abrede. Sie dagegen, nun einmal schon vom Geiste der Lüge besessen — wenn auch im anderen Sinne — beharrte bei ihren Angaben und Beide gaben die Erklärung ab, daß sie bereit seien, ihre Aussagen „am Folter zu erhärten."

Meine Gnädigen Herren und Oberen säumten denn auch nicht, dieses unfehlbare Beweismittel in Anwendung zu bringen und beriefen zu diesem Zwecke den Scharfrichter von Wyl, Meister Volmar, welcher am 4. April in Glarus eintraf und zunächst durch seine bloße Anwesenheit im sogenannten Schreckverhör („Territ=Eramen") in Wirksamkeit trat. Im zweiten Territ=Eramen nahm die Gölbi alles gegen Steinmüller Ausgesagte zurück und bat den Angeschuldigten unter Thränen um Verzeihung. „Aber" — fragten die Richter — „warum hast du den Steinmüller beschuldigt?" — „Weil das Kind es gesagt hat, daß der Steinmüller und noch Einer dabei gewesen sei." — „Und wie ist es denn bei der Verderbniß des Kindes zugegangen?" — Nach langem „Staunen" die Gölbi: „Der bös Geist hat es gethan." — „Hast du denn ein Verständtnuß oder Bund schriftlich oder mündlich mit dem bösen

Geist? Sag' es! Die Obrigkeit, die an Gottes Statt sitzet, kann dir von solcher bösen Verbindung wiederum helfen." Die Angeklagte verneint das Teufelsbündniß entschieden; aber am folgenden Tage, im dritten Schreckverhör, ist sie schon so mürbe geworden, daß sie bekennt, zwei Tage, nachdem sie mit der kleinen Anne Marie einen Streit gehabt, sei der Teufel in Gestalt eines „wüsten schwarzen Thiers" zu ihr in die Küche gekommen und habe „mit den Klauen" röthlichgelben Wurmsamen und weißes Gift, in ein Papier eingewickelt, ihr überreicht, und diese Substanzen habe sie in einem angefeuchteten Stücke Brot dem Kinde zu essen gegeben.

Bei dieser Angabe blieb die Hexe, als sie am 11. April zum ersten Mal der Folterung unterworfen ward. Die Folterart war der sogenannte „Zug", auch Expansion oder Elevation geheißen, wobei die Gemarterte, mit auf den Rücken gebundenen Händen mittels eines an letztere geknüpften Seiles frei in der Luft schwebend, durch eine an der Decke der Folterkammer befestigte Rolle in die Höhe gezogen wurde, und zwar mit an ihre Füße gehängten

Steinen, bis ihr die Arme verkehrt und verdreht über dem Kopfe standen — „ad majorem Dei gloriam."

Die Herren Malefizrichter vernahmen mit Befriedigung das Bekenntniß der gemarterten Here, daß diese in direktem Verkehr mit dem Teufel gestanden und von Sr. höllischen Majestät selber das verderbliche Zaubermittel empfangen habe. Aber das „nun Gottlob wieder völlig restituirte Töchterli" des Herrn Doktor Tschudi machte ihnen einen Strich durch dieses mittels der Folter glücklich gewonnene Resultat, indem das Kind standhaft dabei verblieb, es sei nicht mittelst eines angefeuchteten „Möckli" Brotes verderbt worden, sondern mittels eines im Beisein des Ruodi Steinmüller von der Anna Göldi erhaltenen „Leckerli's". Quer das! Aber der Anne-Miggeli, so angesehener Leute Kind, welche mit „Meinen gnädigen Herren und Oberen" vielfachst versippt waren, war natürlich unbedingt zu glauben und so mußte man den „frömden Kog" von Here schärfer mit der Tortur angreifen, um ihre Bekenntniſſe mit der Angabe von Tſchudi's Töchterli in Einklang zu bringen.

Deßhalb wurde die Unglückliche am 13. April zum zweiten Mal gefoltert und, ſiehe da, das Ergebniß dieſer „ungütlichen" Befragung war ganz das gewünſchte. Denn das Opfer, glücklich in den Zuſtand der Unzurechnungsfähigkeit, ja des Wahnſinns hineingemartert, ſagte zu Allem, was man fragte, Ja und Amen; alſo auch dazu, daß ſie das Kind mit einem vom Steinmüller erhaltenen Leckerli in deſſen Beiſein verhert habe. Die wohlweiſen Richter wollten aber ganz ſicher gehen und verordneten daher der Here den dritten und qualvollſten Foltergrad. Sie erlitt denſelben am 8. Mai, „wo — beſagt das Protokoll — die Delinquentin mit dem Gewichtſteine hart aufgezogen, lang hängend gelaſſen und bei den Hauptfragen immer ſtark gezuckt (d. h. auf- und abgeſchnellt), ja überhaupt auf das Allerſchärfſte gepeinigt worden". Am Schluſſe dieſes „ungütlichen" Verhörs hat dann das Protokoll die Bemerkung: „Endlich iſt die Göldi entlaſſen, matt und hart zugerichtet, und wieder in den neuen Thurm gethan worden." Selbstverständlich hatte sie alle ihre Angaben schließlich noch einmal „am Folter erhärtet."

Dadurch war der unglückliche Steinmüller wieder arg belastet worden und die Reihe, „scharf angegriffen" zu werden, kam jetzt an ihn. Indessen konnte die Quälerei des Angeschuldigten nur bis zur Drohung mit der Folter, nicht bis zur Anwendung derselben getrieben werden. Der arme alte Mann, zur Verzweiflung gebracht, an der Welt und an sich selbst irre geworden durch das Zureden seiner Verwandten und durch die Drohungen seiner Richter, gestand, nachdem er lange standhaft die verrückte gegen ihn erhobene Beschuldigung abgewiesen, dieselbe zu, beschrieb sogar im Delirium der Angst, wie und aus welchen Substanzen (Stahlspähne, Eiweiß, Gips, Honig, Vitriol, „Galizensteinwasser", „Gold-Vernies" u. s. w. im Blödsinn) er das Zauber-Leckerli bereitet habe, widerrief dann sein tolles Geständniß wieder völlig und entschieden, ließ sich hierauf abermals „mürbe" machen und endigte damit, daß er sich der Gewalt seiner lieben Mitmenschen-Bestien entzog. In der Nacht vom 11. auf den 12. Mai erhenkte er sich in seinem Kerker. Was aber dem Lebenden nicht angethan worden, mußte wenigstens dem Todten widerfahren. Der Leichnam wurde dem Henker übergeben und von diesem zum Hochgericht gekarrt. Dort wurde dem Todten die rechte Hand abgehauen, um an den Galgen genagelt zu werden, unter welchem man den Körper verscharrte. Das Vermögen des Herenmeisters wurde natürlich von Rechtswegen konfiszirt, wie denn auch dieser Herenprozeß, gleich so vielen anderen, ein recht einträgliches „Geschäft" gewesen ist. In Folge der Einziehung von Steinmüllers Vermögen, sowie der Konfiskation der 16 Doublonen der Here, ferner einer dem Doktor Zwicki in Mollis zuerkannten Buße von 200 Kronenthalern und einer weiteren im Betrage von 100 Kronenthalern der Wittwe Steinmüllers auferlegten, hatte nämlich nach Abzug sämmtlicher Prozeßkosten der „protestantische Landessäckel" von Glarus einen reinen Profit von 754 Gulden.

7.

Fiat justitia!

Am 24. Mai erklärten "Meine Gnädigen Herren und Oberen vom evangelischen Rath" den Handel für reif ("matur") und die Urtheilsfällung mußte demnach erfolgen.

Nun scheint aber doch die Vernunft in das enge Felsenthal von Glarus einen obzwar nur dünnen Lichtstral hineingeworfen zu haben und scheint dieser Lichtstral auch durch das Schlüsselloch des evangelischen Rathsals geschlüpft zu sein. Denn unter den Mitgliedern des Malefizgerichtes tauchten Bedenken auf gegen die Fällung eines Todesurtheils. Insbesondere soll — die Akten sind hier sehr lückenhaft und wahrscheinlich nachmals absichtlich lückenhaft gemacht worden — der Herr "Landschreiber" der Meinung gewesen sein, die Göldi am Leben zu lassen. Aber er drang damit nicht durch, weil ein anderer Einfluß, nämlich der des offenbar ganz schafköpfigen und äußerst rachsüchtigen Herrn Doktor Tschudi, mächtiger war als der seinige.

Also wurde denn dem schmachvoll anachronistischen Werke des Unsinns und der Leidenschaft, hervorgerufen durch die Bosheit eines verzogenen Kindes, die Krone aufgesetzt und am 16. Juni „laut unserer Malefizgerichts-Ordnung" gegen die Here Anna Göldi die Sentenz gefällt, daß sie „durch das Schwert vom Leben zum Tode hingerichtet und ihr Körper unter dem Galgen vergraben werden, auch ihr in hier habendes Vermögen konfiszirt sein solle."

Das Urtheil ist übrigens in wunderlich gewundener Sprache verfaßt. Man glaubt bei Lesung dieses Aktenstückes mit anzusehen, wie der Herr Landschreiber, welcher dasselbe zu redigiren hatte, sich drehte und wand, um die Ehre seines Landes nach Menschenmöglichkeit zu decken. Deßhalb kommen die Worte Here und Hererei in dem Urtheile gar nicht vor. Die Göldi wird vielmehr nur ganz allgemein als „Uebelthäterin" bezeichnet, weiterhin als eine „Vergifterin" und ihre angebliche Verschuldung als eine „Gräuelthat gegen das Töchterli des Herrn Dr. Tschudi."

Am 18. Juni 1782 fiel unter dem Galgen auf

dem „Spielhof" das Haupt der Anna Göldi unter dem Richtschwert.

Die Akten schweigen gänzlich über das Verhalten des Opfers bei der Urtheilsfällung und Ermordung. Es existirt nur die Ueberlieferung, daß Bonze Tschudi, welcher die Delinquentin „auszutrösten" hatte, geäußert habe, sie sei als „reumüthige und bußfertige Sünderin" gestorben. Das will eben nur sagen, daß die Unglückliche, an Leib und Seele gebrochen, die geistliche „Auströstung" in stumpfer Willenlosigkeit über sich ergehen ließ und gleich so vielen Hunderten und Tausenden von „Hexen" vor ihr den Tod als den Heiland willkommen hieß, der sie von einem qualvollen Dasein und von ihren lieben Mitchristen erlöste.

Als es zu spät, erwachten Gewissen und Scham unter den Verfolgern und Mördern der beiden Opfer. Ein Wohldiener „Meiner Gnädigen Herren und Oberen" erbat sich von denselben die Erlaubniß, „die Prozeßakten zur Ehre der Obrigkeit in Druck zu befördern." Allein man fand für gut, sich diese „Ehre" zu verbitten; denn der Schrei der Entrüstung über den Göldi-Handel — Schlözer brandmarkte denselben in seinen Staatsanzeigen mit dem neuen Wort „Justizmord" — welcher in der ganzen gesitteten Welt wach geworden, hatte inzwischen auch an den Felswänden des Glärnisch Widerhall gefunden. Die Glarner von heute aber gäben sicherlich Etwas darum, daß ihr Land nicht der traurigen Berühmtheit genösse, die Stätte zu sein, auf welcher innerhalb der Gränzen des deutschen Sprachgebietes die letzte Hexe gerichtet und hingerichtet worden ist.

Das Räthsel des Tempels.

1.

Der Tempel.

Kein Zweifel, Paris ist jetzt die schönste Stadt des Erdballs. Aber freilich, die Franzosen haben es sich auch Etwas kosten lassen, die alte Kothstadt zur modernen Glanzstadt umzuwandeln: — nur seit 1852 ist von Stadt- und Staatswegen nahezu eine Milliarde auf die Vergrößerung, Vergesundlichung und Verschönerung von Neu-Babylon verwandt worden. La Belle France erweis't sich stets als eine Krösa, so es um Befriedigung der Nationaleitelkeit sich handelt. Die Verschwendung, womit die uralte und ewigjunge Kokette ihren Empfangsalon Paris ausschmückt, hat übrigens auch etwas Großartiges. Die partikularistische Neidhammelei, Philisterei und

Schäbigkeit der Deutschen würden es sicherlich nie dazu bringen, für den Glanz ihrer Hauptstadt — falls sie nämlich eine hätten — so kolossale Opfer zu bringen.

Ja, die ehemalige Lutetia ist jetzo das Pracht= juwel der Städte. Welche Verwandlungen dieser Weltgeschichtebühne binnen hundert, binnen fünfzig, binnen zwanzig, binnen zehn Jahren! Wenn heute ein Pariser aus den Tagen des vierzehnten Lud= wigs oder des vierten Heinrichs oder gar einer aus dem fünfzehnten oder vierzehnten Jahrhundert wiederkäme, er würde nur noch die Seine als die= selbe vorfinden, vorausgesetzt, daß er den Strom in Gestalt seiner dermaligen Eindämmung und Ueber= brückung wieder erkennen würde.

Und was Alles hat diese Stadt erlebt, seit sie aus der Residenz Julians des Abtrünnigen die Resi= denz Napoleons des Dritten geworden ist! Ein Gang durch Paris ist eine Wanderung durch die Geschichte Frankreichs; noch mehr, auch eine Wanderung durch die moderne Geschichte Europa's. Die Herren Fran= zosenfresser mögen noch so grimmige Grimassen schneiden, es bleibt doch eine Thatsache: das Herz des menschheitlichen Organismus pulsirt seit 1789 in Paris. Dort hebt der Hammer zum Schlage aus, wann wieder eine Weltstunde um ist. Die Despotenknechte von 1792 waren darum keineswegs so dumm, wie sie aussahen, als sie in dem „Manifest des Herzogs von Braunschweig" alles Ernstes die Forderung aufstellten, daß Paris vom Erdboden weggetilgt werden sollte. Der Instinkt des Hasses und der Furcht sagte ihnen, daß der Hahn der Freiheit dort immer wieder die Flügel schütteln und sein Auferstehungs-Kikeriki in die Welt schmettern würde. Aber jetzo — sagen händereibend die Lohnschreiber, Lakaien und Sbirren des Despotismus — jetzo ist endlich dem dreimal vermaledeiten Thiere der Hals napoleonisch umgedreht. Heuchler ihr! Die Angstfurche auf euren Stirnen verräth euch. Bei Tag und bei Nacht raunt das böse Gewissen euch in die Ohren: „Der Hahnschrei wird doch wieder erschallen, wann es Zeit!"

Denn Alles hat seine Zeit und so hatte die ihrige auch jene mittelalterliche Glaubensbegeisterung, welche Hunderttausende und wieder Hunderttausende zur Eroberung und Behauptung des „heiligen Grabes" aus dem Abendlande nach Palästina trieb, damit sie dort mehr oder weniger jämmerlich umkämen. Andere Hunderttausende, welche daheim blieben, entäußerten sich wenigstens großentheils oder auch ganz ihrer Habe zu Gunsten der Kämpfer für das heilige Grab und so kam es, daß insbesondere die geistlichen Ritterorden, welche zu dem genannten Zwecke in Palästina entstanden waren, zu großem Reichthum, Glanz und Ansehen gelangten. Den übrigen zwei, den Hospitalitern und Deutschherren, weit voran stand der dritte, die Templer oder Tempelherren (templarii oder milites, fratres, commilitones templi), so geheißen, weil der erste Sitz des Ordens ein an den sogenannten salomonischen Tempel in Jerusalem stoßendes Gebäude war. Im Jahre 1118 gestiftet, war die Templerschaft schon dreißig Jahre später eine reiche und mächtige Korporation und zu Anfang des dreizehnten Jahrhunderts besaß der Orden nicht nur in der Levante, sondern auch und weit mehr noch in sämmtlichen katholischen

Das Räthsel des Tempels.

Ländern Europa's eine Menge von Tempelhöfen, Balleyen, Komthureien und Präceptoreien, einen Besitz an Häusern, Burgen, Land und Leuten, wie er so ausgedehnt und stattlich keinem Fürsten der Christenheit als Domaine zu eigen war. Den meisten Reichthum und größten Glanz hatte jedoch die Templerei in Frankreich erworben, wo der „Tempel" in oder vielmehr bei Paris für den eigentlichen Mittelpunkt des Gesammtordenslebens galt.

Von der Place de la Concorde zieht sich in einem grandiosen Bogen bis zur Place de la Bastille die Reihenfolge von Prachtstraßen hin, welche unter dem Namen der Boulevards bekannt sind. Bei der Porte St. Martin wendet sich dieser unvergleichliche Bogen in ziemlich scharf südöstlicher Schwingung dem Bastilleplatze zu und zwar zunächst unter dem Namen „Boulevard du Temple". Hier stand zur Zeit der ersten französischen Revolution ein jetzt verschwundenes, d. h. völlig umgebautes Stadtquartier, dessen Mittelpunkt die alte, im Sinne des Mittelalters mächtige und prächtige Ordensburg „der Tempel" gewesen ist. Die Anfänge der Erbauung dieses Schlosses, welches die Schlösser der gleichzeitigen französischen Könige an Räumlichkeit, Stärke und Pracht weit übertraf, fielen in die Regierungszeit Ludwigs des Siebenten, welcher den Templern einen damals außerhalb der Stadtmauer gelegenen Bauplatz geschenkt hatte, ein sumpfiges Stück Feld vor dem Stadtthor St. Antoine. Mit derselben Raschheit des Aufschwungs, welche die ganze Templerei kennzeichnete, stieg aus diesem Sumpffeld der „Tempel" empor, mit seinen Mauern, Bollwerken, Gräben und Thürmen eine beträchtliche Bodenfläche bedeckend oder umfassend. Die Burg war der Sitz des Großpräceptors von Francien, welcher Ordensbeamte dem Ansehen nach der dem Großmeister zunächst stehende gewesen ist, und hier wurden auch die großen Generalkapitel der sämmtlichen diesseits der Alpen angesessenen Templerschaft abgehalten, während welcher Versammlungen der Tempel häufig vielen Hunderten von Tempelherren und dienenden Brüdern („Servienten") zur Herberge diente. Das Hauptgebäude der Ordensburg, der gewaltige viereckige Thurm, wurde erst im Jahre

1306 durch den Großpräceptor Jean-le-Turc vollendet.

Kaum war der Thurm vollendet, als König Philipp der Schöne, gegen welchen um seiner ewigen Steuererhebungen und Falschmünzereien willen die Bürger von Paris in Waffen sich erhoben hatten, darin eine Zuflucht fand. Die Templer schützten ihn und versöhnten ihm auch mittels ihres großen Einflusses die aufständischen Pariser. Der König stattete in seiner Weise den pflichtschuldigen Dank ab — d. h. er verschwor sich mit seiner Kreatur, dem Papst Klemens dem Fünften, zur Vernichtung des Ordens. Der Schuldigere von Beiden war hierbei jedenfalls der Papst. Denn Philipp der Schöne, ein entschlossener, rücksichts- und skrupelloser Arbeiter an dem großen Werke der Staatseinheit Frankreichs, konnte wenigstens zu seinen Gunsten anführen, daß die Austilgung der Templerei dieses Werk um einen beträchtlichen Ruck vorwärts brächte; der fünfte Klemens dagegen, von Amtswegen der geschworene Beschützer des Ordens, lieh nur aus infamer Habsucht und elender Feigheit seine Hülfe zur Zugrunderichtung desselben. Freilich, wie sollte ein Gefühl für Recht und Ehre, wie eine Regung von sittlichem Muth von einem Manne zu erwarten gewesen sein, welcher als einer der wahlverwandtesten Vorgänger Alexanders des Sechsten in der Geschichte der „Statthalter Christi" dasteht? Von einem Papste, dessen zuchtlose Hofhaltung zu Avignon, Poitiers und Bordeaux selbst in jener gewiß nicht mit übermäßigem Zartgefühl behafteten Zeit jeden nicht ganz verdorbenen Besucher anwiderte; von einem Papste, welcher, dem Zeugniß eines der gebildetsten und ehrsamsten Kirchenfürsten des Mittelalters, des Erzbischofs Antonius von Florenz zufolge, mit seiner „Freundin", der reizenden Brunisard, Tochter des Grafen von Foir und Frau des Grafen von Talleyrand-Perigord, ganz öffentlich lebte, — so öffentlich, daß die „Freundin" Sr. Heiligkeit nicht anstand, aus der päpstlichen Tiare die schönsten Diamanten ausbrechen und in ihre Armbänder fassen zu lassen! Auch „zur größeren Ehre Gottes", vermuthlich!

Am 12. Oktober von 1307 war König Philipp der Schöne mit seinem ganzen Hofe im Tempel zu

Gast, — zu Gast bei dem Großmeister Jacques de Molay, welchen auf des Königs Wunsch der Papst tückischer Weise von der Insel Cypern nach Frankreich gelockt hatte, damit derselbe in das Verderben des Ordens verwickelt würde. Am Morgen des nächsten Tages sollte dieses Verderben anheben. Den Vorwand dazu mußten, wie Jedermann weiß, die „Verbrechen" des Ordens hergeben, welcher allerdings durch Stolz, Hochmuth, Eigennutz und Ueppigkeit viel gesündigt hatte, allein der blasphemischen und sodomitischen Gräuel, welche die königlichen und päpstlichen Richter, d. h. Folterknechte und Henker, ihm schuldgaben, ganz gewiß nicht theilhaft gewesen ist.

Einhundert und vierzig Tempelbrüder, darunter verschiedene Großwürdenträger des Ordens, waren an jenem Oktobertage im Tempel um den Großmeister versammelt, welcher den König bewirthete. Es ging hoch her in dem großen Thurm, allwo die Staatsgemächer sich befanden. Philipp der Schöne war huldvoll und heiter über die Maßen, und während er unter Scherzen mit Jacques de Molay und den übrigen Tempelgebietigern tafelte und zechte, hatten seine Baillifs und Seneschalls im ganzen Umfange von Frankreich schon seine strengen Befehle in Händen, mit dem kommenden Tage, dem 13. Oktober, mittels List oder Gewalt aller Templer auf französischem Boden sich zu bemächtigen und dieselben einzukerkern, sowie sämmtliche Besitzthümer, liegende und fahrende Habe des Ordens mit Beschlag zu belegen.

So geschah es, und was am 12. und 13. Oktober von 1307 vorging, gehört mit zu den schnödesten der im Buche der Geschichte verzeichneten Verräthereien. Der hierauf folgende Templerprozeß war sowohl als Ganzes, wie in seinen Einzelnheiten, selbst für jene aftergläubische, recht- und sittenlose, zugleich barbarisch-stupide und tückisch-grausame Zeit ein häßliches Brandmarkmal, eine der höchsten Schandsäulen, welche Königthum und Papstthum mitsammen sich errichtet haben. Es war ein gräuliches Verfahren. Die Folter fungirte als Untersuchungsrichter. Wie sie arbeitete, mag schon das eine Beispiel beleuchten, daß einer der gefolterten Templer im Wahnwitz der Qual und Pein aufgeschrieen hat, er bekenne sich schuldig, den Heiland an's Kreuz geschlagen zu haben. Das ist ganz analog der Thatsache, daß in deutschen Hexenprozessen als Hexen verklagte neun- und siebenjährige Mädchen auf der Folter bekannten, sie seien zu dem Teufel in Verhältnissen gestanden, welche ganz unmöglich, ja undenkbar waren, auch den Glauben an die Existenz eines Teufels vorausgesetzt. Die Hinrichtungen der Tempelbrüder, welche die Qualen des Kerkers und der Marterbank überlebten, waren massenhaft. In Paris allein erlitten einhundert und dreizehn den Feuertod. An einem und demselben Tage, am 12. Mai von 1310, wurden vierundfünfzig Templer an vor dem St. Antonsthore aufgerichteten Brandpfählen mit langsamem Feuer zu Tode gequält, allesammt inmitten der Pein bis zum letzten Athemzug ihre Unschuld betheuernd. Dies that in feierlichster Weise auch der Großmeister Jaques de Molay, welcher, zugleich mit ihm der Großpräceptor der Normandie, am 11. März von 1313 den auf der kleineren Seineinsel, da, wo später die Statue Heinrichs des Vierten aufgestellt wurde, errichteten Scheiterhaufen bestieg. Dieser Angesichts des Todes abgegebene Protest ist historisch. Die Sage aber, welche ja in ihrer poetischen Weise der herben Tragik der Geschichte häufig einen versöhnenden Zug beizumischen liebt, will, der unglückliche Molay habe aus den Flammen des Holzstoßes hervor den Papst und den König vor den Thron Gottes geladen. Gewiß ist, daß Klemens der Fünfte am 20. April von 1314 zu Roquemaure an der Rhone starb und Philipp der Schöne am 29. November desselben Jahres zu Fontainebleau.

„Ich werde die Missethaten der Väter strafen an ihren Kindern und Kindeskindern bis in's siebente Glied." Ein schrecklicher Spruch, erbarmungslos, grausam und rachsüchtig, wie der alttestamentliche Judengott, welchem derselbe in den Mund gelegt ist. Und doch, die Bestätigung desselben findet sich auf zahllosen Blättern des Buches der menschheitlichen Geschicke. Denn mit Alles vor sich niederwerfender Gewalt schreitet durch die Weltgeschichte die Vergeltung. Spät kommt sie manchmal, häufig, am häufigsten sogar; aber sie kommt, unerbittlich, taub allem Flehen, mit der eisig-ruhigen Majestät eines Naturgesetzes das Richter- und Rächeramt übend. Ah, wenn an jenem 12. Oktober von 1307 vor den Augen König Philipps, als er im großen Tempelthurm von Paris den verrathenen Tempelherren zutrank, für einen Moment der Schleier der Zukunft zerrissen worden wäre, so daß er hätte hinausblicken können durch die Jahrhunderte auf den 13. August 1792, würde da der todhauchende Odem der Vergeltung nicht seine Seele angeschauert haben? Es war nicht Zufall, nein, es war die Logik der Weltgeschichte, daß der große Thurm des Tempels, in welchem eine der größten Ruchlosigkeiten des aufstrebenden französischen Königsthums geplant und abgespielt worden, an dem genannten Augusttag dem französischen Königthum zum Kerker angewiesen wurde. Unser großer Seher, welcher von allen seit Shakspeare und Milton aufgestandenen Dichtern, obgleich oder vielmehr weil er ein Idealist wär, am meisten historischen Sinn besaß, hat gegenüber dem geistlos-mechanischen Zufallsglauben die weltgeschichtliche Logik schön erkannt und anerkannt, indem er seinen Wallenstein sagen ließ:

„Es gibt keinen Zufall,
Und was uns blindes Ungefähr nur dünkt,
Gerade das steigt aus den tiefsten Quellen."

Der Tempelthurm, dessen Inneres die jammervolle Agonie Ludwig des Sechszehnten und seiner Familie sah, ist von der Oberfläche der Erde verschwunden; aber niemals wird er aus dem Weltgeschichtebuch verschwinden. Da steht er für alle Zeit, finster, drohend, wie der warnend emporgehobene Finger einer Riesenhand. Ist die Warnung bislang von denen, welchen sie gilt, beachtet worden? Nein. Wird sie in Zukunft beachtet werden? Schwerlich, denn die Geschicke müssen sich erfüllen.

Am 21. Januar von 1793 machte der entthronte König vom Tempelthurm aus seine Todesfahrt zum Revolutionsplatz. Am 1. August wurde Marie Antoinette aus dem Tempel in die Conciergerie gebracht, von wo der entsetzliche Karren sie am 16. Oktober zum Schaffot führte. Am 10. Mai von 1794 hielt dieser Karren wieder vor dem Tempelthor, um eines der reinsten, beklagenswerthesten Opfer des Terrorismus, die Prinzessin Elisabeth, zur Guillotine zu bringen. Am 8. Juni von 1795 starb im Tempelthurm ein armer, körperlich und geistig verkümmerter, rhachitischer und bis zur Stummheit schweigsamer Knabe, Louis Charles, dem König von der Königin Marie Antoinette am 27. März 1785 zu Versailles geboren, erst Herzog von der Normandie, dann nach dem Tode seines älteren, im Juni 1789 verstorbenen Bruders Dauphin von Frankreich.

Aber war der am 8. Juni von 1795 im Tempel gestorbene Knabe wirklich der Dauphin?

Diese Zweifelfrage erhob sich sofort, leise und laut, und sie ist bis auf den heutigen Tag noch nicht so beantwortet oder so zu beantworten, daß jeder Zweifel verstummen müßte. In Wahrheit, wir haben hier ein ungelöstes Räthsel vor uns, das immer wieder zu Lösungsversuchen reizt. Mag der nachstehende für das angesehen werden, für was er sich gibt: eine unbefangene Zusammenstellung und Werthung der Thatsachen, welche die historische

Kritik zur Aufhellung des dunkeln Problems bis jetzt an die Hand gegeben hat.

2.

Das Räthsel.

Thatsache ist zuvörderst, daß alle die Betrogenen oder Betrüger oder betrogenen Betrüger, welche nach einander als Dauphin Louis Charles oder als Ludwig der Siebenzehnte aufgetreten sind, Hervagault, Bruneau, Naundorff, Richemont, Williams Glauben und Anhänger gefunden haben; zum Theil innigst überzeugte und leidenschaftlich begeisterte Anhänger. Dies muß auf den Umstand zurückgeführt werden, daß im Jahr 1795 die Sage ausgegangen und Bestand gewonnen hatte, der angeblich im Tempel gestorbene Dauphin sei ein untergeschobenes Kind gewesen, der wahre und wirkliche lebe und sei aus dem Kerker gerettet. Man darf sogar behaupten, daß diese Anschauung die öffentliche Meinung war, woburch freilich Nichts bewiesen wird. Denn was ist zumeist die "öffentliche Meinung"? Nichts als ein verworrenes Geräusch, das aus dem Zusammenstoß der so oder anders angestrichenen Bretter entsteht, welche die Menschen vor ihren Stirnen tragen.

Indessen ermangeln wir doch nicht ganz solcher Anhaltspunkte, die beweisen, daß man auch in Kreisen, welche wissende genannt werden können, von dem Tode des Dauphin nicht überzeugt gewesen ist. Herr Labreli de Fontaine, ehemals Bibliothekar der Wittwe des Herzogs von Orleans-Egalité, hat in einer von ihm unterzeichneten und veröffentlichten Flugschrift erklärt, die verbündeten Monarchen seien im Jahre 1814 so zweifelhaft gewesen, ob Ludwig der Siebenzehnte nicht noch am Leben sei, daß sie zwar öffentlich Ludwig den Achtzehnten als König anerkannt, im Geheimen aber und sogar vertragsmäßig sich verpflichtet hätten, dem möglicher Weise lebenden Sohne Ludwig des Sechszehnten den französischen Thron noch zwei Jahre lang offen zu halten. Sollte sich für diese Behauptung nicht ein vollgültiger urkundlicher Beweis beibringen lassen? Fest steht wenigstens, daß ein Theil der Royalisten, welche nach dem faktischen Untergange der französischen Republik, d. h. nach dem 9. Thermidor von 1794, eifrig an der Wiedereinsetzung der Bourbons arbeiteten, an den Tod des Dauphin nicht glaubte. Ein sehr glaubwürdiges Zeugniß hierfür wurde noch im Jahre 1851 beigebracht, bei Gelegenheit des Prozesses, welchen die Hinterlassenen Naundorffs bei den französischen Gerichten anstrengten. Dieses Zeugniß rührte von Herrn Brémond her, dem ehemaligen Geheimsekretär Ludwig des Sechszehnten, und besagte, daß er, Brémond, im Jahre 1795 von dem Schultheiß Steiger zu Bern vernommen habe, er, der Schultheiß, wisse ganz bestimmt und aus besten Quellen, daß der Dauphin keineswegs im Tempel gestorben, sondern gerettet sei. Steiger stand aber, wie bekannt, mit den höchsten Kreisen der royalistischen Emigration, wie auch mit den Generalen der Vendée, in engen Beziehungen.

Die gang und gäbe Sage in Betreff der Rettung des Prinzen aus dem Tempel ist, daß dieselbe auf Betreiben von Josephine Beauharnais durch ihren

damaligen Liebhaber Barras bewerkstelligt worden
sei. Diesen zwei Personen wird, unter Mitwirkung
von Hoche, Pichegru, Frotté und dem Kreolen Laurent, die Retterrolle auch in der Geschichte des Uhr-
machers Naundorff zugetheilt, welcher übrigens,
nebenbei bemerkt, von Madame de Rambaud, Amme
des Dauphin bis zu dessen Einkerkerung im Tempel,
förmlich und feierlich als der echte Sohn Ludwig des
Sechszehnten erkannt und anerkannt worden ist.
Freilich, die ganze Rettungshistorie des Dauphin,
wie Naundorff sie erzählte, ist ein solches Wirrsal
von Abenteuerlichkeiten, Unwahrscheinlichkeiten und
Unmöglichkeiten, daß man sie der Phantasie eines
Victor Hugo entsprungen glaubt, welche bekanntlich
toll geworden, so sie das nämlich überhaupt erst zu
werden brauchte. Es gibt aber auch noch andere
Versionen dieser Historie. Eine derselben, von denen
geglaubt und verbreitet, welche den geretteten Dauphin in der Person des Richemont erkannten und
verehrten, lautet also: „Am 19. Januar von 1794
wurde der Prinz, mit Vorwissen und Beihülfe seines
bestochenen Wärters Simon, durch die Herren Frotté

und Djarbias, Emissäre des Prinzen von Condé, aus dem Tempel entführt, nachdem man an die Stelle des Entführten einen stummen Knaben von gleichem Alter gebracht hatte. Der gerettete Dauphin aber ward nach der Vendée gebracht, begab sich, nachdem sein angeblicher Tod im Tempel offiziell bekannt gemacht worden, zur Armee des Prinzen von Condé und wurde von diesem später (1796) dem General Kleber anvertraut, der ihn für den Sohn eines Verwandten ausgab und ihn als Adjutanten bei sich behielt." Weiter brauchen wir diesen Mythus nicht zu verfolgen. Dagegen ist die Frage zu berühren, warum denn der gerettete Prinz nicht sofort bei sämmtlichen Anhängern der Bourbons laute und begeisterte Anerkennung gefunden habe? Hierauf wird uns die ziemlich plausibel lautende Antwort: —

In der bourbonischen Familie herrschten bekanntlich schon vor dem Ausbruch der Revolution heftige Zerwürfnisse und man schrieb insbesondere und allerdings nicht ohne Grund dem schlauen und ehrgeizigen Grafen von Provence, Bruder Ludwigs des Sechszehnten und nachmals Ludwig der Achtzehnte, die planmäßig verfolgte Absicht zu, die Nachkommenschaft seines älteren Bruders, schon aus Haß gegen Marie Antoinette, zu Grunde zu richten. Als nach dem angeblichen Tode des Dauphin im Tempel der Graf von Provence von einem Theil der Royalisten als legitimer König anerkannt worden war, habe er natürlich Alles daran gesetzt, jedem von seinem geretteten Neffen etwa zu erhebenden Anspruch zum Voraus die Möglichkeit des Gelingens abzuschneiden. Zu diesem Zwecke hätten es Ludwig der Achtzehnte und seine sämmtlichen Anhänger zu einem Glaubensartikel gemacht, daß der Dauphin wirklich im Tempel gestorben sei. Um aber auch der Schwester des Prinzen, der Prinzessin Marie Therese Charlotte, von verzückten Royalisten als die „Waise des Tempels" glorifizirt, welche im Dezember 1795 zum Austausch von Kriegsgefangenen an die Oesterreicher ausgeliefert wurde, die Annahme dieses Glaubensartikels zu belieben, trennte man ihr Interesse von dem ihres Bruders, indem man sie mit dem ältesten Sohne des Grafen von Artois vermählte und ihr damit, maßen Ludwig der Achtzehnte kinderlos, die

Aussicht eröffnete, eines Tages Königin von Frankreich zu werden und zwar regierende Königin, da ihr Gemahl, der Herzog von Angoulême, eine entschiedene Null. Hieraus habe man sich denn auch den Umstand zu erklären, daß die Herzogin von Angoulême mit der ganzen Härte und Schärfe ihres Charakters gegen jeden Versuch, sie von der Rettung ihres Bruders aus dem Tempel, von seinem Fortleben, von seinem Dasein zu überzeugen, herb abweisend sich benommen hat.

Und doch war es dieselbe Prinzessin, welche mittels einer Stelle der berühmten Denkschrift, worin sie ihre Erlebnisse im Tempel aufgezeichnet hat — („Récit des évènements arrivés au Temple", par Madame Royale) — für die Behauptung, der Dauphin sei aus dem Tempel gerettet worden und zwar an dem schon erwähnten 19. Januar von 1794, einen sehr bemerkenswerthen Stützpunkt beibrachte. Die gemeinte Stelle ist diese: „Am 19. Januar hörten wir (d. h. die Prinzessin und ihre Tante Elisabeth) bei meinem Bruder — (d. h. im Zimmer desselben) — ein großes Geräusch, welches uns auf die Vermuthung brachte, daß mein Bruder den Tempel verließe, und wir wurden dessen überzeugt, als wir, durch das Schlüsselloch unserer Gefängnißthüre blickend, Gepäckstücke wegtragen sahen. An den folgenden Tagen hörten wir die Thür des Zimmers, worin mein Bruder sich befunden hatte, öffnen und vernahmen die Schritte von darin Herumgehenden, was uns in dem Glauben, daß er weggegangen — (will sagen, weggebracht worden sei) noch bestärkte."

Wir sind aber mit diesem 19. Januar von 1794 noch nicht fertig. Denn es ist eine festgestellte Thatsache, daß gerade an diesem Tage der verrufene Schuster Simon, welcher das Wächteramt bei dem armen Dauphin mit einer Anstellung als Municipalbeamter vertauschte, mit seiner Frau und mit Sack und Pack den Tempel verließ. Thatsache ferner ist es, eine im Verlaufe der oben erwähnten Prozeßverhandlung von 1851 als wohlbezeugt erhärtete Thatsache, daß die Wittwe Simons, Marie Jeanne Aladame, welche erst am 10. Juni von 1819 gestorben ist und zwar in dem Frauenspital der Sèvres-Straße, den barmherzigen Schwestern, welche daselbst die Krankenpflege besorgten, wiederholt und umständlich erklärt hat, der Dauphin sei nicht im Tempel gestorben, sondern daraus entführt worden, mit ihrer und ihres Mannes Beihülfe, und zwar an demselben Tage, wo sie ihren Auszug bewerkstelligten, am 19. Januar von 1794. Die Entführung sei aber so vollzogen worden. Unter anderem Spielzeug habe man für den Prinzen ein großes Pferd von Pappendeckel anfertigen lassen. In dem Bauche dieses Pferdes wurde das (stumme) Kind, welches man der Person des gefangenen Dauphin unterschob, in den Tempel gebracht. Der Prinz aber ward in einem großen Weidenkorb mit doppeltem Boden verborgen, dieser Korb sodann auf den Wagen gebracht, welcher das Mobiliar Simons aus dem Tempel führte, und mit einem Haufen Wäsche bedeckt. Die Wache am Tempelthor untersuchte zwar den Wagen und machte Miene, auch die Wäsche zu durchstöbern; allein Frau Simon wandte dies glücklich ab, indem sie mit gut gespielter Entrüstung die Männer zurückwies, sie bedeutend, das sei i h r e schmutzige Wäsche.

Also sei der Inhalt des Weidenkorbes ohne weitere Anfechtung aus dem Tempel geschmuggelt worden.

Nun haben freilich Alle diejenigen, welchen irgendwie daran liegen mußte, die Ansicht, der Dauphin sei im Tempel gestorben, als die allein richtige aufrecht zu halten, die Behauptung aufgestellt, die Wittwe Simons sei, als sie die citirte Mittheilung machte, verrückt gewesen; aber für diese Behauptung ist nicht ein Schatten von Beweis beigebracht worden, während im Gegensatz hiezu die Zeugnisse der barmherzigen Schwestern, die Wittwe Simon habe, als sie ihre Angaben machte, dies bei vollem Verstande gethan, ganz bestimmt lauten. Dieser Einwurf gegen die Erzählung der Frau wäre also beseitigt. Aber war die ganze Aussage vielleicht nur eine Dichtung, mittels welcher die Wittwe Simons die Wucht des gerechten Abscheus mindern wollte, welche auf ihr selbst und auf dem Andenken ihres Mannes lastete? Eine bestimmte Bejahung dieser Frage ist ebenso unmöglich, wie eine bestimmte Verneinung. Indessen muß doch hervorgehoben werden, daß die Ansicht, der Dauphin sei aus dem Tempel gerettet worden, in den höchsten und allerhöchsten Hofkreisen mißfällig, sehr mißfällig war, und daß, wenn Irgendwer, die Wittwe Simons sich zu scheuen hatte, das Mißfallen der Machthaber von damals auf sich zu ziehen. Es ist daher durchaus unstatthaft, anzunehmen, die Frau habe ihre Phantasie angestrengt, um Etwas zu ersinnen, was ihr keinen Dank, sondern möglicherweise nur Verfolgung eintragen konnte.

Die Entführung des Prinzen in der Erzählung der Wittwe Simons hätte offenbar das Einverständniß und die Mitwirkung von damals, d. h. im Jahre 1794, einflußreichen Männern zur Voraussetzung gehabt. In dieser Beziehung ist von verschiedenen Seiten her auf Cambacérès hingewiesen worden. Der über gar Manches, was hinter den Kulissen der Revolutionsbühne vor sich gegangen, wohlunterrichtete Verfasser der „Histoire secrète du Directoire" — man schreibt sie dem Grafen Fabre de l'Aube zu — meint: „Es scheint gewiß, daß man das Publikum hinsichtlich der Zeit und des Ortes, wann und wo Ludwig der Siebzehnte gestorben, getäuscht hat. Cambacérès gab das zu; aber niemals wollte er mittheilen, was er über diese Angelegenheit wußte." Im Mai von 1799 sodann schrieb die Gräfin d'Abhémar, gewesene Palastdame der Königin Marie Antoinette, in das Buch ihrer „Souvenirs", indem sie auf den Dauphin zu reden kam: „Unglückliches Kind, dessen Regierung in einem Kerker begonnen und beschlossen wurde, das aber doch nicht in diesem Kerker den Tod gefunden hat! Gewiß, ich meinerseits will in keiner Weise die Anhaltspunkte vermehren, welche Betrügern sich darbieten könnten; aber, indem ich dieses niederschreibe, bezeuge ich bei meiner Seele und bei meinem Gewissen: ich weiß bestimmt, daß Se. Majestät Ludwig der Siebzehnte nicht im Tempelkerker gestorben ist. Sagen zu können, wohin der Prinz gekommen und was aus ihm geworden, behaupte ich nicht; ich weiß es nicht. Nur Cambacérès, der Mann der Revolution, wäre im Stande, meine Angabe zu vervollständigen; denn er weiß hierüber viel mehr als ich . . . ." Da hätten wir ein recht förmliches und feierliches Zeugniß. Schade nur, daß dasselbe anfechtbar. Die „Erinnerungen" der Gräfin d'Abhémar rühren nämlich großen Theils nicht von ihr selbst, sondern von dem Baron Lamothe-Langon her, auf welchem der wohlbegründete Verdacht ruht, Wahrheit und Dichtung häufig so vermischt zu haben, daß man Mühe hat, zu unterscheiden, wo jene aufhört und diese anfängt. Jedoch ist gerade in Betreff der angeführten Stelle wohl zu beachten, daß Lamothe-Langon einer der vertrautesten Hausfreunde von Cambacérès gewesen ist und demnach allerdings von der allfälligen Betheiligung des Letzteren an der Entführung des Dauphin, wenn nicht Alles, so doch Etwas wissen konnte. Die Vermuthung, daß Cambacérès wirklich bei der Sache betheiligt gewesen, gewinnt einigermaßen an Bestand dadurch, daß die Bourbons nach ihrer ersten Rückkehr (1814) und sogar nach ihrer zweiten (1815) dem Manne eine ganz merkwürdige, geradezu auffallende Schonung angedeihen ließen, dagegen mit ebenso auffallender Hast sofort nach seinem Tode seine Papiere versiegeln und mit Beschlag belegen ließen. Hatte man aus dem Munde des lebenden

oder aus den Papieren des todten Cambacérès eine
Enthüllung des Tempelgeheimnisses zu befürchten?
Denn wir müssen uns stets gegenwärtig halten, daß
es für Ludwig den Achtzehnten, wie für Karl den
Zehnten, und auch nachmals für den Julikönig
Louis Philipp von höchstem Interesse war, das
Räthsel des Tempels ungelöst zu lassen und jeden
neuauftauchenden Zweifel an dem angeblich im
Tempel erfolgten Tod des Dauphin sofort niederzu=
drücken.

Angenommen aber, es habe wirklich eine Ver=
tauschung und Entführung des Prinzen stattgefun=
den, wohin ist er gekommen und was ist aus ihm ge=
worden? Ein Dauphin von Frankreich, in welchem
seit dem 21. Januar von 1793 die französischen
Royalisten von Legitimitätswegen ihren König er=
blicken mußten, kann doch nicht so spurlos verschwin=
den, als hätte die Erde ihn verschlungen. Die Sage,
daß der Knabe in das Lager des Prinzen von Condé
gerettet worden, ist reine Faselei. Condé war zwar
ein notorischer Schwachkopf, aber in seiner Art ein
ehrlicher Mann, der sich nicht dazu hätte gebrauchen

lassen, seinen legitimen König zu verleugnen. Es ist also mit Bestimmtheit anzunehmen, daß er den Prinzen nicht nur nicht bei sich hatte, sondern auch an das von Seiten der republikanischen Behörden amtlich kund gegebene Ableben desselben im Tempel aufrichtig glaubte, da er hierüber einen Tagesbefehl erließ, welcher mit den Worten schloß: „Der König Ludwig der Siebenzehnte ist todt, es lebe Ludwig der Achtzehnte!" Freilich, jeder der Herren, welche nachmals für den Dauphin sich ausgaben, hat sich seine Odyssee zurecht gemacht, d. h. eine Rhapsodie der Abenteuer und Irrfahrten, welche er nach der Rettung aus dem Tempel angeblich zu bestehen gehabt. Allein dies ist kein Stoff für den Historiker, sondern nur etwa für einen Novellisten à la Monsieur A. Dumas de Monte Christo. Allerdings heißt es gar mannigfach: „Credo quia absurdum est" (ich glaube an den Unsinn, nicht obgleich, sondern weil er Unsinn) — und demzufolge war es ganz in der Ordnung, daß auch das nachstehende von einem stark angebrannten Royalistengehirn ausgebrütete absurde Märchen Glauben fand in der

Welt. Die Entführung des Dauphin aus dem Tempel hat vor dem 9. Thermidor stattgefunden, also zu einer Zeit, wo nur ein Mensch so etwas wagen konnte, Robespierre. Dieser hat an die Stelle des wahren Dauphin einen falschen gebracht, welcher als solcher im Nothfall leicht verificirt werden konnte. Den wahren aber hat er beseitigen, ermorden, kurz, verschwinden lassen, weil er ihm ein Hinderniß war auf dem Wege zum Throne von Frankreich, auf welchen er, Maximilian Robespierre, sich schwingen wollte und zwar mittelst einer — (hört! hört!) Heirat mit der gefangenen Schwester des beseitigten Dauphin, mit der Prinzessin Marie Therese, der nachmaligen Herzogin von Angoulème. Der Zug fehlte noch zur völligen Verungeheuerlichung des Mannes, in welchem alle die kleinen und großen Kinder, ungelehrte und gelehrte, den riesengroßen Sündenbock der französischen Revolution erblicken, weil sie die Gesetze des weltgeschichtlichen Prozesses nicht kennen oder nicht verstehen und daher ganz unfähig sind, die große Umwälzung in ihrer Totalität zu fassen und zu begreifen oder, was dasselbe sagt, die Wirkungen auf ihre Ursachen zurückzuführen.

Doch wir haben uns jetzt hinlänglich lange in der Wolkenregion der Vermuthungen und Behauptungen, der Fabeln und Märchen herumgetrieben. Wir mußten es thun, wollten wir das in Rede stehende Problem allseitig in die richtige Beleuchtung rücken. Jetzt aber treten wir auf festeren Boden hinüber.

―――――

Nachdem der sansculottische Schuster Simon, wie wir sahen, sein Wächteramt bei dem Dauphin aufgegeben hatte, blieb das Kind volle sechs Monate lang ohne spezielle Aufsicht. Die einzige, welche man ihm angedeihen ließ, wurde von den Tag für Tag wechselnden Kommissären der Kommune geführt. Jedenfalls aber wurde der arme Knabe — war es der Prinz oder ein untergeschobenes Kind — thatsächlich jetzt viel grausamer behandelt, als er von Simon und dessen Frau behandelt worden war.

Alles schien nicht nur, sondern war auch augenscheinlich darauf berechnet, entweder den wirklichen
Dauphin langsam zu morden oder aber den falschen
in einen Zustand zu versetzen, welcher es unmöglich
machte, die Wahrheit über seine Persönlichkeit an
den Tag zu bringen und mittelst dieser Unmöglichkeit
die Spuren der begangenen Unterschiebung zu ver-
wischen. Man sperrte den Knaben im unteren
Stockwerk des Tempelthurms in ein düsteres und
mittelst künstlicher Vorrichtungen noch mehr ver-
dunkeltes Gemach, als sollte er weder sehen noch gesehen werden. Man ließ ihm seine kärgliche Nahrung
mittelst einer Art Drehscheibe zukommen; er durfte
nie mehr im Garten des Tempels oder auf der Plattform des Thurmes sich Bewegung machen, noch
auch mit seiner gefangenen Schwester zusammen-
kommen, ja derselben nicht einmal zufällig und flüchtig begegnen. Man verdammte ihn zur Einsamkeit
in einem bei Tage lichtlosen, bei Nacht unerhellten
Gelasse, dessen Zugänge so zu sagen förmlich ver-
barrikadirt waren.

Ist dies Alles nur eine Wirkung der ängstlichen

Sorge des Sicherheitsausschusses gewesen, das kostbare Pfand könnte durch die Bourbonisten entführt werden, oder aber war es eine Folge der Absicht, den Knaben dem Anblick aller Personen, welche den Dauphin gekannt hatten, zu entziehen?

Erst am 11. Thermidor (29. Juli 1794) wurde dem armen Kleinen wieder ein Wächter bestellt und zwar in der Person des schon weiter oben genannten Kreolen Laurent, dessen Wahl man auf den Einfluß hat zurückführen wollen, welchen die Kreolin Josephine Beauharnais auf die Machthaber des Tages, auf Barras und Tallien übte. Die Thermidorier, welche der großen Lüge, daß sie „aus Menschlichkeit" gegen Robespierre und seinen Anhang rebellirt hätten, einen Schein von Wahrheit geben wollten, ließen auch in der Behandlung des gefangenen Kindes eine scheinbare Milderung eintreten, die vielleicht noch nicht zu spät gekommen sein würde, falls sie mehr als eine nur scheinbare gewesen wäre. Am 13. Thermidor, also zwei Tage nach der Bestellung Laurents zum Wächter, besuchten etliche Mitglieder des Sicherheitsausschusses den kleinen Gefangenen im Tempel.

Falls die Vertauschung des Prinzen durch Laurent bewerkstelligt worden wäre, müßte dies also am 12. Thermidor geschehen sein; denn der neue Wächter mußte sich doch, bevor er das Wagstück unternahm, einigermaßen in der Lokalität orientirt haben. Bei Gelegenheit der Verhandlung des naundorff'schen Prozesses zu Paris im Jahre 1851 brachte der Anwalt der Hinterlassenen Naundorffs, der berühmte Advokat Jules Favre, drei von Laurent an Barras gerichtete Briefe vor, in welchen die Unterschiebung eines stummen Waisenknaben an die Stelle des Dauphin „konstatirt" war. Wäre dies unanfechtbar erhärtet, so würde darin ein höchst wichtiger, ja ein Ausschlag gebender Umstand gefunden sein. Allein die beigebrachten Briefe waren bloße Abschriften von zweifelhafter Authenticität. Die Originale der Briefe sollen im Jahre 1810 dem Justizrath Lecoq in Berlin anvertraut worden sein. Hat es zur genannten Zeit in Berlin einen Justizrath Lecoq gegeben und wäre es, im bejahenden Falle, nicht möglich), den Originalbriefen auf die Spur zu kommen?

Die Mitglieder des Sicherheitsausschusses fanden bei ihrem am 13. Thermidor im Tempel abgestatteten Besuche einen „etwa neunjährigen" Knaben vor, „unbeweglich, mit gekrümmtem Rücken, mit Armen und Beinen, deren ungewöhnliche Länge zu dem übrigen Körper in einem großen Mißverhältniß stand." Dieser Knabe, der wahre oder ein falscher Dauphin, war zwar im Besitze des Gehörs, nicht aber der Sprache, die Besucher vermochten ihm kein Wort, keine Sylbe zu entlocken. Dieser Thatsache widerspräche freilich die Angabe von einem Besuche, welchen nicht lange nach dem 9. Thermidor Barras in eigener Person dem kleinen Gefangenen abgestattet haben soll. Bei dieser Gelegenheit habe der Knabe mit Barras gesprochen. Allein diese ganze Geschichte von dem barras'schen Besuche ist als gänzlich unerwiesen abzuweisen. Am 9. November von 1794 gab man dem Wächter Laurent einen Gehülfen in der Person eines gewissen Gomin, welcher den Dauphin, den wahren nämlich, früher nie gesehen hatte. In späterer Zeit freilich, nachdem ihn die Herzogin von Angoulème zum Kastellan ihres Schlosses Meudon gemacht hatte (1814), hat er behauptet, er habe in dem Knaben im Tempel den Sohn Ludwigs des Sechszehnten erkannt, welchen er früher oft gesehen gehabt. Allein da man weiß, wie feindselig die Herzogin stets gegen die Ansicht, ihr Bruder sei nicht im Tempel gestorben, sich erwiesen hat, so verdient die eben berührte Aussage Gomins gar keinen Glauben.

Im genauen Verhältniß zum augenfälligen Vorschritt der royalistischen Reaktion oder wenigstens Reaktionsstimmung im Herbst und Winter von 1794 richtete sich die öffentliche Aufmerksamkeit mehr, als bis dahin geschehen war, auf den kleinen Gefangenen im Tempel. Auch der Konvent beschäftigte sich daher mit demselben. Am 28. Dezember stellte Lequinio in der Konventssitzung den Antrag, „mittelst Verbannung des gefangenen Prinzen den Boden der Freiheit von der letzten Spur des Royalismus zu reinigen." In dem Bericht, welchen Cambacérès über diesen Antrag erstattete, beantragte er Verwerfung desselben, d. h. fernere Gefangenhaltung des Dauphin, was beschlossen wurde. In der Debatte äußerte Brisal die Brutalität: „Ich wundere mich, daß man bei allen den unnützen Verbrechen, welche vor dem 9. Thermidor begangen worden sind, die Ueberbleibsel einer unreinen Rasse verschont hat." Worauf Bourdon: „Es gibt keine nützlichen Verbrechen! Ich verlange, daß der Vorredner zur Ordnung gerufen werde." Großer Beifall. „Ich rufe selber mich zur Ordnung," sagte Brisal.

Zur selben Zeit kränkelte der kleine Gefangene mehr und mehr und auf die Meldung der Wächter, daß sein Siechthum zunähme, schickte die Kommune eine Abordnung in den Tempel, welche dann den amtlichen Bericht erstattete, daß „der kleine Capet an seinen Hand- und Fußgelenken, insbesondere an den Knieen, geschwollen sei; daß es unmöglich, auch nur ein Wort von ihm zur Antwort zu erhalten; daß er seine ganze Zeit entweder im Bette oder auf dem Stuhle zubringe und nicht zu vermögen sei, sich irgendwelche Bewegung zu machen." Durch diesen Bericht beunruhigt, wie es scheint, sandte der Sicherheitsausschuß am 27. Februar von 1795 die drei Konventsmitglieder Harmand, Mathieu und Reverchon in den Tempel, um das Befinden des kleinen Gefangenen zu erkunden.

Die drei Genannten fanden den Knaben an einem Tische sitzend und beschäftigt, mit Karten zu spielen. Er gab beim Eintritt der Deputirten sein Spiel nicht auf. Harmand setzte ihm den Zweck dieses Besuches auseinander und daß er und seine Kollegen ermächtigt seien, ihm jede Erleichterung und Zerstreuung zu bewilligen. Das Kind schaute den Sprecher aufmerksam an, gab aber keine Antwort; nicht eine Sylbe entfiel seinen Lippen. Harmand sagte: „Ich beehre mich, Sie zu fragen, Monsieur, ob Sie ein Pferd, einen Hund oder Vögel und anderes Spielzeug, ob Sie vielleicht auch einen oder mehrere Spielkameraden von Ihrem Alter wünschen? Wollen Sie im Garten spazieren gehen oder auf die Plattform des Thurmes steigen? Wollen Sie Bonbons und Kuchen?" Keine Antwort. Harmand stellte sich an, als vertauschte er das gütige Zusprechen mit einem befehlenden. Umsonst, keine Antwort. Harmand versuchte, den Knaben dadurch zum Sprechen zu bringen, daß er demselben vorstellte, sein Schweigen mache es ja den Kommissären unmöglich, dem Gouvernement Bericht zu erstatten. Vergebens, der Knabe blieb stumm. Aber taub war er nicht. Auf Harmands Wunsch gab er diesem sogleich die Hand. Auch auf Trotz und Tücke konnte sein Schweigen nicht zurückgeführt werden. Denn mit Ausnahme des Sprechens that er unweigerlich Alles, was man von ihm verlangte. Höchlich verwundert fragte Harmand, bevor er mit seinen Kollegen den Tempel verließ, die beiden Wächter, welcher Ursache denn wohl diese außerordentliche Schweigsamkeit zuzuschreiben sei. Laurent und Gomin versicherten, wie Harmand in seinem Berichte bemerkt hat — daß der Prinz seit dem Abend jenes 6. Oktobers von 1793, wo er durch den ruchlosen Hébert verlockt und gezwungen worden, die bekannte namenlose Schändlichkeit gegen seine Mutter Marie Antoinette auszusagen, niemals wieder den Mund zum Reden aufgethan habe.

Aber Laurent und Gomin hatten sich damals,

im Oktober 1793, noch gar nicht im Tempel befunden und ihre Aussage hat also nur insofern Werth, als sie angibt, der Gefangene habe sich seit dem Eintritt der Beiden in das Wächteramt stumm verhalten. Die angeführte Motivirung des prinzlichen Stummseins ist übrigens reiner Blödsinn. Der Dauphin konnte darüber, daß er sich durch Hébert jene schmutzige Aussage hatte entpressen lassen, unmöglich eine so verzweiflungsvolle Reue empfinden, weil er jene ihm durch Hébert auf die Zunge gelegte Aeußerung weder in ihrem Wesen noch in ihrer Tragweite hatte verstehen können. Und welcher Mensch von gesundem Menschenverstand wird glauben können, daß ein Kind von neun Jahren plötzlich den Entschluß fassen und mit eiserner Energie bis zu seinem letzten Athemzug durchführen konnte, niemals wieder ein Wort zu sprechen? Nonsens!...
Aus Alledem geht also hervor: Harmand und seine Kollegen fanden am 27. Februar von 1795 im Tempel einen stummen Knaben, während konstatirter Maßen die Sprachorgane des Dauphin ganz in der Ordnung gewesen waren.

Zu Anfang Aprils trat an die Stelle des Laurent ein neuer Wächter und Wärter, ein gewisser Lasne. Dieser spielte später eine wichtige Rolle in der Meinung Solcher, welche glaubten oder wenigstens Andere glauben machen wollten, der echte Dauphin sei im Tempel gestorben. Lasne behauptete nämlich, der kleine Gefangene sei nicht stumm gewesen. Aber das Zeugniß dieses Menschen ist im höchsten Grade verdächtig; erstens deßhalb, weil er sich, gerichtlich vernommen, total widersprochen hat, indem er im Jahre 1834 angab, der Prinz habe Tag für Tag mit ihm geplaudert, im Jahre 1837 dagegen, er habe den Prinzen nur ein einziges Mal und auch da nur wenige Worte reden gehört. Zweitens deßhalb, weil die Aeußerungen, welche Lasne, seiner Aussage von 1834 zufolge, aus dem Munde des gefangenen Kindes vernommen haben wollte, unmöglich von diesem herrühren konnten. Pascal oder Montesquieu hätten sich, in die Lage des kleinen Gefangenen versetzt, kaum weiser und tiefsinniger ausdrücken können. Ein neunjähriges, krankes, seit Jahren allem Unterrichte, sogar allem

Umgange entzogenes Kind konnte nicht so philosophisch reden; es ist schlechterdings undenkbar!

Aber wir müssen unsere Schritte wieder um Etwas zurücklenken, um dann mit logischer Sicherheit weiter vorgehen zu können.... Der Bericht, welchen Bürger Harmand dem Sicherheitsausschuß, d. h. der höchsten Polizeibehörde der Republik, erstattete, wurde geheim gehalten und hatte für den jungen Gefangenen keine Folgen. Seine Lage blieb ganz dieselbe. Es scheint aber fast, als hätte Harmand durchblicken lassen, daß er in dem verwachsenen, skrophulösen und stummen Knaben den Dauphin, welcher notorischer Maßen ein gesunder, wohlgestalteter und aufgeweckter Junge gewesen war, nicht erkannt habe und daß er so unvorsichtig-ehrlich gewesen sei, den thermidorischen Machthabern, welche damals vom Wohlfahrts- und vom Sicherheitsausschuß aus Frankreich regierten, zu merken zu geben, daß hier ein Geheimniß vorläge, welches aufgeklärt werden müßte. Auffallend ist jedenfalls die Thatsache, daß man sich beeilte, den Bürger Harmand rasch von der Bühne verschwinden zu lassen: wenige

Tage nach seinem Besuch im Tempel wurde er als Kommissär der Republik nach Ostindien verschickt. Das Geheimniß sollte also nicht aufgeklärt werden?

Zu Anfang des Mai 1795 verschlimmerte sich der Zustand des jungen Tempelgefangenen so auffallend, daß man ihm ärztliche Behandlung zu Theil werden lassen mußte, falls man der Behauptung, mit dem 9. Thermidor sei ein menschlicheres Regiment eingetreten, nicht geradezu ins Gesicht schlagen wollte. Angenommen nun, der erkrankte Knabe sei nicht der Dauphin gewesen, so begingen Diejenigen, welche wissen mußten, daß er es nicht sei, eine grobe Unvorsichtigkeit, indem sie zuließen, daß ein Arzt, welcher den Dauphin früher gekannt hatte, zu dem Kranken geschickt wurde. Es war dieser Arzt der berühmte Desault vom Hotel-Dieu; doch sollte er, so bestimmte der Sicherheitsausschuß, den Patienten nur in Gegenwart der Wächter sprechen und untersuchen dürfen. Zur gleichen Zeit beschied der Ausschuß ein Gesuch des Monsieur Hue, ehemaligen Kammerdieners Ludwigs des Sechszehnten, abschlägig, das Gesuch, den erkrankten Prinzen pflegen zu dürfen. Scheuten sich die „menschlichen" Herren vom Thermidor, einen Mann wie Hue, welcher natürlich den Dauphin genau gekannt hatte, zu dem Tempelgefangenen zu lassen?

Am 6. Mai besuchte Desault den kranken Knaben zum ersten Mal. Er konnte denselben nicht zum Sprechen bringen. Allerdings versichern gewisse royalistische Autoren, welche die Aufgabe hatten, um jeden Preis den Dauphin im Tempel gestorben sein zu lassen, Desault habe mittelst seiner Güte den stummen Patienten schließlich doch zum Sprechen gebracht; aber sie wollen das von Laône gehört haben, dessen Zeugniß, wie oben nachgewiesen worden, als gänzlich unzulässig betrachtet werden muß. In der Nacht vom 29. auf den 30. Mai wurde Desault, nachdem er bei Herren von der Regierung zu Abend gespeist hatte, plötzlich todtkrank. Am 1. Juni starb er. War da etwa ein „nützliches" Verbrechen begangen worden? Man munkelte in Paris, Desault sei vergiftet worden, weil er sich nicht dazu habe gebrauchen lassen wollen, den kleinen Tempelgefangenen zu vergiften — ein ganz grundloses, dummes Geträtsche. Anders freilich stellt sich die Sache, wenn man, wie ebenfalls behauptet wurde, annimmt, Desault sei auf Anstiften Derer, welche den Schlüssel des Tempelräthsels besaßen, beseitigt worden, weil er bemerkt und zu bemerken gegeben habe, daß der rhachitische und stumme Knabe im Tempelthurm nicht der wahre Dauphin, den er ja gut gekannt hatte, sein könne, sondern ein untergeschobener sein müsse.

Dieser Verlauf der Sache ist nun keineswegs ein blos muthmaßlicher, sondern ein wohlbezeugter. Ein Schüler von Desault, Monsieur Abeillé, hat sein Leben lang standhaft behauptet, sein Lehrer sei vergiftet worden in Folge seines an den Sicherheits=ausschuß erstatteten Rapports, daß er in dem jungen Tempelgefangenen den Dauphin n i ch t erkannt habe. Jules Favre sodann hat in seinem Plaidoyer vom Jahre 1851 das Zeugniß eines andern Schü=lers und Freundes von Desault citirt, welcher ihm, Favre, zu Périgueur die Angaben Abeillé's bestimmt bestätigte. Noch gewichtiger ist die nachstehende, aus der Familie Desaults herrührende und in aller Form ausgestellte Bezeugung.

„Ich Unterzeichnete, Agathe Calmet, Wittwe des Pierre Alexis Thouvenin, wohnhaft in Paris, Platz d'Estrapade Nr. 34, bezeuge, daß bei Lebzeiten meines Mannes Thouvenin, eines Neffen des Doktor Desault, ich meine Tante, Frau Desault, häufig habe erzählen hören, daß der Doktor Desault, Hauptarzt am Hotel-Dieu, gerufen wurde, um den Knaben Capet, welcher damals im Tempel gefangen saß, zu besuchen — so lautete der dem Doktor Desault von Seiten des Sicherheitsausschusses schriftlich zugefertigte Befehl. Im Tempel wies man ihm ein Kind, welches nicht der Dauphin war, den Herr Desault vor der Gefangensetzung der königlichen Familie mehrmals gesehen hatte. Nachdem der Doktor einige Nachforschungen angestellt, um zu erfahren, wohin doch wohl der Sohn Ludwigs des Sechszehnten, an dessen Statt man ihm ein anderes Kind gezeigt hatte, gekommen sein möge, stattete er seinen Rapport ab und an demselben Tage erhielt und befolgte er die Einladung einiger Konventsmitglieder zum Diner. Von diesem Mahle weg nach Hause gegangen, wurde er von entsetzlichen Erbrechungen befallen: Er starb daran, und dies ließ glauben, daß er vergiftet worden sei. Agathe Calmet. Paris, 5. Mai 1845."... Wäre nur die Vergiftung Desaults gerichtsärztlich festgestellt! Es scheint aber gar keine Untersuchung dieses plötzlichen und auffallenden Todesfalls angestellt worden zu sein. Jedoch machte das Ereigniß Lärm, und Frau Desault erklärte ganz laut, ihr Mann sei vergiftet worden. Sollte ihr etwa dadurch der Mund gestopft werden, daß ihr der Konvent eine Pension von zweitausend Livres bewilligte? Seltsam ist auch, daß ganz entgegen dem herrschenden Brauch, der Rapport Desaults nicht veröffentlicht wurde. Die Inhaltsangabe der Nummer 263 des Moniteur von 1793 führt den Bericht des Arztes als in derselben Nummer enthalten auf; aber diese Angabe lügt, denn der Rapport fehlt und ist überhaupt nie veröffentlicht worden. Sechs Tage nach Desaults Tod starb auch sein vertrauter Freund, der Apotheker Choppart, plötzlich. Er hatte für den jungen Patienten im Tempel die Arzneien geliefert.

Am 5. Juni gab der Sicherheitsausschuß dem

kranken Knaben einen neuen Arzt in der Person des Doktor Pelletan, welcher bat, sich den Doktor Dumangin zugesellen zu dürfen, sowie später auch noch die Doktoren Lassus und Jeanroy. Man möchte glauben, Herr Pelletan habe sich nicht allein in eine Gefahr begeben wollen, in welcher sein Kollege Desault umgekommen war. Im Uebrigen hatte keiner der vier genannten Aerzte den Dauphin, nämlich den echten, gekannt. Pelletan und Dumangin wurden von den Wächtern im Tempel unterrichtet, daß der Patient nicht spräche, und da sie auf ihre an den Knaben gerichteten Fragen keine Antwort erhielten, ließen sie bald ab, weiter in ihn zu dringen. Freilich haben Solche, welche den Wächter Lasne als Zeugen gelten zu lassen ein leicht begreifliches Interesse hatten, das Gegentheil behauptet; allein die Worte, welche sie bei dieser Gelegenheit dem Knaben in den Mund legen, tragen das Gepräge der Unwahrscheinlichkeit, ja der Unmöglichkeit so deutlich, daß sie sofort als schlecht erfunden sich herausstellen.

Am 8. Juni starb das kranke Kind im Tempelthurm. Hätte man nun nicht erwarten sollen, daß, falls der todte Knabe der echte Dauphin, die Behörden die minutiöseste Sorgfalt aufwenden würden, um alle Umstände dieses Ereignisses unanfechtbar genau festzustellen? Es geschah aber durchaus das Gegentheil. Alles wurde lässig und schluderig abgemacht. Am 9. Juni machte Bürger Sevestre im Namen des Sicherheitsausschusses dem Konvent kurz und trocken die Anzeige, daß der „Sohn des Capet" im Tempel gestorben sei. An demselben Tage nahmen der Doktor Pelletan und seine drei genannten Kollegen über den Leichenbefund ein Protokoll auf, in welchem es wörtlich heißt: „Um 11 Uhr Morgens an der Außenpforte des Tempels angekommen, wurden wir durch die Kommissäre empfangen und in den Thurm geführt. Im zweiten Stockwerk desselben fanden wir in einem Zimmer auf einem Bette den Leichnam eines Kindes, welches uns ungefähr zehnjährig schien. Dieser Leichnam, sagten uns die Kommissäre, sei der des Sohnes des verstorbenen Ludwig Capet, und zwei von uns haben in demselben das Kind wieder erkannt, welches sie seit einigen Tagen ärztlich behandelt hatten." Dies ist doch fürwahr entfernt kein Beweis für die Identität des todten Knaben mit dem Sohne Ludwigs des Sechszehnten! Sehr bemerkenswerth ist aber ein Umstand, welcher demselben Protokoll zufolge die Sektion des Leichnams herausstellte. Das Gehirn des todten Kindes wurde nämlich in völlig normalem und gesundem Zustande vorgefunden. Dies hätte aber schwerlich oder vielmehr geradezu unmöglich der Fall sein können, wenn der Todte wirklich der Dauphin gewesen wäre, welchen ja der allgemeinen und unbestrittenen Annahme zufolge der schändliche Simon und dessen Frau durch Verleitung zu in einem so unreifen Alter doppelt schädlichen Ausschweifungen in einen Zustand des Blödsinns herabgebracht hatten, welcher eine Desorganisation des Gehirns zur unumgänglichen Voraussetzung haben mußte. Am Abend des 10. Juni wurde der Leichnam des jungen Tempelgefangenen ohne irgendwelche Ceremonie auf dem Kirchhof von Sainte-Marguerite bestattet. Erst zwei Tage nach der Bestattung und demnach vier Tage nach dem Ableben des Kindes wurde der Todesschein ausgestellt und zwar in so gesetz- und formloser Weise, daß diesem Aktenstück eine gesetzliche Beweiskraft gar nicht zukommt.

Aber für die Familie Bourbon war Ludwig der Siebzehnte in aller Form gestorben und todt. Stets hat sie sich, die Schwester des Prinzen einbegriffen, gegen jeden Versuch, darzuthun, daß nicht der echte, sondern ein falscher Dauphin im Tempel gestorben sei, nicht nur abwehrend, sondern auch hindernd und hintertreibend verhalten. Als im Jahre 1820 ein gewisser Caron, welcher nach der Gefangensetzung der Familie Ludwigs des Sechszehnten Zutritt im Tempel gefunden hatte, sich erbot, über die Entführung des Dauphin wichtige Mittheilungen zu machen, verschwand der Mann, nachdem ein hoher Hofbeamter ihn mehrmals besucht hatte, plötzlich und ist nie wieder zum Vorschein gekommen. Höchst auffallend war auch die Gleichgültigkeit, welche die königliche Familie nach der Restauration gegen die Ueberreste und das Andenken Ludwigs des Siebzehnten an den Tag legte. Bekanntlich führte man im Jahre 1815 eine große Haupt- und Staatskomödie auf mit der angeblichen Auffindung und Ausgrabung der Gebeine Ludwigs des Sechszehnten und seiner Frau. Der Erzphantast Chateaubriand ging bei dieser Gelegenheit in seinem romantischen Delirium so weit, zu schreiben, man habe den Todtenschädel Marie Antoinette's an dem unvergleichlich graziösen Lächeln wiedererkannt, welches der Königin eigen gewesen sei, und dieser grauenhafte Blödsinn fand vielen Beifall. Die romantisch-restaurative Gebein-Auffindungs-Posse — denn weiter war es Nichts, da die wirklichen Gebeine des Königs und der Königin unmöglich mehr aufgefunden werden konnten — bestimmte aber den Pfarrer von Sainte-Marguerite, Lemercier, die Auffindung der Gebeine des Dauphins ebenfalls in Vorschlag zu bringen. Er behauptete, die Todtengräber hätten im Jahre 1795 zwar den Sarg mit dem Leichnam des Prinzen zuerst in die allgemeine Grube gestellt, aber den heimlich mit Kreidestrichen bezeichneten in einer der folgenden Nächte wieder aus der großen Grube herausgenommen und neben der vom Kirchhof in die Kirche führenden Thür begraben. Der Pfarrer wandte sich mit seinem Anliegen an die Herzogin von Angoulème, von welcher er erwarten durfte und mußte, daß sie ihm eifrig beistimmen und behülflich sein würde. Allein der gute Mann ging fehl. Die Herzogin wies die Sache entschieden von der Hand.

Diese Prinzessin, Napoleons bekanntem Ausspruche zufolge „der einzige Mann in ihrer Familie", war nichts weniger als sentimental, und es begreift sich leicht, daß sie es nicht war und nicht sein konnte. Die Glut der Schmerzen, welche sie in ihrer Jugend zu erdulden gehabt, hatte ihr Herz zu Stein gebrannt. In der That, sie hat zur Restaurationszeit bei verschiedenen Gelegenheiten eine wahrhaft steinerne Fühllosigkeit kundgegeben, wofür ich als Beleg einen in Deutschland wenig oder gar nicht bekannten Zug anführen will. Am 11. August von 1792 hatte sich die in das Sitzungslokal der Nationalversammlung geflüchtete königliche Familie in einem Zustande völliger Mittellosigkeit befunden. Kaum erfuhr das eine der gewesenen Kammerfrauen Marie Antoinette's, Frau Auguié, als sie sich beeilte, ihrer bedürftigen Herrin fünfundzwanzig

Louisd'or von ihren Ersparnissen zu überbringen. Diese Großmuth der Dienerin kam fünfzehn Monate später beim Prozesse der Königin vor dem Revolutionstribunal zur Sprache. Befragt, wer ihr die fünfundzwanzig Goldstücke gegeben hätte, nannte Marie Antoinette den Namen der Frau Auguié. Sofort wurde infamer Weise ein Haftbefehl, das will sagen, ein Todesurtheil gegen die treue Dienerin erlassen. In dem Augenblicke, wo die Häscher in ihre Wohnung traten, stürzte sich die Unglückliche zum Fenster hinaus und blieb auf der Stelle todt. Eine ihrer Töchter wurde später die Frau des Marschalls Ney. Als dieser nach der zweiten Restauration, allerdings mit Recht, prozessirt und verurtheilt wurde, konnte es die Herzogin von Angoulème der Bitterkeit ihres Hasses nicht abgewinnen, ein Wort der Fürbitte für den Gatten einer Frau einzulegen, deren Mutter um i h r e r Mutter willen gestorben war!

Die Prinzessin wies also den Pfarrer von Sainte-Marguerite mit seinem Anliegen ab, vorgebend, „die Lage der Könige sei furchtbar und sie dürften und könnten nicht Alles thun, was sie wollten." Gerade zu dieser Zeit aber haben bekanntlich die Bourbons Alles gethan, was sie wollten, auch das Dümmste und Unverantwortlichste, was nur immer eine rasende Reaktionspartei ihnen eingab. Die Wahrheit ist, der Hof wollte, wie von dem Dauphin überhaupt, so auch von seinen angeblichen Ueberresten schlechterdings Nichts wissen und hat jeden Versuch, auf eine Untersuchung der räthselhaften Umstände, welche das Leben und den angeblichen Tod des Prinzen im Tempel begleitet hatten, zurückzukommen, beharrlich und erfolgreich zu vereiteln gewußt.

Und aber, fragt der Leser, was ist das Ergebniß dieser langen Erörterung?

Ein ungelöstes Räthsel! Denn ich gestehe zwar für meine Person ohne Rückhalt, daß ich entschieden der Ansicht zugeneigt bin, der am 8. Juni von 1795 im Tempel verstorbene Knabe sei nicht der Dauphin, sondern ein diesem untergeschobenes Kind gewesen; allein diese subjektive Ueberzeugung entbehrt selbstverständlich des objektiv=historischen Werthes, so

lange nicht nachgewiesen, nicht beweiskräftig nach=
gewiesen ist, was denn im Falle seiner Rettung aus
dem Tempelgefängniß aus dem Prinzen geworden.
Jeder bislang gemachte Versuch, diese Frage mit
Bestimmtheit zu beantworten, hat sich als unzuläng=
lich, wenn nicht gar als Charlatanerie, als unbe=
wußter oder auch als bewußter Betrug herausgestellt.
Von den als Ludwig der Siebenzehnte Aufgetretenen
hat Keiner, wie ich nach sorgfältiger und wiederhol=
ter Prüfung der von ihnen vorgebrachten Behaup=
tungen und Ansprüche versichern kann, seine Iden=
tität mit dem Dauphin auch nur bis zum Grade
der Wahrscheinlichkeit erwiesen. Am meisten von
seinem Rechte überzeugt scheint der Uhrmacher Naun=
dorff gewesen zu sein. Die Möglichkeit einer be-
friedigenden Antwort auf die Frage: Was ist aus
dem Dauphin nach seiner Entführung aus dem
Tempel geworden? könnte nur die Aufspürung,
Bloßlegung und Verfolgung aller der fast zahllosen
Intrikenfäden, welche zwischen den emigrirten Bour=
bons und ihren Anhängern in und außerhalb Frank=
reichs hin= und herliefen, an die Hand geben. Eine

langwierige, schwierige und höchst unerquickliche Arbeit, die von Wissenden nur allenfalls ein solcher unternehmen möchte, welcher schlechterdings nichts Besseres zu thun weiß. Denn was könnte er im glücklichen Falle für ein Resultat gewinnen? Die Befriedigung einer müssigen Neugier, weiter Nichts. Laßt die Todten ihre Todten begraben! *).

---

*) Als Kuriosum füge ich hinzu, daß, seitdem dieser Aufsatz geschrieben wurde, mir aus einer großen norddeutschen Stadt in geheimnißvoll thuender Weise unterm 23. Juni 1865 die Nachricht zugefertigt wurde, der echte Dauphin sei allerdings aus dem Temple gerettet worden, aber keiner der unter seinem Namen aufgetretenen Prätendenten sei der echte gewesen. Der gerettete Echte sei nach Bestehung von allerlei Abenteuern als Mitglied einer Schauspielertruppe nach Petersburg verschlagen worden, wo er dann eine bleibende Stätte gefunden. Im Sommer von 1841 sei sein Tod erfolgt und zwar in Karlsbad, wohin er zur Kur gegangen. Ich war doch neugierig genug, dem mir also dargebotenen Faden weiter nachgehen zu wollen, konnte jedoch statt der erbetenen weiteren Aufklärungen und Nachweise nur ängstliche Winke erhalten, man dürfe, so man die Hinterlassenen dieses „unzweifelhaften" siebzehnten Ludwigs nicht gefährden wolle, zur Zeit Näheres über das „Geheimniß" noch nicht verlauten lassen.

Eine weltgeschichtliche Stunde.

1.

Ob die rothe Fahne, wie ein deutscher Patriot und Denker — was bekanntlich häufig Zweierlei, sehr Zweierlei! — in einem Zukunftstraum vorgeschaut haben will, dermaleinst das Bundespanier der „Vereinigten Freistaaten von Europa" sein wird, ruht noch im Schooße der Götter. Thatsache aber, nicht mehr aus dem Gedächtnisse der Menschen wegzuwischende Thatsache ist, daß am 24. Februar von 1848, Punkt 1 Uhr 5 Minuten nach Mittag, das rothe Banner auf der Kuppel des Mittelpavillon der Tuilerien sich entfaltete, ein in den Lüften flattern=

des Triumphsignal, ein himmelan wehender Jubel=
schrei der siegreichen Revolution*).

Aus dem Kampfzorn in den Humor hinüber=
gesprungen, führte das Volk als „lustige Person"
in dem eroberten Königsschloß einen heiteren Zwi=
schenakt im glorreichen Drama des Tages auf, wäh=
rend anderwärts die Kulissen für einen weiteren Auf=
zug zurechtgerückt wurden. Die Szene wird das
Palais Bourbon sein, das Sitzungshaus der De=
putirtenkammer, zu welchem man von der Place de
la Concorde her mittels der gleichnamigen Brücke
und über den Quai d'Orsay gelangt. Wunderbarer
Respekt des Autoritätsglaubens vor bestehenden Ge=
walten! Die Deputirtenkammer, mit Ausnahme
einer verschwindend kleinen Minderheit nur aus so
oder so Verkauften bestehend, war die Kloake der
Verachtung, in welche die triumphirende Empörung
voll Ekel hinunterspuckte, — und doch suchte man in
dieser Kloake die Entscheidung! Nicht allein von

---

*) Der vorliegende Aufsatz schließt sich genau an den,
welcher unter dem Titel „Ein dies irae" im 2. Bande der
„Studien", S. 193 fg., mitgetheilt ist.

Seiten des Royalismus, was ganz in der Ordnung; sondern auch von Seiten des Republikanismus, was beweis't, daß er seiner Sache doch nicht eben sehr sicher war. Ja, wer die menschlichen Dinge vom vielleicht einzigen richtigen Standpunkt aus, d. h. vom Isolirberg ironischer Verachtung herab betrachtet, dem mag ein mephistophelisch Lächeln die Lippen kräuseln, wenn er Monarchie und Republik so zu sagen einen keuchenden Wettlauf nach der Kloake anstellen sieht, in welcher alle die schändlichen und scheußlichen Resultate der Lehren zusammenflossen, die der ordentliche Professor der konstitutionellen Korruptologie, Monsieur Guizot, so erfolgreich vorgetragen hatte.

Derweil nämlich die Herzogin von Orleans mit ihren beiden Knaben und dünnem Gefolge den Tuileriengarten durchschreitet, um drüben im Palais Bourbon durch die „französische Volksrepräsentation" auf ihres Sohnes, des Grafen von Paris Haupt die Krone und in ihrer eigenen Hand den Regentschaftsstab befestigen zu lassen, hat sich aus dem Redaktionsbüreau des „National" eine Abordnung der Republikaner aufgemacht, Emanuel Arago an ihrer Spitze, um der Deputirtenkammer die „Beschlüsse des Volkes" kundzuthun, die provisorische Regierung der Republik inmitten der Korrupten des Königthums auszurufen und endlich sodann diese provisorische Regierung im Triumphe vom Palais Bourbon zum Stadthause zu führen. Die Abordnung gelangte früher über die Concordebrücke und zur Deputirtenkammer als die Herzogin. Den Concordeplatz hatten die eilenden Republikaner fast ganz mit Truppen bedeckt gefunden. Infanterie, Kavallerie und Artillerie stand da, d. h. die von den Boulevards hieher zurückgezogene Kolonne des Generals Bedeau. Den vorübergehenden Emanuel Arago erkennend, kam der General auf denselben zu und beklagte sich, daß man ihn ganz ohne Befehle hier stehen ließe. Dann bat er Arago, dieser möchte doch bei den Ministern Thiers und Odilon Barrot irgendwelche Instruktion für ihn, den General, einholen. Arago hatte Anderes zu thun und eilte, mit seinen Begleitern die Seine zu überschreiten. Bedeau blieb mit seinen achttausend Mann, denn so viele hatte er ungefähr unter seinem Kommando, in peinlicher Ungewißheit und Unschlüssigkeit auf dem Eintrachtsplatze stehen. Monsieur Thiers, der "Retter der Monarchie", welcher auf seinem Wege vom Schlosse zum Palais Bourbon diesen Platz ebenfalls passiren mußte, war so ganz Verwirrung und Angst, daß ihm gar nicht einfiel, Bedeau's Streitmacht zum Schutze der Deputirtenkammer zu verwenden, deren Beschützung doch ihm, einem Hauptcharlatan des Parlamentarismus, sehr hätte angelegen sein sollen. Ueberhaupt — so ganz war die Regierungsmaschine binnen wenigen Stunden zerfallen — dachte Niemand daran, dem Palais Bourbon eine ausreichende militärische Deckung zu verschaffen. Daher die Leichtigkeit, womit dann die Revolution, ihre Volkswogen auf beiden Ufern der Seine heranrollend, schaumspritzend in das "Heiligthum der gesetzgebenden Macht" eindrang, d. h. den ganzen parlamentarischen Schmutz und Stank, die schamlose Lüge von "Volksvertretung" nieder- und wegschwemmte. Aber war es nicht auch Lüge und Heuchelei, wenn die Demokratie an diesem seit Jahren von ihr angespiecnen Orte das Wort der Entscheidung zu suchen kam? Es sah so aus, sah sehr so aus, war aber doch nur der Zwang der geschichtlichen Logik, welche die Menschen antreibt, immer wieder zu versuchen, ob sich ein radikaler Bruch mit der Vergangenheit vermeiden, das Neue an das Alte anknüpfen, das Werdende als eine naturgemäße Zeugung des Bestehenden darstellen ließe.

Also immerfort neuen Wein in alte Schläuche füllen? Ach, nein! Das Wort ist vielmehr umzukehren; denn es ist ja nur ewig derselbe alte, tausendmal um- und wiedergegohrene Wein, für welchen neue Schläuche anzufertigen die menschliche Kulturarbeit sich abmüht. Ja, der Wein, d. h. der Gedankengehalt der Menschheit, ist und bleibt ewig derselbe, sofern nicht — was sehr unwahrscheinlich — die Organisation des menschlichen Gehirns eines schönen Tages eine andere wird. Schon der älteste Buddhist hätte, so die Druckerkunst erfunden gewesen wäre, sicherlich Bücher drucken lassen, wie sie zu unserer Zeit Herr Arthur Schopenhauer drucken ließ. Pantheismus, Polytheismus, Monotheismus, Atheismus,

Brahmaismus, Mosaismus, Hellenismus, Christenthum, Islam, Päpstelei, Lutherei, Spinozismus, Hegelei, Despotie, Aristokratie, Demokratie, Sozialismus, Antik, Romantisch, Modern — Schläuche, Nichts als Schläuche, die sich ablösen und verdrängen im Laufe der Jahrhunderte und Jahrtausende, jetzt so geformt, jetzt anders; jetzt roth, blau, grün, gelb u. s. w. angestrichen, jetzt einfarbig, dann zweifarbig, dreifarbig, regenbogengrell, pfauenbunt. Eine Neuschneiderung des Schlauches nennen die Leute ein neues Weltalter, einen frischen Anstrich eine neue Aera. Der Inhalt aber ist und bleibt der alte und — das halb schreckliche, halb lächerliche Räthsel „Mensch" stets ungelös't. Macht es einen Unterschied, wenn der indische Jogi zur Lösung dieses tragikomischen Räthsels dadurch zu gelangen glaubt, daß er, die meditirende Gans nachahmend, ein Jahr lang und drüber auf einem Beine steht, oder wenn einer unserer ordentlichsten oder außerordentlichsten Katheberphilosophen in der nämlichen Absicht zum Staunen seiner Zuhörer sich auf den abstrusen Kopf stellt und mit

den abstrakten Beinen in der blauen Luft der Syllo=
gismen und Kategorieen aprioristisch herumkonstruirt?
Daß zwei Pfaffen einander begegnen können, ohne
einander ins Gesicht zu lachen, ist bekanntlich schon
den Alten verwundersam vorgekommen; wir Men=
schen der Neuzeit dürften es billig wunderlich finden,
daß zwei Philosophen sich begegnen können, ohne
einander anzuweinen....

Aber hast du, theurer Leser und liebes Mit=
räthsel, jemals das Urbild eines Menschen in tau=
send Aengsten gesehen? Wenn nicht, so sei dir das=
selbe hiemit leibhaft vorgestellt in der Person des
armen Monsieur Sauzet, Präsidenten der Deputir=
tenkammer. Auch eine Säule des Louis=Philippis=
mus und der Don=Quizoterie! Schade nur, daß
die Säule, wie alle ihre Mitsäulen thun, heute gar
kläglich wankt und schwankt, knistert und bröckelt
unter dem rauhen Anhauch des Februarsturms!
Was thun? Was beginnen in diesem Trubel? Ge=
rechter Himmel, diese Tagesordnung des 24. Fe=
bruars stimmt ja gar nicht mit der unsrigen. „Um
3 Uhr öffentliche Sitzung: Fortsetzung der Debatte

über das Privilegium der Bank von Bordeaur" — lächerlich! Der ärmste aller Präsidenten, soweit es heute solche gibt auf Erden, winselt und wuselt bleich und verstörten Blickes im Palais umher und rudert sich auch mühsam durch den Sal „des Pas-perdus" hindurch. Denn dieser ist vollgestopft mit Deputirten, Journalisten und Nationalgarden. Fragen und Antworten, Versicherungen und Bezweifelungen, Thatsachen und Mythen zischen und schwirren da babylonisch durcheinander. Aus diesem Wirrwarr taucht, kaum sichtbar und nur für einen Augenblick, die kümmerliche Figur des Monsieur Thiers auf. Ha, der Ministerpräsident! Noch ist die Monarchie nicht verloren! Von allen Seiten schießen sie auf den Kleinen los, ein Wort des Trostes von seinen Lippen zu haschen. Er aber stoßseufzend: „Messieurs, le flot monte, monte! Tout est perdu!" Stammelt's, taucht unter und wird nicht mehr gesehen für heute, morgen und übermorgen und auf so lange nicht, bis das konstitutionelle Deklamatorium wieder mit Sicherheit fortgesetzt werden kann.

Während der monarchische Oberdeklamator also

aus dem Palais Bourbon verschwand, betrat dasselbe d e r Mann, welcher von heute an für etliche Monate oder wenigstens für etliche Wochen der republikanische Oberstdeklamator sein wird, Monsieur Alphonse de Lamartine, der ehrlichste aller Schwarbelköpfe, der zuckerigste aller Zuckerwasserdichter, der gutmüthigste Almosenspender, leichtsinnigste Schuldenmacher und eitelste der Menschen, mit Ausnahme des Vicomte de Chateaubriand, der aber seinem Mitbewerber um die Palme der Eitelkeit demnächst den Platz räumen wird, — nicht jedoch, ohne daß er mittelst der „Mémoires d'outre-tombe" dafür gesorgt hätte, noch aus dem Grabe heraus die arme lesende Menschheit mit zwölfbändigen Chateaubriandismen zu behelligen. Herr von Lamartine seinerseits hat nicht bis zu seinem Tode gewartet, die Welt auf das Genaueste mit seinen Thaten in Versen und Prosa, mit seinen Erlebnissen als Mensch und Staatsmann bekannt zu machen. In einem der vielen, vielen Bücher, welche er je nach Stimmung und Laune bald Erinnerungen, bald Bekenntnisse, bald Geschichten betitelte, erzählt er uns umständlichst, wie er am 24. Februar von 1848 von seiner Wohnung aus ins Palais Bourbon gelangte. In einem der Korridore von den Herren Marrast, Bastide und etlichen andern Republikanern angetreten, ward er von denselben „dringend" um eine geheime Unterredung ersucht, welche dann in einem abgelegenen Bureauzimmer statthatte. „Sie wissen — sagte der Wortführer Marrast — Sie wissen, was wir sind und was wir wollen. Wir sind Republikaner und wollen demnach die Republik. Falls diese aber nur mittelst eines Kampfes, welcher Frankreich in Blut tauchte, möglich wäre, würden wir uns mit der Regentschaft zufriedengeben, immer jedoch auch mit dem Vorbehalt, den endlichen Triumph u n s e r e r Idee vorzubereiten. Wir kennen Sie nicht, aber wir achten Sie und das Volk ruft Ihren Namen an, es hat Vertrauen zu Ihnen und Sie sind daher in unseren Augen der Mann der Verhältnisse. Wollen Sie der Vormund des sterbenden Königthums und der Minister der werdenden Republik sein?" Auf diese Anrede hin stellte oder setzte sich vielmehr Lamartine in eine Positur, die er selbst uns zum Malen genau beschrieben hat, nämlich also: „Er stützte die Ellenbogen auf den Tisch und verbarg sein Antlitz in seine Hände. Er flehte in seinem Inneren zu dem, der allein niemals sich irrt, daß er seine Gedanken lenken möge. Fast ohne zu athmen verharrte er fünf oder sechs Minuten in tiefem Nachdenken." Und, richtig, die erflehte Inspiration und Erleuchtung kam über ihn, vom Himmel herabfallend, wunderwirkend. Denn als der gute Poet „endlich seine Hände wieder sinken ließ", erklärte er den um den Tisch herumstehenden Republikanern, daß er selber mit einem Schlage ein Republikaner geworden sei, zwar nicht gerade aus Ueberzeugung, aber doch aus Politik. Hierauf rührte er die beredten Lippen zu einem langwierigen, um nicht zu sagen langweiligen Phrasenschaumschlagen, dessen kurzer Sinn war, daß man sofort über die Regentschaft hinweg und in die Republik hineinspringen müsse, weil nur diese — sagte Herr von Lamartine — „Frankreich zu bewahren vermöge vor Anarchie, vor Bürgerkrieg, vor Krieg mit dem Auslande, vor Raub, vor Schaffoten, vor Theilung des

Eigenthums, vor dem Umsturz der Gesellschaft," und schließlich verpflichtete sich der Redner, gegen die Regentschaft zu sprechen und den Antrag, eine provisorische Regierung einzusetzen, zu unterstützen oder auch wohl selbst zu stellen. Und dieses schwankende Zuckerrohr von Lyriker stand für eine Weile am Steuer des französischen, republikanisch bewimpelten Staatsschiffs! Kein Wunder, daß das Fahrzeug so schmählich scheiterte.

Man muß einem anderen Manne, welchem sonst Wenig oder Nichts nachzurühmen ist, man muß Herrn Odilon Barrot nachrühmen, daß er sich doch nicht so im Handumdrehen republikanisiren ließ. Während er im glücklichen Bewußtsein seiner Ministerschaft vom Ministerium des Innern aus eifrigst in die Provinzen hinaustelegraphirte: „Der König hat abgedankt; die Herzogin von Orleans ist als Regentin proklamirt; Alles hier läßt sich versöhnlich an (tout marche ici vers la conciliation)" — wurde ihm gemeldet, daß die Herzogin sich in die Deputirtenkammer begeben habe und ihn daselbst ängstlich erwarte. Der Minister warf sich mit seinem Freunde Pagnerre in einen Miethwagen und gelangte glücklich zum Palais Bourbon, allwo inzwischen die republikanische Deputation, deren Sprecher Emanuel Arago war, in dem bunten Gewirre, welches den Sal des Pas-perdus füllte, mit zweifelhaftem Erfolge für die Republik geweibelt hatte. Beim Erscheinen Barrots gingen ihn diese Republikaner um eine Unterredung an, welche sofort in einem Bureauzimmer stattfand, zur selbigen Zeit, wo in einem andern Marrast und Bastide mit Lamartine verhandelten. Der Minister hatte zwei befreundete Kammermitglieder zur Seite, die Herren Mornay und Morny, Letzterer heute noch ein liberalthuender Orleanist, künftig aber der Held-Schurke des 2. Dezembers von 1851. Emanuel Arago faßte die Darlegungen seiner Freunde in dem Satze zusammen: „Das Volk will eine provisorische Regierung!" und richtete an den Minister die Frage: „Wollen Sie Mitglied der provisorischen Regierung sein?" Darauf Barrot: „Nein. Ich war immer liberal, bin aber kein Republikaner. Meine Hingebung gehört dem Volke, aber ich bin für die

Regentschaft. Das Regiment einer Frau und eines Kindes verbürgt die öffentlichen Freiheiten und die Aufrichtigkeit der repräsentativen Staatsform" — (zu Deutsch: Ich bin für die Regentschaft, weil unter derselben ich der eigentliche Regent sein werde; das Regieren ist so süß!). „Nun wohl — sagte einer der Republikaner — so müssen wir es ohne Sie zu machen suchen. Aber seien Sie für alle Fälle eingedenk, daß Solche, welche die Uebernahme der gefahrvollen Mission verweigern, auch kein Recht haben, Die zu tadeln, welche den Muth besitzen, sich damit zu belasten."

Damit trennte man sich. Die öffentliche Sitzung der Kammer sollte beginnen. Die Arena, in welcher der Zweikampf zwischen Monarchie und Republik vor der Hand entschieden werden mußte, that sich auf.

2.

1 Uhr 30 Minuten. Die Galerien füllen sich allmälig, vorzugsweise mit "respektabeln" Leuten. Viele Nationalgardenuniformen darunter; auch elegante Damen, denn wo könnte ein Spektakel losgehen in der Welt, ohne daß mehr oder weniger schöne Frauenaugen neugierig darauf blickten? Die Stenographen, welche mit rühmlicher Pflichttreue die Vorgänge der anhebenden weltgeschichtlichen Stunde schnellschriftlich photographirt haben, sind auf ihren Plätzen. Die amphitheatralisch ansteigenden Bänke der Deputirten zeigen große Lücken, besonders zur Rechten und zur Linken. Die Mitglieder der Centren, die geschworenen Guizotisten, sind ziemlich vollzählig da, mit bänglicher Wehmuth auf den leeren Ministertisch starrend, wo ihr theurer Korrumpirer und seine Herren Kollegen nicht erscheinen. Am Fuße der beiden Treppen, welche zur Rednerbühne emporführen, bei den von Huissiers bewachten Thüren, welche dort unter der den Präsidentenstuhl tragenden Estrade zur Rechten und zur

Linken angebracht sind, haben sich Gruppen von Kammermitgliedern gesammelt, ängstliche Blicke und geflügelte Fragen austauschend. Andere Deputirte sind auf die Plattform des Säulenganges hinaufgestiegen, welcher hinter den Bänkereihen hinläuft, und suchen, nach dem Quai d'Orsay hinaus und nach der Brücke und dem Platz de la Concorde hinüber blickend, zu erspähen, wie der Kampf zwischen dem Volk und den Truppen ginge. Denn noch scheint das Fechten im Gange, da von Weile zu Weile ein Gekrache von Gewehrsalven aus der Ferne herüberschallt. Es ist aber nur das Viktoriaschießen der siegreichen Empörung. Gerade zu dieser Zeit wird ja drüben in den Tuilerien im Thronsale von des entflohenen König-Fuchses Thronsessel herab proletarisch-lustig die Republik proklamirt.

Bleich, verstört, wankend steigt Sauzet zu seinem Präsidentenstuhl hinauf, so langsam, als würden ihm die Fußsohlen auf jeder Stufe der Treppe festgeleimt. Droben bleibt er dann unschlüssig stehen und blickt, wie um sich bei seinem Herrn und Meister Rath zu holen, auf das große hinter seinem Lehnsessel aufgehangene Gemälde, welches den König Louis Philipp darstellt, wie er die Charte beschwört, — dieselbe Charte, welche derselbe Louis Philipp mit seinen Dupins, Molé's, Guizots, Duchatels, Thiers, Sauzets, Montalivets u. s. w. glücklich zu einem Wischlappen gemacht hat, nur noch dienlich, den Unflath des „parlamentarischen Régime", so er gar zu dick und stinkend geworden, damit für eine Weile wegzuwischen, scheinbar wenigstens und für Augen, welche getäuscht sein wollen. Endlich setzt sich der Präsident und faßt den Griff seiner Klingel. Aber was soll er sagen, was ankündigen, was vorschlagen? Man ist im Palais Bourbon gar nicht auf dem Laufenden. Man hat nur so gerüchtweise vernommen, daß an der Stelle des Monsieur Thiers Herr Odilon Barrot zum Ministerpräsidenten ernannt worden sei; dann, daß der König abgedankt und die Herzogin von Orleans zur Regentin ernannt habe. Ein die Treppe zum Präsidentenstuhl hinaneilender Offizier entreißt den armen Sauzet seiner Verlegenheit. Er klingelt. Die Deputirten nehmen ihre Sitze ein. Der Präsident aufstehend:

"Messieurs, die Frau Herzogin von Orleans und der Graf von Paris sind im Begriffe, in der Kammer zu erscheinen." Bewegung auf den Bänken der Deputirten, Unruhe auf den Galerien, über deren Balustraden Zuschauer und Zuschauerinnen möglichst weit sich vorbeugen. Kammerweibel bringen drei Stühle und stellen dieselben zu Füßen der Rednerbühne auf, welche unter dem Präsidentenbureau angebracht ist, den Deputirtenbänken gegenüber und genau im Mittelpunkt der Sehne des gewaltigen Halbbogens, welchen der Sal bildet. Gerade der Tribüne gegenüber und auf gleicher Höhe mit derselben befindet sich in der Mitte des hinter den Sitzen der Kammermitglieder herlaufenden Säulenganges eine Flügelthüre. Diese öffnet sich zugleich mit der Ankündigung des Präsidenten und die Herzogin tritt mit ihren beiden Knaben ein, geleitet von ihrem Schwager Nemours, der heute schweren Pflichten mit Ehren genügt, und begleitet von etlichen Generalen und Bürgerwehroffizieren.

Arme Frau, du mußt heute bitterlich erfahren, daß du nicht daheim in Mecklenburg, wo ein recht=

loses Volk knechtisch-stumm unter den Junkerstock sich beugt, aus der Heimat sich wegsehnend, wie Verdammte aus der Hölle. Du stehst auf diesem Weltvulkan Paris, der heute wieder einmal Blitz und Donner und Lava speit, explosivisch sich schüttelnd, daß die alte Europa in Nervenkrämpfe verfällt wie ein bleichsüchtig Mädelchen und ihre Zwingherren das Gedröhne der Weltgerichtsposaunen zu vernehmen glauben. Freilich, auch diese Improvisatoren von Revolutionen, diese munteren und geschwinden Kettenbrecher und Fesselnsprenger, diese charmanten Franzosen auch sie lassen sich zeitweilig das Zwangshemd der Sklaverei anthun und wälzen sich, wie es Sklaven geziemt, mit bestialischem Behagen im Kothe der Niedertracht. Aber plötzlich klimmt, steigt, fliegt die Quecksilbersäule des Naturells einer Nation, welche das „Vorvolk" heißt und heißen darf, heißen muß, wieder aus der Tiefe hinan zur höchsten Höhe; Julitage und Februartage brechen an, stralend von Freiheitssonnenschein, Augustnächte schimmern und funkeln mit tausend Gestirnen der Begeisterung und immer und immer wieder schlägt eine Stunde, wo der gallische Riese aus tiefer Erniedrigung zu wunderbarem Aufschwung sich erhebt und binnen Minuten lachend zu Müll zerschlägt, was, ihn zu knebeln und zu knechten, Schlauheit und Schurkerei, Lug und Trug, List und Gewalt binnen Jahren mühselig aufgebaut hatten.

Helene d'Orleans trägt das Trauergewand der Wittwe. Ihr halb auf den Hut zurückgelegter Schleier läßt die Blässe ihres Antlitzes sehen, auf welchem noch ein Schimmer der Jugend liegt. In ihren blauen Augen, welchen der weite Raum des Sales plötzlich entgegentritt, ist der flehende Ausdruck der Muttersorge. Sie führt an ihrer rechten Hand den Grafen von Paris, an der linken den Herzog von Chartres. Die beiden Knaben haben kurze Tuniken von schwarzem Tuche an und ihre Hemdkragen sind auf die Schultern zurückgeschlagen. Diese Kinder, welche weit entfernt sind, den Ernst einer Szene zu ahnen, die für sie nur ein ungewohntes Schauspiel, gemahnen mit ihrer Erscheinung Augenzeugen an die Kinder Karls des Ersten, wie

Vandyk dieselben gemalt hat ... Die Herzogin steigt mit ihren Söhnen, ihrem Schwager und ihrem kleinen Gefolge die Stufen herab. Der Anblick dieser jungen Mutter hat etwas so Herzbewegendes, daß von allen Seiten des Sales der Willkomm ausbricht: „Vive la duchesse d'Orléans! Vive le comte de Paris! Vive le roi! Vive la régente!" Die Herzogin verbeugt sich mit anmuthiger Schüchternheit und ein Hoffnungsstral bepurpert ihr flüchtig Stirne und Wangen. Die Täuschung sollte kurz sein und die Enttäuschung bitter. Ja, wenn sie mit ihren Knaben nach dem Stadthause gegangen wäre, vielleicht ... aber solche „Wenn" sind nur nichtiger Staub unter den rollenden Rädern des Schicksalswagens ... Die Prinzessin nimmt mit den Prinzen auf den am Fuße der Rednerbühne hingestellten Stühlen Platz. Ihr Schwager Nemours stellt sich vor sie hin und die Herren, welche mit ihr gekommen, reihen sich rechts und links.

Die Kammer hat also in ihrer Mehrheit den König-Knaben und die Mutter-Regentin dadurch anerkannt. Aber was ist die Kammer zu dieser

Stunde noch? Es wird ihr bald genug und unhöflich-deutlich genug ins Gesicht gesagt werden. Schon schlagen auch die ersten Wellenspitzen der mehr und mehr anschwellenden Brandung draußen an die Mauern und Wände. An der Thüre zur linken Hand des Bureau der Kammer lärmt und pocht es von Außen. Huissiers rufen abwehrend: „Ihr dürft nicht herein! Ihr habt kein Recht dazu!" Trotzdem geht die Thüre auf, eine Anzahl von Bürgern schiebt und drängt sich herein und vertheilt sich in den Gängen. Die Deputirten wagen schon keinen Einspruch mehr gegen diese Verletzung des privilegirten Raumes. Sie sitzen in unbehaglichster Spannung und unverkennbarer Angst auf ihren Bänken. Die Manifestation, zu welcher sie beim Eintritt der Herzogin von Orleans sich vereinigt haben, scheint den Rest ihrer Kraft erschöpft zu haben. Rathlosigkeit ist ganz augenscheinlich der Gesammtausdruck der Versammlung, wie das ja in der Regel der Charakter parlamentarischer Versammlungen in großen Krisen zu sein pflegt. Ruhmvolle Ausnahmen, wo berathende Versammlungen zugleich

handelnde von höchster Mächtigkeit waren, der römi=
sche Senat zur Blüthezeit der Republik, das Lange
Parlament, der Gründungskongreß der Vereinigten
Staaten von Nordamerika, die Konstituirende von
1789, der Konvent von 1793, — solche Aus=
nahmen sind eben Ausnahmen, ruhmvolle, aber
spärliche.

Man muß aber doch Etwas thun oder wenig=
stens Etwas reden, um dieser unerträglich=peinlichen
Spannung Luft zu machen. Herr Lacrosse, ein Mitglied
des linken Centrums, steht deßhalb auf und ruft in
das dumpfe Stimmengewirre hinein, welches den
Sal füllt: „Ich verlange, daß Herr Dupin das
Wort nehme." Worauf der also Aufgerufene:
„Ich habe das Wort nicht verlangt." Aber zahl=
reiche Stimmen schreien ihm zu: „Sprecht! Sprecht!"
Er besteigt die Rednerbühne und spricht von „Mani=
festationen", welche in Paris stattgefunden, sowie
von der Abdankung Louis Philipps zu Gunsten sei=
nes Enkels mit der Regentschaft seiner Schwieger=
tochter. Die Centren rufen: „Hoch der König!
Hoch die Regentin!" Dupin will, daß diese Zustim=

mung der Kammer zu Protokoll genommen werde. Stimmen aus der Mitte: „Ja, ja!" Stimmen von links: „Nein, nein! Eine provisorische Regierung!" Präsident Sauzet: „Meine Herren, wie mir scheint, hat die Kammer mittelst ihrer einmüthigen Zustimmung" .... Stimmen im Centrum: „Bravo! Bravo!" Stimmen von links: „Nein! Nein!" Wachsender Tumult. Die schon vorhin erwähnte Thüre am Fuße der Tribünetreppe wird abermals von Außen aufgedrückt und Bewaffnete strömen herein, Bourgeois und Proletarier, Bärenmützen und Blusen. Die beiden Aufgänge zur Rednerbühne sind von gestikulirenden und schreienden, zustimmenden und protestirenden Deputirten belagert. Herr Marie schiebt einen Knäuel seiner Herren Kollegen bei Seite und steigt hinauf. Da er sich in dem Lärm nicht hörbar zu machen vermag, hält er wenigstens die Tribüne besetzt. Lamartine ruft von seinem Platz aus dem Präsidenten zu, dieser möge die Sitzung suspendiren, aus Achtung vor der Nationalvertretung und aus Achtung auch vor der erlauchten Prinzessin, welche anwesend sei. Sauzet folgsam: „Die Kammer suspendirt ihre Sitzung, bis die Frau Herzogin und der neue König sich zurückgezogen haben werden."

Die Deputirten verlassen ihre Bänke und sammeln sich in dem Halbkreis am Fuße des Bureau. Eingedrungene Bürgerwehrleute und Barrikadenmänner mischen sich da mit Ihnen. Es entsteht ein Gedränge und Gewoge, daß der Staub aufwirbelt. Die Galerien droben füllen und überfüllen sich zum Brechen. An die große Flügelthüre, durch welche die Herzogin eingetreten, wird von Außen mit Fäusten geschlagen, mit Gewehrkolben gedonnert. Hunderte von Rufen und Tönen aller Art verbinden sich zu einem chaotischen Getöse und an der Decke des Sales hängt eine Wolke von Dampf und Staub.

Der Herzog von Nemours, dessen Kaltblütigkeit wohl erkennt, daß inmitten dieses anarchischen Durcheinander für die Dynastie Orleans kein Halt und keine Rettung zu finden sei, redet seiner Schwägerin zu, den Sal zu verlassen. Verschiedene Kammermitglieder unterstützen ihn. Die Prinzessin zögert. Sie fühlt, daß ihren Platz aufgeben Alles aufgeben heiße. Endlich, den Drängenden weichend, steht sie doch auf und macht ein paar Schritte, hält aber dann wieder inne. Deputirte bilden um sie und ihre Knaben her einen schützenden Kreis, vermögen aber nur sehr nothdürftig das immer unwiderstehlicher anwachsende Gedränge abzuhalten. Der General Dubinot, Deputirter, erhebt seine Stimme und ruft aus: „Ich appellire an alle großmüthigen Gefühle. Wenn die Prinzessin sich zurückziehen will, wollen wir sie begleiten — („Nein! Nein!") — wenn sie hier bleiben will, so wird unsere Hingebung ihr Schutz sein". Diese Berufung scheint für einen Augenblick Eindruck zu machen, so daß Präsident Sauzet den Muth findet, zu sagen: „Das Erste, was wir zu thun haben, ist, alle Personen, die nicht in die Kammer gehören, einzuladen, diesen Ort zu räumen." — „„Nein! Nein!"" — „Meine Herren, im Namen der Konstitution" . . . . . „„Nein! Nein!"" — Die Eingedrungenen wanken und weichen nicht, ihre Anzahl wächst mit jeder Minute, der Lärm wird betäubend, das Gedränge bedrohlich. Man sieht die

Herzogin, man weiß nicht, ob freiwillig oder geschoben, mit ihren Knaben den Halbkreis am Fuße der Tribüne verlassen und die Stufen in dem Gange zwischen den beiden Centren zu dem Säulencorridor emporsteigen. Nemours geht vor ihr her und sucht ihr eine Gasse zu öffnen. In diesem Augenblicke wird die große Flügelthüre droben mit Gewalt aufgestoßen, eine Volksmenge strömt durch die Oeffnung und versperrt der Prinzessin den Ausgang. Sie setzt sich, während von draußen tausenderlei Schreie, begleitet von Gewehrsalven gehört werden, mit ihren Söhnen auf die oberste Bank des linken Centrums. Die Herren ihrer Begleitung suchen Mutter und Kinder so gut als möglich zu bergen und zu decken. Von den Deputirten sind jetzt nur noch die Mitglieder der äußersten Linken unerschütterlich auf ihren Plätzen, während die Bänke der Centren und der Rechten mehr und mehr von eingedrungenen Bürgern und Proletariern eingenommen werden. Die Kammer als solche hat schon aufgehört zu existiren und an ihre Stelle ist ein sehr buntscheckiges Volksparlament getreten.

Präsident Sauzet freilich hält die Fiktion von Konstitution und Kammer noch eine Weile fest. Er handhabt heftig seine Schelle und wiederholt seine Einladung an die Eingedrungenen, den Sal zu räumen. „Nein! Nein!" Doch seht, da kommt Herr Odilon Barrot, der zuletzt noch erkorene Rettungsengel der Julimonarchie. Laßt ihn auf die Tribüne steigen, um das sänftigende Oel seiner liberalen Rednerei auf die hoch und höher gehenden Wogen der Revolution herniederzugießen. Sie m ü s s e n sich glätten, es kann nicht fehlen. In der That, der Biedermann schickt sich an, seine wunderthuende Oelflasche zu entpfropfen. Leider zu spät! Denn gerade jetzt schleudert Marie, welcher noch immer die Rednerbühne innehat, das Ausschlag gebende Stichwort in den tosenden Sal: „Ich verlange, daß auf der Stelle eine provisorische Regierung ernannt und eingesetzt werde!"

3.

Das ist ein Blitz, der wegzeigend durch das Dunkel dieser tumultuarischen Berathung zuckt. Aber der bestätigende Donnerschlag zögert noch, einzufallen. Denn ein letzter Strohhalm, sich daran zu halten, ist oder scheint wenigstens dem Königthum geboten in der Person des Schein-Premier Barrot, welcher sich eben anschickt, Herrn Marie auf der Rednerbühne abzulösen. Er muß freilich noch warten. Da ist zunächst der Herr Abbé de Genoude, vom Stamme Loyola, welcher wähnt, die Gelegenheit sei günstig, für seinen König, Henry V. in partibus, das Wort zu ergreifen. Bekannte von ihm, welchen die Atmosphäre nichts weniger als bourbonisch vorkommt, machen ihm bemerklich, daß r gutthäte, zu schweigen. „Wie so? — fragt er — ich habe keine anderen Interessen als die des Landes." — „„Zum Henker mit Euren Interessen!"" — Während dieses kurzen Zwischenfalls hat Herr Crémieur, vom Stamme Juda, die Tribüne erklommen und sagt: „Das Volk will nicht so ohne Weiteres die Regentschaft der Frau Herzogin von Orleans annehmen. Anno 1830 haben wir uns übereilt und darum sind wir jetzt, Anno 1848, in der Lage von vorne anfangen zu müssen. Ich habe so eben den unglücklichen König und seine unglückliche Familie zu ihren Reisewagen begleitet, ich hege die höchste Achtung vor der Frau Herzogin; aber ich fordere die Einsetzung einer provisorischen Regierung von fünf Mitgliedern." — „„Bravo! Bravo!"" — Loyolait und Legitimist Genoude ist nun doch für einen Augenblick Inhaber der Rednerbühne und bemerkt, die urdemokratische Maske vorsteckend: „Ihr könnt weder eine provisorische Regierung noch eine Regentschaft machen. Ich sage, Alles ist ungültig ohne die Zustimmung des Volkes. Wollt ihr Etwas thun, so ruft die Nation zusammen, um sie zu befragen. Das habt ihr i. J. 1830 versäumt und ihr erlebt nun die Folgen dieser Versäumniß." — „„Ja! Ja! — Bravo! — Nein!"" Lärm und Wirrwarr. „„Seht, Herr Barrot ist auf der Tribüne. Laßt Herrn Barrot sprechen!""

„Was wird Herr Barrot sagen?" fragt der Graf von Paris seine Mutter. „Er spricht für dich, mein Sohn." — „Und die Andern? Sprechen sie auch für mich?" — „Nein, mein Sohn, nicht alle." Und so sprechend dreht die Herzogin ängstlich ein Blatt Papier in ihren Händen, welches ihr derselbe Cremieur, der so eben für eine provisorische Regierung gesprochen, wenige Minuten zuvor zugesteckt hatte. Auf diesem Papier stand geschrieben: „Nur von dem Willen der Nation wollen mein Sohn und ich unsere Vollmachten erhalten. Ich, die Wittwe des Herzogs von Orleans, und mein Sohn, die Waise, erwarten mit Vertrauen die Entscheidung, welche das Volk treffen wird. Gewiß aber ist, daß ich meinen Sohn in der innigsten Liebe zum Vaterlande und zur Freiheit erziehen werde." Der Republikaner Cremieur scheint demnach die Republik zunächst für unmöglich oder unräthlich gehalten und eine provisorische Regierung nur gewollt zu haben, um durch dieselbe die Regentschaft der Herzogin vorzubereiten. Freilich, wer konnte in dem

Wirrſal dieſer Stunde überhaupt von ſich ſagen, daß er ganz klar, beſtimmt und folgerichtig gedacht und gewollt habe?

Barrot hebt zu reden an und redet ſo, daß es für etliche Sekunden den Anſchein gewinnt, der Strohhalm könnte doch zu einem Eiſenſtab werden. Er ſagt, die Lage ſei einfach, die Pflicht vorgezeichnet; er wendet ſich beſchwörend an die Großmuth der Nation und ſpielt den Phraſentrumpf aus: „Die Julikönigskrone ruht auf dem Haupt eines Kindes und einer Frau." Die orleaniſtiſchen Deputirten, welche beim Erſcheinen Barrots ſich wieder zuſammengeſchart, bedecken die Stimme des Redners mit ihren Beifallsrufen. Die Herzogin von Orleans erhebt ſich, um die Verſammlung, die ſich ihrer Sache wieder völlig zuzuwenden ſcheint, dankbar zu grüßen, und auf einen Wink von ihr thut der Graf von Paris ebenſo. Odilon Barrot fortfahrend: „Ich thue einen feierlichen Aufruf" ... Herr de Larochejaquelin, legitimiſtiſcher Deputirter, von ſeinem Platz aus: „Ihr wißt nicht, was Ihr thut!" Der Herzog von Nemours flüſtert ſeiner Schwägerin Etwas zu. Sie steht abermals auf und hebt das Blatt Papier, das sie in der Hand hält, empor, wie zum Zeichen, daß sie zu reden begehre. Viele Stimmen: „Hört, hört! Laßt die Frau Herzogin sprechen!" Andere: „Herr Barrot soll fortfahren!"

Er thut es, und was er zu Gunsten der Regentschaft sagt, ist recht gut gesagt; aber es macht keine rechte Wirkung mehr, nicht einmal bei den Kammermitgliedern, welche sich wieder in den Centren zu sammeln versucht haben. Das Ende von Barrots Rede erregt nur mäßigen Beifall und mit seinem Verschwinden von der Tribüne erlischt der letzte für die Monarchie und die Julidynastie flüchtig aufgeleuchtete Hoffnungsstral. Als jetzt die gewaltige Gestalt von Larochejaquelin, dem Sohne des Helden der Vendée, auf der Rednerbühne erscheint, murrt es am Fuße derselben: „Was, will er etwa seinen Henry V. proklamiren?" Larochejaquelin schüttelt seinen ausdrucksvollen, von einer fabelhaften Haarfülle bedeckten Kopf und sagt: „Ich komme nicht, einen tollen Anspruch (folle prétention) zu erheben;

aber ich glaube, daß der ehrenwerthe Herr Barrot so eben an dieser Stelle den Interessen, welchen er dienen wollte, schlecht gedient hat. Messieurs, es steht vielleicht Solchen, die vormals den Königen allzeit gedient haben, am Besten zu, dermalen vom Lande und vom Volke zu sprechen." — „„Gut! Sehr gut!"" — Larochejaquelin, seine hohe Gestalt aufrichtend und die Rechte gegen die Centren ausstreckend, mit einer Donnerstimme: „Heute seid ihr Nichts, zur Stunde seid ihr gar Nichts mehr!" — „„Wie? Was? Wir können uns das nicht gefallen lassen!"" — Präsident Sauzet: „Mein Herr, Sie vergessen sich. Ich rufe Sie zur Ordnung." — Larochejaquelin: „Warum dieses Geschrei über eine Wahrheit? Nicht als Deputirter sag' ich euch, daß die Kammer der Deputirten gar nicht mehr existirt. Ja, sie existirt nicht mehr! Ich sage, man muß die Nation zusammenberufen und dann" . . . .

Das in furchtbarem Getöse abreißende Wort des Legitimisten war wie ein Signaltrompetenstoß, bestimmt, neue Mitspieler in diesem wilden Drama auf die Bühne zu rufen.

4.

Nein, nicht in seinen schrecklichsten Angstträumen hat jener weiland Gestaltenseher von 1848, der aus Ekel sich todtschoß, als er einmal sich selber in seiner wahren und wirklichen Gestalt erblickt hatte, — nicht in seinen schrecklichsten Angstträumen hat er solche Gestalten geschaut, wie sie jetzt durch die beiden Thüren am Fuße der Tribüne hereinwimmelten, — eine Schmutzwoge der Empörung, eine tüchtige Portion Grundsuppe der Barrikadosophie, eine saturnalische Maskerade der momentan obenauf gekommenen Pöbelei. Der sogenannte Oberst Dumoulin, halb ein Bonapartist, halb ein Republikaner und ganz ein Narr, ist der Anführer dieses buntscheckigen Haufens, welcher in den Halbkreis vor dem Bureau hereinbricht, stampfend, brüllend, schweißtriefend, pulverge=

schwärzt, zerrissene Fahnen, Säbel, Bajonnette,
Eisenstangen über den Köpfen schwenkend, abenteuerlich
behangen mit allerhand Flitter- und Lappalienzeug,
was diese „sainte canaille" in den Tuilerien,
woher sie kommt, aufgelesen hat. Und wie
das beim losgeborstenen Franzosenthum immer so
sein muß, dem Furchtbaren und Abscheulichen gesellt
sich das Burleske. Wie eine häßliche Erinnerung
an die Sansculoterie von 1793 macht sich in der
Schar ein Metzgerknecht mit blutiger Schürze bemerkbar,
ein breites Messer schwingend, und diesem Kerl
zur Seite geht mit stelzenhafter Grandezza ein Greis,
barhäuptig, die Brust von den Silberwellen eines
Patriarchenbartes bedeckt, in der Rechten die unmäßig
lange Klinge eines Ritterschwertes führend,
welche durch einen Laib Brod gesteckt ist, der ihr als
Stichblatt dient.

„Wir wollen die Absetzung des Königs! Die
Absetzung! die Absetzung!" schreien die Eindringlinge.
Die Deputirten springen auf, die Galerien
widerhallen den Ruf. Der Oberst Dumoulin zwängt
sich mit einer dreifarbigen Fahne zur Rednerbühne

hinauf und legt den Fahnenschaft über die Marmor=
platte, auf welcher die Hände so vieler parla=
mentarischer Hanswurste herumgefingert haben.
„Messieurs — schreit er in das Gewühle hinein —
wißt, daß das Volk heute seine Freiheit und Selbst=
ständigkeit wieder erobert hat. Wißt, daß wir den
Thron des Roi=Bourgeois in den Tuilerien so eben
zerbrochen und zum Fenster hinausgeworfen haben."
Einer, welcher inmitten der Flut sich überstürzender
Vorgänge an diesem Tage auf Nebendinge zu achten
vermocht hätte, würde sich so ein nebendingliches
Etwas gemerkt haben, welches, an und für sich ver=
schwindend klein, doch so zu sagen schon den Schat=
ten eines ungeheuren Ereignisses weit vor sich herwarf.
Die Fahne nämlich, welche Dumoulin auf der Neb=
nerbühne aufpflanzte, hatte vor einer Stunde noch
den Thronsessel Louis Philipps geschmückt. Als der
„Oberst" dieselbe aus den Tuilerien weggetragen,
hatte ihn ein Bekannter unterwegs nach dem Palais
Bourbon beschäftigt gesehen, mit seinem Stiefelab=
satz den gallischen Hahn zu zertreten, welcher die
Spitze des Fahnenstabes zierte, und hatte den also

sich Bemühenden ironisch gefragt: „Ah, wollt Ihr vielleicht den kaiserlichen Adler an die Stelle des gallischen Hahns setzen?" Der Bartholomäus tag, der 2. Dezember von 1851, wird auf diese Spottfrage seine furchtbare Blutantwort geben ...

Präsident Sauzet arbeitet wüthend mit seiner Schelle, deren Töne in dem rasenden Getöse gar nicht gehört werden. Verzweiflungsvoll stülpt er sich endlich sein Angstrohr auf den Kopf, zum Zeichen, daß es aus sei mit der Sitzung und mit dem Präsidium. Allein sofort rufen drohende Stimmen: „Hut ab, Präsident!" und der ärmste aller Präsidenten gehorcht. Die Menge schiebt sich in dem Halbkreis, in den Gängen, zwischen den Deputirtenbänken hin und her. Da ruft es: „Keine Bourbons mehr!" Dort schreit es: „Nieder mit den Verräthern!" Weiterhin brüllt es: „Eine provisorische Regierung auf der Stelle!" Die Zahl der Deputirten beginnt auffallend sich zu lichten, der Boden fängt den Korrupten unter den Füßen zu brennen an und man sieht einen dieser Herren nach dem andern sachte durch die Hinterpforte verschwinden. Cremieur, Lamartine und Ledru-Rollin erscheinen zugleich auf der Rednerbühne. Der Letztere schiebt den Herrn Oberst und Baron Dumoulin bei Seite und ruft mit seiner Stentorstimme dem spektakelnden Haufen zu: „Im Namen des Volkes, welches ihr repräsentirt, Stille!"

Die Erscheinung der populären Figur des Tribuns und seine Aufforderung thun Wirkung. Wenigstens eine Art von Stille und Aufmerksamkeit stellt sich her und Ledru beginnt gegen die Regentschaft zu sprechen und von der Nothwendigkeit einer Berufung an die Nation und von der Verfassung von 1791 und von allerhand Dingen sonst noch. Die Umständlichkeit des Redners macht den legitimistischen Deputirten Berryer ungeduldig ausrufen: „Kommt doch zur Sache! Schluß! Eine provisorische Regierung!" Ledru-Rollin fortfahrend: „Im Jahre 1815 wollte Napoleon zu Gunsten des Königs von Rom abdanken, das Land aber wollte Nichts davon wissen. Im Jahre 1830 wollte Karl der Zehnte zu Gunsten seines Enkels abdanken, das Land aber wollte Nichts davon wissen" . . . . Berryer: „So

kommt doch zum Schlusse! Wir kennen ja die Geschichte." Ledru: „Ich fordere eine provisorische
Regierung und die unmittelbare Einberufung eines
Konvents, welcher die Rechte des Volkes sicherstellen
soll." Tobender Beifall.... Bemerkenswerth ist,
daß der notorische Republikaner Ledru, indem er
gegen die improvisirte Regentschaft der Herzogin von
Orleans, die er vollkommen richtig als eine aber-
malige Usurpation bezeichnete, entschieden protestirte,
dennoch das Wort Republik auszusprechen unterließ.
In der That, die Royalisten durften sich zur Stunde
noch einbilden, das Königthum sei noch zu retten,
und, Alles in Betracht gezogen, hätte ein Minister
oder General, welcher, statt im Palais Bourbon zu
gaffen und zu schwatzen, so skrupellos-resolut und
erbarmungslos dreingefahren wäre, wie drei Jahre
und zehn Monate später Louis Bonaparte und seine
Morny, Maupas und Magnan, seine Persigny,
Saint-Arnaud, Canrobert und Espinasse thaten,
die Bruchstücke des zum Fenster hinausgeworfenen
Throns vielleicht noch zusammenlesen und wieder
leidlich zurechtflicken können. Es fand sich aber kein

solcher Minister oder General. Sein böses Gewissen lähmte den Royalismus ganz und gar und es war ihm beschieden, nicht nur zu fallen, sondern auch mit Infamie zu fallen, so recht in den Koth seiner Sünden.

5.

Der höchste Ruhm der Februarrevolution ist ihre Menschlichkeit und Milde. Es thut gar Nichts, daß die bewunderungswerthe Großmuth der triumphirenden Republik so übel vergolten wurde: der Name der Wiedererstandenen, von den Schlacken von 1793 Reingebrannten ist dadurch nur um so leuchtender geworden. Laßt immerhin Despoten und Pfaffen den Taumelkelch, woraus sie Beschwichtigung ihrer Zukunftsangst trinken wollen, mit Blut und Thränen füllen; laßt die Brut Ahrimans, Despotenknechte und Pfaffensklaven, für Thron und Altar nach altem Brauch ihren Molochopferdienst thun, — ihr aber,

Streiter des Ormuzd, Apostel der Lichtreligion, sollt
hoch hinwegschreiten über den Schmutz bestialer Leiden=
schaften, in welchen eure Gegner bis an den Hals
versunken sind, wie in Dante's drittem Höllenkreise
die Verdammten im stinkenden Schlamm.... Eine
der ersten Handlungen der republikanischen Regierung
ist bekanntlich die Abschaffung der Todesstrafe ge=
wesen. Jede Anspielung, jede Berufung auf die Blut=
zeit der ersten französischen Revolution erregte im Jahre
1848 allgemeine Entrüstung. Selbst inmitten der
Entzügelung aller Affekte am 24. Februar zeigte sich
dieses Gefühl in seiner ganzen Stärke und trat allen
Excessen mit Kraft entgegen. Als bei einer Stelle
der Standrede Ledru's der früher von uns wahrge=
nommene Metzgerknecht sich etwas mausig machen
und mit seinem Messer gestikuliren wollte, stieß ihn
der allgemeine Abscheu sofort zum Sale hinaus.
Erst mittelst eifriger und beharrlicher Machenschaften
ist es im Verlaufe der Bewegung in Frankreich und
allenthalben den geborenen und geschworenen Volks=
feinden und ihren Helfershelfern, den liberalen Ver=
räthern und Ueberläufern, traurig gelungen, die

Stimmung des Volkes zu vergällen und zu vergiften....

Soweit also ist man, daß die Republikaner ihren Vorschlag, eine provisorische Regierung zu errichten, offen vorbringen und Orleanisten, wie Legitimisten, die Sache sich gefallen lassen. Eine provisorische Regierung ist ja das Unbestimmte, aus welchem etwas Bestimmtes hervorgehen zu machen jede Partei hoffen kann: Die Republik oder den Grafen von Paris oder gar den Grafen von Chambord, wer weiß? Auf den tollen Einfall freilich, daß die Frucht der Februarrevolution in Form einer Kaiserkrone auf das Haupt des „Abenteurers von Straßburg und Boulogne" niederfallen werde, kommt vor der Hand keine Seele, ausgenommen nur seine eigene, in welcher ja die Kaiseridee schon seit lange zu einer firen geworden ist.

„Lamartine! Hört Lamartine!" schreit es unter Beifallklatschen, als der Genannte auf der Rednerbühne vortritt, um seinen Kollegen Ledru zu ersetzen. Selbstverständlich hat er uns nachmals des Breiteren und Breitesten erzählt, daß er es gewesen,

welcher das Entscheidungsstichwort gesprochen. Er
hätte — versichert uns der Zweiteitelste der Sterb⸗
lichen jenseits des Rheins — nur zu der Herzogin
und ihren Söhnen zu sagen gebraucht: „Erhebt
euch! Sie sind die Wittwe des Herzogs von Orle⸗
ans, dessen Tod und Andenken das Volk in Ihnen
gekrönt hat" — (o, heiliger Galimathias!) — „ihr
seid die Kinder, die den Vater verloren haben und
welche die Nation adoptirt hat! Ihr seid unschuldig
der Fehler des Thrones, ihr seid Opfer derselben,
ihr seid Schützlinge des Volkes!" — ja, dieses und
Dergleichen mehr hätte ich nur zu sagen gebraucht
und ich würde — bei allem Zuckerwasser, welches ich
je ge — dichtet! zu Gunsten der Krönung des Grafen
von Paris und der Regentschaft, Kammer und Volk,
Bourgeoisie und Proletariat, Bürgerwehr und Armee,
Mann und Maus, Kind und Kegel, Alles, aber
auch gar Alles, was nicht niet⸗ und nagelfest, mit
mir fortgerissen haben. „So lag ich und so führt'
ich meine Klinge!"

Getragen von solchem Bewußtsein souverainen
Könnens, hub er — „mit gedämpfter Stimme" —

also an: „Meine Herren, ich empfinde nicht weniger tief als Irgendeiner von Ihnen das doppelte Gefühl, welches zur Stunde in diesem Raume rege geworden, als wir auf eins der rührendsten Schauspiele blickten, welches menschlichen Augen sich darbieten kann, — das einer erlauchten Fürstin, welche ihren unschuldigen Sohn zu ihrem Schilde macht (se défendant avec son fils innocent) und sich aus einem verlassenen Palast in die Mitte der Volksvertretung wirft." Dieses Präludium klang für die Kohorte der Korrupten, soweit sie noch im Saale vorhanden, so trostreich, daß sie sich zu einem „Beifallsflüstern" ermannten. Der gute Lyriker wird nach diesem Eingange zu schließen, in ein hochpoetisch-beredtes Plaidoyer zu Gunsten der Regentschaft sich ergießen? So scheint es, aber . . . ja: „Aber — fährt der Redner mit einer plötzlichen Schwenkung fort — obzwar ich die Rührung theile, welche ein so herzbewegendes Schauspiel erregt, und obzwar auch ich gleich Ihnen Allen dem Unglück Achtung zolle, so hege ich deßhalb doch keine geringere Achtung vor diesem glorreichen Volke, welches seit drei Tagen kämpft, um eine perfide Regierung wieder auf den rechten Weg zu bringen (pour redresser un gouvernement perfide) und die Herrschaft der Ordnung und Freiheit auf eine unerschütterliche Grundlage zu stellen." Das in die Kammer eingedrungene „Volk" jauchzt Beifall, die Korrupten ducken sich. Die Phrasenschleuse ist aufgethan und das lamartine'sche Zuckerwasser strömt in reißendem Schwall und Fall hervor. Der langen Rede kurzer Sinn ist, was Andere schon vor dem Redner gedacht und gesagt haben: — Verwerfung der Regentschaft, Errichtung einer provisorischen Regierung und Berufung an die Nation, damit diese sich eine definitive Regierung gebe. Wenn aber so ein Schönschwätzer sich einmal am Klange der eigenen Stimme berauscht hat, kann er nicht wieder aufhören und Lamartine beachtet es daher gar nicht, daß er keinen Widerspruch mehr niederzuwässern hat, sondern daß man ihm nur von allen Seiten ungeduldig zuruft: „Die Namen der Mitglieder der provisorischen Regierung! Die Namen!" Er setzt von Neuem an, er will noch ein „letztes" Wort und dann sicherlich noch ein allerletztes sagen, als, bevor er zum letzten gelangt, eine draußen in der Vorhalle loskrachende Gewehrsalve seine Stimme erstickt:

Es sind die Kleinbürger, Ouvriers und Gamins, welche, wie sie lachend erzählen, so eben drüben in den Tuilerien dem „Papa Louis Philipp" seinen Champagner weggetrunken haben, es ist das eigentliche Barrikadenvolk, welches mittelst dieser Gewehrsalve seine Ankunft signalisirt. Das schon im Sal anwesende Volk beantwortet dieses Signal mit einem Freudengejauchze. Die Thüren zu den Galerien droben, die Thüren zu dem Halbkreise drunten, die Thüren zu dem hinteren Säulengange werden aufgedrückt oder mit Gewehrkolben eingeschlagen und hereinspritzt der Wogenschaum der Springflut: — Bürgerwehrleute, Polytechniker und Blusenmänner bunt durcheinander, alle bewaffnet, Pulverschwärze an den Händen, Blutflecken an den Kleidern, auf den weingerötheten Gesichtern eine souveraine Lustigkeit, die aber doch nur des leisesten Anstoßes zu bedürfen scheint, um in Wuth umzuschlagen, Fahnen, Piken, Säbel und Musketen schwenkend, Alles auf ihrem Wege wegschiebend oder niederstampfend, singend, scherzend, lachend, höhnend, schimpfend, brüllend.

Aber durch dieses Meeresgebrause von Dissonanzen hindurch tönt scharf und mächtig der Grundbaß: „Nieder mit der Kammer! Fort mit den Deputirten! Zum Teufel mit den Korrupten!" Von der Brustwehr der Galerie aus richtet sich der Lauf einer Muskete auf die Rednerbühne. „Schießt nicht! Schießt nicht! Es ist Monsieur de Lamartine, welcher spricht." Blusenmänner schlagen den Gewehrlauf ihres Kameraden in die Höhe. Lamartine steht noch immer auf der Tribüne; aber zwischen der Ballustrade derselben und seiner Gestalt huschen Bürgerwehr- und Blusenmänner vorüber, welche sich hinaufgeschwungen haben und ihre Lungen bis zum Bersten anstrengen, um sich hörbar zu machen. Man sieht nur ihre Lippen sich bewegen und vernimmt kein Wort. Präsident Sauzet renkt sich fast den Arm aus, krampfhaft seine Klingel hin- und herschwingend. Man hört sie nicht. Man hört nur den einen wüthenden Schrei, welcher die Wände erzittern macht: „Fort mit den Korrupten! Nieder mit der Regentschaft! Hoch die Republik!"

6.

Der ärmste der Präsidenten ist untergetaucht, weggeschmolzen, verschwunden und seine Schelle mit ihm. Das Chaos regiert. Was noch von royalistischen Deputirten im Sale, macht eine ehrenhafte Anstrengung, sich als Schutzmauer um die Herzogin von Orleans, die noch immer nicht von der Stelle weichen will, und ihre zwei Knaben zu schaaren. Die Oppositionsmitglieder der äußersten Linken behaupten noch ihre Plätze, auf den übrigen Bänken hat sich dichtgedrängt das Volk niedergelassen. Es füllt auch die Zwischengänge, den Halbkreis, den Säulengang, die Galerien, es ist überall. Der ganze Raum eine wogende, wallende, wabernde Brandung; Hitze, Staub und Dunst unerträglich; das Getöse so ohrenzerreißend, daß man glaubt, das ganze Haus müsse im nächsten Augenblick auseinanderbersten; das Wirrsal so orgiastisch-wild, daß man fürchten muß, die wohlbekannte menschliche Bestialität werde sich sofort in irgendeinem Ungeheuerlichen offenbaren.

Es geschieht nicht. Voltaire's Tiger-Affe ist in vortrefflicher Laune. Das Affenhafte schlägt heute vor in diesem pariser Volk, welches den Umsturz des Königsthrons wie einen Fastnachtsspaß betreibt. Ein Moment zwar kommt, wo das äffische Krakehlen saturnalischer Lustigkeit plötzlich in das blutlechzende Gebrülle des Tigers sich verwandeln zu wollen scheint. Ja, man glaubt die furchtbare Bestie zu sehen, wie sie, ihre Flanken mit dem Schweife peitschend, zum Todessprung auf ihr wehrloses Opfer ansetzt.

Auf ein wehrloses Opfer! Auf eine Mutter, welche vergeblich versucht hat, mit ihren schwachen Händen ein Scheinding von Krone auf dem Haupte ihres Sohnes festzuhalten.... Nachdem die Entscheidungsworte: „Provisorische Regierung" und „Republik" gefallen, drängten die Freunde der Her=

zogin dieselbe zum Fortgehen. Sie selbst mußte erkennen, daß Alles verloren sei. Aber wie fortkommen, eingekeilt, wie sie war, in diese hin- und herwogende Menschenmasse? Da bricht das Geschrei los: „Wo ist sie? Wo ist sie?" Bewaffnete weisen mit Säbelspitzen und Bajonnetten auf die um Helene von Orleans gesammelte Gruppe und eine Schar bricht sich Bahn dorthin. Geschieht es aus bloßer Neugier? Wollen diese Barrikadenleute eine Frau näher sich ansehen, welche es wagt, durch ihre bloße Anwesenheit es wagt, der siegreichen Revolution wenigstens passiven Widerstand zu bieten? Vielleicht! Möglich aber auch, daß in dieser Stunde bakchantischen Taumels in wildpulsirenden Herzen der Wuthgedanke sich regt, den Knoten der Lage mit einem Mordstreich zu zerhauen. Es ist ein gefährlich Ding, so ein Tiger-Affe von Franzosenthum.

Nemours, der gar wohl weiß, daß er dem Volke verhaßt, hat dennoch bisher mannhaft bei seiner Schwägerin und seinen Neffen ausgehalten. Jetzt aber, da er sie durch die heranpressenden Bewaffneten ernstlich bedroht glaubt, besteht er entschieben darauf, daß man einen Versuch machen müsse, die Herzogin und ihre Kinder aus dem Sale wegzubringen. Man muß in das Gedränge hinein, welches den Säulengang hinter den Deputirtenbänken füllt, es bleibt kein anderer Ausweg. Nemours und der Deputirte Mornay suchen der Mutter, welche ihre Knaben an den Händen hält, eine Bahn zu schaffen. Das gelingt nur etliche Schritte weit. Dann wird die Herzogin mitten in das schreckliche Gewühle hineingerissen und von ihren Beschützern getrennt; sie verliert ihre beiden Söhne, wird durch eine kleine Thüre hinaus und eine Treppe hinab, weiterhin durch den Sal des Pas=Perdus gewirbelt und endlich, dem Ersticken nahe und halb ohnmächtig, gegen eine Glasthüre geschleudert, welche in den Garten des Kammerpräsidenten führt. Hier heben etliche ihrer Begleiter, welchen es gelungen, sie wieder zu finden, die unglückliche Prinzessin auf, welche einen Schmerzensschrei der Muttersorge um ihre Knaben ausstößt, öffnen mit Gewalt die Glasthüre und retten die Herzogin in die Amtswohnung Sauzets, von wo man sie nach dem Invalidenhotel bracht, einem sicheren Zufluchtsort, welchen aufzusuchen auch Monsieur Thiers für gut gefunden hatte. Die beiden Knaben, im und durch das Gewühle von ihrer Mutter weggerissen, sind in höchster Gefahr gewesen, zerdrückt und zertreten zu werden. Nur mit äußerster Mühe wurden sie gerettet, der Graf von Paris durch den Bürgerwehrmann Martinet, der Herzog von Chartres durch den Huissier Lipmann. Auch ihr Oheim Nemours entkam glücklich. Er hatte sich in eines der Bureauzimmer geflüchtet, vertauschte hier seine Generalsuniform mit der eines Bürgerwehrmannes, welche ihm der mitleidige Besitzer lieh, und gelangte in dieser Verkleidung unangefochten ebenfalls in's Hotel der Invaliden. Das Asyl war bezeichnend: die weggeschwemmten Ueberbleibsel der Monarchie des Roi-Bourgois, welcher den Frieden um jeden Preis gewollt, suchen Schutz hinter den Mauern, welchen das Zauberwort „La gloire française" eine unverletzbare Heiligkeit verleiht . . .

Derweil scheint der im Sitzungssale einer weiland Deputirtenkammer tobende Aufruhr in seinem eige-

Eine weltgeschichtliche Stunde. 413

nen Fett ersticken zu wollen. Es übersteigt die Kraft
menschlicher Lungen, Arme und Beine, so ein Rufen,
Rumoren und Rasaunen, so ein Gezappel, Geschiebe
und Gerammel allzulange auszuhalten, und deßhalb
müssen von Zeit zu Zeit Pausen eintreten, wo der
Gedanke über dem Chaos schwebt und die mensch=
liche Stimme das unartikulirt=thierische Gebrülle
einigermaßen beherrscht.

Während einer solchen Pause erscheint auf der
Estrade über der Rednerbühne ein Greis von achtung=
gebietendem Aussehen und nimmt, geleitet und um=
geben von einer Schar von Studenten, Polytechnikern
und Arbeitern, Besitz von dem verlassenen Präsiden=
tenstuhl. „Dupont de l'Eure!" ruft es durch den
Sal — „Dupont de l'Eure führt den Vorsitz.
Stille!" Lamartine, welcher noch immer auf der
Tribüne steht, will den Einfall gehabt haben, durch
junge Leute, die sich auf der Rednerbühne um ihn
drängten, den hochangesehenen Greis, einen der
zwei oder drei Republikaner, welche in der Kammer
gesessen, auf den Präsidentenstuhl holen zu lassen
und damit symbolisch anzudeuten, daß die Republik

das Präsidium über Frankreich zur Hand nehme. Dies geschehen, „hebt sich Lamartine — (so erzählt er uns) — auf den Zehen in die Höhe" und sagt zu Dupont: „Eilen Sie, die Namen der Mitglieder der provisorischen Regierung, welche durch das Volk und die noch anwesenden Deputirten mittelst Zurufs ernannt werden, sofort zu proklamiren!" Dupont nickt zustimmend; aber es ist thöricht, zu wähnen, daß die schwache Stimme des Greises inmitten dieses babylonischen Konzertes bemerkbar genug sein werde.

Denn der Gräuel von Mißklängen ras't abermalen los und Lamartine muß wieder eine Pause abwarten, um den Versuch zu machen, die beispiellosefte aller Wahlhandlungen zu leiten. Inzwischen wandelt sich die Rednerbühne so zu sagen in eine Stimmenzettelurne. Eine Menge von Papierfetzen, auf welche ein Jeder der auf den Treppen und der Plattform der Tribüne sich Drängenden die Namen seiner Erwählten geschrieben, wird dem Redner hinaufgereicht und zugesteckt. Er trifft in der Geschwindigkeit seine Auswahl und macht dann eine erste Anstrengung, zur Verkündigung der Namen zu schreiten. „Ich werde die Namen ablesen".... „Stille! Stille!" — „Dupont de l'Eure! Dupont de l'Eure!" — „Er ist ja auf dem Präsidentenstuhl!" — Wiederum Lamartine: „Meine Herren, ich werde die Namen".... Hundertfältiges Geschrei. Lamartine: „Die Herren Arago, Carnot"... Zahlreiche Stimmen: „Die provisorische Regierung!" Lamartine: „Dupont de l'Eure wird die Namen der Mitglieder nennen." Wüthendes Bravo. Eine Stimme: „So hört doch!" Ein Barrikadenmann: „Nur einen Augenblick Stille! Wir wollen ja nur die Namen der Männer hören, welche die Regierung bilden werden." Ein anderer: „Unser Aller Heil hängt davon ab. Stille, damit man Herrn Dupont hören könne." Eine Stimme: „Dupont de l'Eure vor allen Andern!" Eine andere: „Hoch die Republik!" Eine dritte: „Im Namen des Volkes, Stille! Lassen wir Herrn de Lamartine sprechen!" Eine vierte: „Es lebe Lamartine!" Und wiederum quoll Alles in einen wüsten Wirbel von Wirrwarr zusammen.

Als hierauf das Getöse nach einer Weile erschöpft in sich selber zusammensank, nahm Dupont das Wort: „Man schlägt euch vor, eine provisorische Regierung zu errichten." — „Ja, ja." — „Die Namen! Die Namen!" — Die Stenographen (aus ihrer Loge herausschreiend): „Stille! Wir werden euch die Namen wiederholen." — Dupont „Hier habt ihr die Namen!" — „Welche? Welche?" — Dupont: „Arago, Lamartine, Dupont de l'Eure, Crémieur" .... Geschrei und Tumult. Lamartine: „Meine Herren, Stille! Wenn Sie wollen, daß die Mitglieder der provisorischen Regierung die Mission auf sich nehmen, welche Sie denselben anvertrauen, so muß doch wenigstens die Verkündigung der Namen geschehen. Bei einem solchen Gelärme aber kann sich die Stimme unseres ehrenwerthen Freundes nicht hörbar machen." Eine Stimme: „Ihr müßt vor Allem wissen, daß das Volk vom Königthum Nichts mehr wissen will. Die Republik!" Viele Stimmen: „Berathen wir auf der Stelle!" Eine Stimme: „Setzt euch, setzt euch! Wir wollen die Plätze der Verkauften einnehmen (prenons les places des vendus)." Eine andere:

„Keine Bourbons mehr! Eine provisorische Regierung und dann die Republik!" Herr de la Rochejaquelin: „Sie sollen sie nicht gestohlen haben; das ist ein zurückgegebenes Pfand." Eine Stimme: „Wir verlangen, daß die Republik proklamirt werde!" Eine andere: „Nur einen Augenblick Stille! Wir kommen sonst zu Nichts." Dupont (die Namen ablesend, deren jeder einzeln von den Stenographen in den Sal hinausgeschrieen wird): „Lamartine —" (ja! ja!) — Ledru-Rollin — (ja! ja!) — Arago — (ja! ja!) — Dupont de l'Eure — (ja! ja!) — Marie" — (ja! nein!) . . . . Etliche Stimmen: „Georges Lafayette" — (ja! nein! nein!). Viele Stimmen: „Die Republik! Die Republik!" Eine Stimme: „Die Mitglieder der provisorischen Regierung müssen rufen: Hoch die Republik! bevor sie ernannt und anerkannt werden wollen." Ein Blusenmann: „Man muß die provisorische Regierung nach dem Stadthause führen. Wir wollen eine weise, gemäßigte Regierung! Kein Blut! Aber wir wollen die Republik!" Die Masse: „Bravo! Bravo! Zum Stadthaus! Lamartine voran!"

Der Dichter steigt von der Rednerbühne herab, man schafft ihm Bahn und er verläßt den Sal, gefolgt von einem sehr zahlreichen Geleite, um nach dem Hotel de Ville zu gehen, welches im Besitze bewaffneter Republikaner ist. Sie verhandeln dort, unter dem Vorsitz von Lagrange, ebenfalls über die Errichtung einer provisorischen Regierung, während eine Schar von Sozial-Demokraten, welche der Polizeipräfektur sich bemächtigt haben, unter der Leitung von Caussidière und Sobrier daselbst eine pariser „Commune" à la 1792 zu organisiren sucht. Das Stadthaus war jetzt, zur Zeit der dritten französischen Revolution, was es zur Zeit der ersten und der zweiten gewesen: — das unbestrittene Hauptquartier. Das fühlte der Instinkt der Massen, das wußten die Führer der verschiedenen Faktionen und Fraktionen. Wer sich zuerst mit einem Anschein von Berechtigung, mit einem Schatten von Vollmacht im Hotel de Ville als „Gouvernement" installiren konnte, der hatte Paris, d. i. Frankreich. Denn Regierungslosigkeit ist den Menschen, wie sie nun einmal sind und der Hauptsache nach immer sein

Eine weltgeschichtliche Stunde.

werden, so lange der Erdball zusammenhält, gleichbedeutend mit Weltuntergang. Sie fühlen eben, daß sie ihrer vieltausendjährigen Kulturarbeit zum Trotz doch erst nur halbgezähmte Bestien sind, welche der Eisenumgitterung — genannt Staat, Polizei, Strafgesetzbuch u. s. w. — nicht entbehren können.

„Lamartine voran!" Mit dieser Losung hat der „honette" Republikanismus seine Fahne aufgepflanzt, — jener honette Republikanismus, welcher glaubt und hofft, innerhalb des Rahmens einer im Innern maßvollen und versöhnlichen, nach Außen friedlichen und durch diese beiden Eigenschaften der bürgerlichen „Respektabilität" sich empfehlenden Republik müßten und würden sich die großen Ideen von 1789 endlich verwirklichen lassen. Mit dem praktischen Schick und Takt, welchen die Franzosen in allen großen Krisen ihrer Geschichte gezeigt haben, begriffen diese wohlmeinenden Leute und wackeren Patrioten, daß der Dichter der „Girondins" das beste Sprachrohr dieses anständigen und achtbaren Republikanismus sei, und in der That hat das erwählte Sprachrohr Töne gefunden, welche, dem begeisterten Schwung der Flitterwochen der Revolution wahlverwandt, ohne Frage das Meiste dafür gethan haben, die honette Republik, entgegen den sozialistischen Träumereien und den kommunistischen Gelüsten, zu begründen und festzustellen, — auf dem Sand der beregten Flitterwochenstimmung nämlich. Der erste entscheidende Akt dieser im Handumdrehen von Seiten der Respektabilität vollzogenen, d. h. **vorausgesetzten** Republikanisirung Frankreichs war die wirkliche Konstituirung des „Gouvernement provisoire" im Hotel de Ville, ein Akt also, welcher ohne die muthige Rednerarbeit Lamartine's bekanntlich kaum möglich gewesen wäre. Daß hiebei die ursprüngliche, d. h. die im Palais Bourbon proklamirte Liste der Mitglieder verschiedene Erweiterungen und Aenderungen sich gefallen lassen mußte, änderte an der Hauptsache Nichts . . .

Aber laßt uns nochmals in den brodelnden Krater zurückblicken, aus welchem die Herren Lamartine, Dupont und Cremieur so eben mühsam herausgeklettert sind, um sich zum Stadthause auf den Weg zu machen. Es geht im Sale der Er-Deputirtenkammer noch ein rasches Nachspiel zu der vorgeführten Szenenreihe vor sich, das angesehen zu werden verdient.

Ziemlich überflüssiger Weise bemächtigt sich Ledru-Rollin des von Lamartine verlassenen Platzes auf der Rednerbühne, sucht dem Volke, soweit es ihn hört und anhört, die Wichtigkeit der Einsetzung einer provisorischen Regierung des Breiteren begreiflich zu machen, lies't die folgende, etwas modifizirte Namenliste vor: — Dupont, Arago, Lamartine, Ledru-Rollin, Garnier-Pagès, Marie, Cremieur — und fordert, daß man durch Handmehr über Annahme oder Verwerfung dieser Namen abstimme. Die Menge unterbricht das unnütze Gerede mit dem Rufe: „Zum Hotel de Ville!" Ein Polytechniker: „Ihr seht, keines der Mitglieder eurer provisorischen Regierung will die Republik. Wir werden wiederum betrogen werden wie im Jahre 1830." Ein Bürgerwehrmann, auf der Tribüne sein Gewehr schwingend: „Es lebe die Republik! Zum Stadthaus!"

Die wogende Menge setzt sich in Bewegung, den

Sal zu räumen. Aber für einen Augenblick stemmt und staut sie sich wieder. Ein mit einer Doppelflinte bewaffneter Arbeiter schreit mitten aus dem Halbkreise vor der Tribüne heraus: „Gebt Acht! Ich schieße auf Louis Philipp!" und in demselben Moment entladen sich die beiden Läufe seiner auf das über dem Präsidentenstuhl hängende Gemälde gerichteten Waffe. Schreckensrufe bersten aus. Ein Arbeiter, Theodor Sir, schwingt sich blitzschnell auf die Rednerbühne und ruft mit energischen Gebärden in das Getümmel hernieder: „Achtung vor den Denkmalen! Achtung vor dem Eigenthum! Warum zerstören? Warum auf Gemälde schießen? Wir haben gezeigt, daß man das Volk nicht irreleiten soll. Zeigen wir jetzt, daß es seinen Sieg zu ehren weiß!" Eine ungeheure Salve von Beifall belohnt den treffenden Spruch. Die Massen ordnen sich zum Abzug. Der Boden des Sales erzittert unter ihren Tritten und an der Decke wiederhallt schmetternd der Jubelruf: „Vive la république!"

Also ist zwischen 3 und 4 Uhr Abends am 24. Februar von 1848 in Paris die Republik improvisirt worden. Sie war auch danach, d. h. vergänglich, wie eben Improvisationen zu sein pflegen. Wie oft wird der weltgeschichtliche Improvisator, das tapfere Volk von Paris, die Stegreifdichtung noch wiederholen müssen, bis dieselbe zu dauernder Wirklichkeit werden kann? Voraussichtlich noch oft und sicherlich so lange vergeblich, als noch immer der Versuch gemacht wird, auf dem Flugsand der Begeisterung von etlichen Juli- oder Februartagen den Freistaat zu begründen. Hut ab vor solcher Begeisterung und ihren Thaten! Allein Dauerndes schaffen wird sie erst dann, wann die Franzosen dem Eitelkeits-Märchen, welches ihnen vorlügt, daß sie stets und unter allen Umständen „an der Spitze der Civilisation marschiren" entschlossen den Abschied geben und ernstlich daran arbeiten sich selber einmal von innen heraus und von unten herauf zu civilisiren. Die französische Republik wird zum dritten Mal aufgerichtet werden, wir zweifeln keinen Augenblick daran. Aber so es geschieht, bevor das richtige

Fundament gelegt, d. h. politische Einsicht und humane Charakterbildung in der Mehrheit oder wenigstens in einer großen Minderheit der Nation bis zu einem gewissen Höhegrade gediehen ist, wird das Kartenhaus — denn nur ein solches kann ja das fundamentlose Ding sein — wieder kläglich einstürzen.

Inhalt des dritten Bandes.

	Seite
Hypatia	1
Cromwell	45
Ein russisches Haus-, Hof- und Staatstrauerspiel .	165
Voltaire's Krönung	213
Die Here von Glarus	257
Das Räthsel des Tempels	297
Eine weltgeschichtliche Stunde	357

Druck von Otto Wigand in Leipzig.

www.ingramcontent.com/pod-product-compliance
Lightning Source LLC
Chambersburg PA
CBHW030549300426
44111CB00009B/910